生态法治

调研报告 | 第二辑

中国行为法学会生态环境法治研究专业委员会 / 编著

中国法治出版社
CHINA LEGAL PUBLISHING HOUSE

天下难事　必作于易

——编纂《生态法治调研报告．第二辑》心语

生态兴则文明兴，生态衰则文明衰。生态保护离不开法治保障，生态法治建设关乎国家的可持续发展、人民的福祉以及社会的长治久安。

2023 年 3 月，换届后的中国行为法学会生态环境法治研究专业委员会（以下简称生态法治研究专委会）在“开局年”伊始，便围绕着“新时代生态法治研究专委会之问”[新时代生态法治研究专委会的工作职责和定位是什么？确立什么样的运行模式？研究内容从哪里入手？怎样才能实现中国行为（生态）法学智库应有的作为?] 进行了有益的探索。在此基础上，生态法治研究专委会承前启后，将 2024 年确定为“进取年”，顺时达变地开展了一系列实践活动。经统计，2024 年全年，生态法治研究专委会组织调研组先后到 124 个机关和企事业单位考察调研；完成实证调研课题 6 项；编纂调研文稿 42 篇；所形成的调研成果，获得最高人民法院、中国行为法学会相关领导，地方党政、法院负责同志的肯定，实现了整体工作的新进步。

——牢牢把握政治方向和工作定位，加强自身建设。一是通过召开理事会议、建立微信工作群，组织广大理事线上线下学习党的二十大和二十届二中、三中全会精神，增强政治定力，深刻领会“两个确立”的决定性意义，增强“四个意识”，坚定“四个自信”，做到“两个维护”，努力做中国特色社会主义法治的维护者、建设者。二是认真落实中国行为法学会工作部署，进一步健全会议制度、办文制度、重大事项报告制度、工作微信管理制度等，保障工作规范运行。2024 年 7 月 3 日，中国行为法学会领导专门听取我会上半年工作情况及下一步重点工作汇报，对生态法治研究专委会工作给予鼓励。同年 7 月 27 日，经中国行为法学会批准，生态法治研究专委会召开理事会议，选举产生 2 名副会长，吸纳 16 名理事，壮大了队伍。

——立足“政产学研用”工作模式，扎扎实实开展“实证、实用、实操”调研工作。制定并实施《关于做好生态环境法治“实证、实用、实操”研究课题工作实施意见》。

——围绕酱酒产业面临生态转型和法治化保障新需求，开展“赤水河流域生态保

护和高质量发展法治化建设”专项调研。2024年1月12日至14日，生态法治研究专委会调研组到贵州省遵义市中级人民法院、仁怀市人民法院等8个单位调研，形成《依托法治力量共护一泓清水——关于遵义市两级法院为赤水河流域生态保护和高质量发展提供司法服务考察调研报告》。将其经验概括为“两个坚持”，即坚持恢复性、预防性司法理念；围绕“两河两带”，即赤水河、乌江流域，酱香白酒产业带、茶产业带；突出“四个重点”，即重点流域、重点区域、重点领域、重点产业；实现“三个环境”，即生态环境、人文环境、营商环境。生态法治研究专委会与贵州省酒业协会建立战略合作关系，就共同关注的生态法治建设问题开展调研，形成有对策的调研报告，为国家机关、地方党委政府提供智力服务。

——围绕党的二十届三中全会关于进一步全面深化改革、推进中国式现代化的新要求，开展司法机关“为大局服务、为人民司法”专项调研。2024年6月12日至13日，生态法治研究专委会调研组到山东省高密市人民法院等7个单位调研，形成《司法助力辖区经济社会发展大有作为——关于赴山东省高密市人民法院考察开展“贴紧中心、能动履职、服务大局、依法治理、扩大司法效益”经验调研报告》。将其经验概括为正确处理“四个关系”，即司法改革与守正笃实的关系；“显绩”与“潜绩”的关系；“个案”与“类案”的关系；法庭审判与巡回审判的关系，扩大司法效益。

——围绕习近平总书记关于县域发展重要指示开展司法机关为县域发展提供法律保障专项调研。2024年11月20日至21日，生态法治研究专委会调研组到山东省临朐县人民法院等9个单位调研，形成《做“强”做“实”审判主业　打造服务县域发展的“司法样本”——关于山东省临朐县人民法院“为大局服务、为人民司法”工作经验的调研报告》。将其经验概括为“四个坚持”，即坚持因“势”制宜，优化县域经济发展的法治环境；坚持因“案”制宜，化解影响县域社会稳定的热点、堵点问题；坚持因“地”制宜，重心下移，主动参与县域基层法治治理；坚持因“需”制宜，创新生态司法模式，促进县域生态建设。

——围绕习近平总书记关于坚持和发展新时代“枫桥经验”重要指示，开展人民法庭建设专项调研。2024年12月5日至6日，生态法治研究专委会调研组到广东省佛山市南海区人民法院等11个单位调研，形成《厚植人民法庭根基赋能基层发展稳定——关于对广东省佛山市南海区人民法院坚持重心下沉，优化审判资源布局，充分发挥人民法庭职能作用，为基层治理提供司法服务工作经验的调研报告》。将其经验概括为“三化”，即“系统化”布局司法资源配置，进一步增强人民法庭在促经济发展、保辖区稳定方面的职能作用；“差异化”找准人民法庭定位，打造一流司法延伸服务载体，服务辖区党委政府实施高水平社会治理；“智能化”提升人民法庭工作质效，引入数据化工具，充分释放审判现代化的动能。

——注重调研成果转化，举办“深化新时代山西生态司法模式”研讨会。为落实习近平总书记关于黄河流域生态保护和高质量发展重大战略决策，2024 年 4 月 15 日至 20 日，生态法治研究专委会与环保联合会环法专委会调研组到山西省 18 个单位调研，形成《中国生态司法山西模式——关于赴山西法院考察生态司法工作专题调研报告》。将其基本经验概括为“生态司法重保护、标本兼治促发展、机制创新求实效”。其经验内涵是：“始终坚持人民法院环资审判工作政治方向；始终坚持全面履职，依法保障和促进辖区生态文明建设和高质量发展；始终坚持将环资审判作为‘一把手’工程来抓；始终坚持把理念创新、机制创新和管理创新作为环资审判的重要抓手。”其经验模式为“三全”，即全方位构建覆盖全省环境资源审判体系，全闭环打造适应环资审判工作运行机制，全链条建立大协作、大保护、大治理、大发展齐抓共管新格局。

为深化山西调研成果转化，2024 年 10 月 22 日，由中国行为法学会、中华环保联合会主办，生态法治研究专委会与环保联合会环法专委会、国家法官学院山西分院承办的“深化新时代山西生态司法模式”研讨会在太原市举行。会议采取线下形式召开，审判机关、法学智库部门、生态社团组织、资深法律专家等共同参与，围绕“山西生态司法模式”，从行为法学研究、实证法学研究角度，对其经验内涵、工作模式、深化提升等，进行深入交流和理性探讨。这次会议既是生态智库组织与司法审判机关共同打造研究平台和载体的一次新探索，更是转变作风，深入生态执法一线，开展实证调查研究的具体行动，坚定了生态法治研究专委会做好中国生态行为法学研究的自觉性。

——依托司法机关，扎扎实实开展“新时代黄河流域生态保护和高质量发展法治化建设调研行”活动。2023 年 10 月 21 日，在北京举办“（2023）新时代黄河流域生态保护和高质量发展法治化建设暨贯彻《黄河保护法》论坛”，在最高人民法院、最高人民检察院、生态环境部、水利部、中国行为法学会、中华环保联合会、法治日报社负责同志见证下，正式启动调研行活动。制订并印发《“新时代（黄河流域）生态保护和高质量发展法治化建设大型调研行”活动工作方案》。在对河南、山东两省部分沿黄地区开展调研行基础上，2024 年又到山西省、宁夏回族自治区、内蒙古自治区黄河流域的 27 个市（地盟）县（旗）开展调研行活动。

2024 年 7 月 8 日至 12 日，联合调研组到宁夏回族自治区中卫市中级人民法院等 17

个单位调研，形成《立足宁夏“区情”实际、探索具有中国特色生态司法新路子——关于赴宁夏法院考察落实习近平总书记建设黄河流域生态保护和高质量发展先行区要求，开展司法服务的调研报告》。调研组认为：始终将“为大局服务、为人民司法”执法指导思想贯穿于生态司法的全过程，是宁夏法院特色经验之一；充分发挥审判职能，公正、合法、有效地审理了一批有重大典型意义的污染环境、破坏资源案件，实现“三个效果”有机统一，是其特色经验之二；创新生态司法服务模式，做好向前、向后、向外延伸工作，扩大司法效益，是其特色经验之三。同时建议：要正确把握执法尺度与坚持利益平衡关系；审理案件与参与依法治理关系；打击制裁与修复补偿关系；依法保护生态资源与依法保护文化资源并重关系，为中国生态司法工作提供宁夏司法方案。

2024 年 7 月 29 日至 8 月 4 日，联合调研组到内蒙古自治区的 20 个单位调研，形成《发挥生态司法职能作用　履行好建设我国北方重要生态安全屏障的司法使命——关于赴内蒙古自治区法院学习考察践行习近平总书记重要指示，依法促进辖区生态保护和高质量发展考察报告》。将其经验概括为：一是认真践行习近平总书记“国之大者”要求，始终筑牢生态司法工作的出发点和落脚点；二是抓住实施“三北”工程三大攻坚战、黄河治理、重点区域治污等“窗口期”，积极发挥环境资源审判职能作用；三是创新生态审判机制，不断扩大环境资源审判工作司法效益。建议建立健全生态执法联动机制、“三北”治理工程司法配合机制、黄河流域司法协作机制等，打造具有中国特色的生态环境“大保护、大治理、大修复”新模式。

为了将调研成果上升为实务理论研究成果，我会向中国行为法学会申报了《中华人民共和国黄河保护法实施的理论与实践研究》重点调研课题。2024 年 12 月 23 日，课题被批准立项。生态法治研究专委会将在中国行为法学会指导下，举全会之力，奉献出高质量的课题成果。

回首过去，生态法治研究专委会秉持着坚持不懈、锲而不舍的精神，深入基层、深入实践，开展了大量扎实的调研工作。其间，专委会人员与沿黄省区的部分一线党政领导、司法机关人员、专家学者、企业负责人等进行面对面的交流，广泛收集生态法治建设中的典型案例，总结成功经验，针对存在的问题研究对策。所形成的调研成果，为深入把握我国生态法治现状，探寻发展路径，提供了坚实的材料支撑，为国家相关决策部门提供了有价值的参考与借鉴。

站在新的起点上，我们深知生态法治建设是一项长期而艰巨的任务，绝非一朝一夕之功。生态法治研究专委会从未有过丝毫的懈怠，深知肩上的责任重大，唯有求是求实，进一步提升水平，才能不负时代赋予的神圣使命。

编纂《生态法治调研报告．第二辑》过程中，我们既注重调研报告的深度与广度，又力求使调研报告具有前瞻性和指导性，还兼顾调研报告的科学性与严谨性。在数据收集方面，采用多种渠道与手段，确保数据的真实、准确与全面；在分析研究过程中，运用了先进的理论模型与分析工具，力求使结论更具说服力与可信度。我们深知，只有高质量的调研成果，才能为生态法治建设提供有力的智力支持，才能推动中国生态法治事业迈向新的台阶。

同时，我们强烈地感受到，生态法治建设需要全社会的共同参与与努力。期望出版《生态法治调研报告．第二辑》文集，能够引起社会上更多人对生态法治的关注与重视，激发各界参与生态法治建设的热情与积极性。我们相信，在全社会的共同努力下，中国的生态法治建设必将取得更加辉煌的成就，为建设美丽中国、实现中华民族伟大复兴的中国梦提供坚实的法治保障。

在未来的日子里，中国行为法学会生态法治研究专业委员会全体同人将秉持初心，砥砺前行，以更加坚定的信念、更加扎实的工作，为中国生态法治建设贡献自己的智慧与力量！

中国行为法学会生态环境法治研究专业委员会会长
王少南
2025 年 4 月于北京

目　　录

生态法治调研报告．第二辑

第 1 期

《中国法治生态建设若干问题（构建新时代法律职业共同体）（新时期化解人民内部矛盾有效机制）实证研究课题》开题报告会在北京举行

2024 年 1 月 7 日上午，中国行为法学会生态环境法治研究专业委员会（以下简称生态法治研究专委会）在北京召开《中国法治生态建设若干问题（构建新时代法律职业共同体）（新时期化解人民内部矛盾有效机制）实证研究课题》开题报告会。

开题报告会由王少南会长主持，课题主持人胡金军进行汇报。国内有关资深研究专家应邀出席会议，并就报告内容提出了中肯意见和建议。

一、课题申报及立项

2023 年 8 月 15 日，生态法治研究专委会理事胡金军等人，向生态法治研究专委会申报《中国法治生态建设若干问题（构建新时代法律职业共同体）（新时期化解人民内部矛盾有效机制）实证研究课题》。

生态法治研究专委会经过研究同意立项。批复认为：《中国法治生态建设若干问题（构建新时代法律职业共同体）（新时期化解人民内部矛盾有效机制）实证研究课题》以习近平法治思想为指导，依据《中共中央关于全面推进依法治国若干重大问题的决定》及国家加强法治建设的系列意见，聚焦中国法治生态实践中涉及的执法主体（构建新时代法律职业共同体实证研究课题）、社会治理主体（新时期化解人民内部矛盾有效机制实证研究课题）等重要内容，以助力完善制度构建为目的，通过实证调研、数据分析、比较研究，形成有实例支撑、有对策建议、有推介意义的智力研究成果，向有关机关和单位建言献策，以促进中国式现代化法治建设的健康发展。

批复要求，课题组要按照中办《关于在全党大兴调查研究的工作方案》及中办、国办《关于加强新时代法学教育和法学理论研究的意见》，依照生态法治研究专委会《关于做好生态环境法治“实证、实用、实操”研究课题工作实施意见》，把握政治方向，突出实务实效的主旨，形成较高质量的研究成果，通过转化利用，力求产生积极效用。

二、《构建新时代法律职业共同体实证研究课题》

（一）《构建新时代法律职业共同体实证研究课题》的重要性和必要性

1. 党的十八大以来，以习近平同志为核心的党中央将全面依法治国纳入“四个全面”战略布局，予以协调推进。2020 年 11 月 16 日至 17 日，中国共产党的历史上首次召开的中央全面依法治国工作会议，将习近平法治思想明确为全面依法治国的指导思想。

2. 中国特色社会主义法治建设取得了显著成就，但也面临新的任务。一是构建起了以宪法为核心的中国特色社会主义法律体系。2011 年 3 月 14 日，第十一届全国人民代表大会第四次会议批准的全国人大常委会工作报告宣布，以宪法为统帅，以宪法相关法、民法、商法等多个法律部门的法律为主干，由法律、行政法规、地方性法规等多个层次的法律规范构成的中国特色社会主义法律体系已经形成，国家经济建设、政治建设、文化建设、社会建设以及生态文明建设的各个方面实现有法可依。二是从中国国情出发，健全党领导全面依法治国的制度和工作机制，成立中央全面依法治国委员会，实现集中领导、高效决策、统一部署，形成了由中央全面依法治国委员会牵头抓总的法治机构体系。

3. 法治队伍建设取得了长足进步，但存在的问题也不容忽视。我国专门的法治队伍主要包括：在人大和政府从事立法工作的人员，在行政机关从事执法工作的人员，在司法机关从事司法工作的人员。法律服务队伍主要包括：律师队伍、公证员队伍、司法鉴定人员队伍、仲裁员队伍、人民调解员队伍、基层法律服务工作者队伍等。还有从事法学教育、法学理论研究的专家学者等。上述队伍以不同的方式共同服务于全面依法治国与中国特色社会主义法治建设，构成了中国法治队伍体系的重要组成部分。

但是，在当前法治工作队伍建设过程中，在执法理念、法律实施、程序规范、协作配合、管理监督、自身建设等方面，存在着一些亟待解决的问题。这些问题不利于社会主义法治建设的推进，必须切实采取有针对性的措施，认真加以解决。基于此，生态法治研究专委会确立了《构建新时代法律职业共同体实证研究课题》。

(二)《构建新时代法律职业共同体实证研究课题》的概念、研究意义及价值

1. 新时代法律职业共同体（分为广义、狭义）。本课题侧重于狭义概念的范畴，将法律职业共同体界定为由法官、检察官、警官、律师等组成的法律职业群体。

2. 课题研究现实意义。(1) 学习贯彻习近平法治思想、习近平总书记关于法治人才的重要讲话精神，增强构建法律职业共同体的坚定性；(2) 完善国家法律法规建设法律职业共同体的建议；(3) 针对现实问题，研究意见，提出建议。例如，执法过程中，法律职业共同体之间的衔接配合问题；再如，处理好法律职业共同体交往“亲”“清”关系界限等。

3.《构建新时代法律职业共同体实证研究课题》研究价值。(1) 课题研究的理论依据包括：《中共中央关于全面推进依法治国若干重大问题的决定》《中共中央关于坚持和完善中国特色社会主义制度　推进国家治理体系和治理能力现代化若干重大问题的决定》以及习近平法治思想、党的二十大报告等；(2) 课题研究以习近平法治思想为指导，以问题需求、服务构建为导向，通过应用研究、数据分析、实地考察等途径，形成有情况、有分析、有对策的课题报告，向国家机关、有关部门提供，辅助其完善决策。

(三)《构建新时代法律职业共同体实证研究课题》的内容

习近平法治思想和党的二十大报告，为新时代法律职业共同体建设指明了方向。

法律职业共同体，是以法治价值和理念为基本指引，建构并实践中国特色社会主义法治，以职业化为表征、以专业化为内质，各法治主体之间相互联系、相互作用、相互制约而形成的一种法治维度的职业共同体。

1. 构建法律职业共同体是社会主义法治的新需求。进入新时代以来，法治围绕治理现代化不断拓展，其逻辑走向在于以法治推进治理走向善治，在此进程中，法律职业共同体是关键因素。

2. 构建法律职业共同体是协同治理的新要求。实践证明，构建法律职业共同体，可以实现协同治理的优化与效益倍增。

3. 构建法律职业共同体是新时期提出的新内容。为有效应对执法风险，必须从机制上整合资源，形成协调统一的法律职业共同体，凝聚工作合力。

4. 构建法律职业共同体是人民群众的新期盼。人民群众的支持和拥护是良法善治的重要判断标准。构建法律职业共同体，是坚持以人民为中心的发展思想在法治领域的应有之义。

5. 构建法律职业共同体是实现办案“三个效果”相统一的价值追求。

（四）《构建新时代法律职业共同体实证研究课题》的研究思路及工作安排

1. 确立课题研究步骤。（1）课题组分工；（2）开展调查研究；（3）课题工作安排。2024 年 1 月为第一阶段：拟订研究方案，召开开题报告会。2024 年 2 月至 5 月为第二阶段：收集资料，实地调研，集体研究，撰写课题报告。2024 年 6 月为第三阶段：学会进行中期检查。2024 年年底为第四阶段：结项，进行成果验收。

2. 课题研究方法。（1）资料文献法。收集、检索相关资料。（2）调查研究法。有计划地到东、中、西部有关司法机关、律师事务所等单位调研，通过座谈、访谈和交流，掌握第一手材料。（3）典型事例分析法。将实践经验提升至理论层面，以指导实践。（4）比较研究法。借鉴国内外法律职业共同体建设的成功做法。

（五）《构建新时代法律职业共同体实证研究课题》预期研究成果

1. 探索建立"亲""清"关系的法律职业共同体建议报告。

以党的二十大精神为指导，研究构建"亲"不逾矩、"清"不远疏的良性互动法律职业共同体的健康关系。在推进依法治国、优化司法环境的大背景下，律师队伍是法治建设的重要力量，法治建设离不开律师队伍的深度参与。要加强律师队伍思想建设，严格规范管理，增强职业共同体的归属感。改善律师执业环境，尊重和支持律师依法履行执业权利，维护法律尊严。通过制度导向，造就法律职业共同体清正廉洁的新风正气。

2. 研究完善侦查、起诉、审判阶段，构建法律职业共同体相互尊重、相互支持、相互监督机制的建议。

3. 总结典型案例，让人民群众在每一个司法案件中感受到公平正义。

4. 形成内容翔实、可操作性强的课题研究报告，向国家机关及有关部门提供。

（六）课题参与人员

除课题组成员外，还将邀请有关司法机关人员和专家对课题进行指导。

三、《新时期化解人民内部矛盾有效机制实证研究课题》

（一）《新时期化解人民内部矛盾有效机制实证研究课题》的重要性和必要性

1. 党的十九大报告提出，新时代社会主要矛盾已转化为人民日益增长的美好生活需要和不平衡、不充分发展之间的矛盾。人民美好生活需要日益广泛，不仅对物质文化生活提出了更高要求，对民主、法治、公平、正义、安全、环境等方面的需求也日益增长，对公正及时地化解人民内部矛盾也提出了更高要求。只有不断完善处理新时期人民内部矛盾有效机制，使人民群众由衷感到权益受到了公平对待、利益得到了有效维护、尊严情感得到了更多尊重，才能满足人民群众对美好生活的向往和期待。因此，完善化解新时期人民内部矛盾有效机制，是满足人民群众美好生活需要的必然要求。

2. 完善化解新时期人民内部矛盾有效机制，是维护高质量发展大局的现实需求。当今世界面临百年未有之大变局，国际国内环境发生深刻复杂变化，各种风险挑战明显增多，特别是我国社会正处于从跨越“中等收入陷阱”向高收入国家迈进的关键阶段，因贫富差距、环境保护、劳动就业、社会保障、教育医疗等利益问题引发的矛盾纠纷不断增多，成为影响社会稳定的突出问题。只有不断完善正确处理新形势下人民内部矛盾有效机制，减少不稳定因素、增加和谐因素、激发社会活力，才能保障社会稳定发展。

3. 完善化解新时期人民内部矛盾有效机制，是推进国家治理体系和治理能力现代化的重要体现。国家治理包括经济、政治、文化、社会、生态等多个领域，每个领域都会涉及化解人民内部矛盾的问题。只有不断完善化解新时期人民内部矛盾有效机制，才能更好地把我国的制度优势转化为治理效能，实现社会的长治久安。

基于此，生态法治研究专委会将《新时期化解人民内部矛盾有效机制》确立为实证研究课题。

（二）《新时期化解人民内部矛盾有效机制实证研究课题》的研究目的

通过课题研究，准确把握新时期发展变化，运用马克思主义世界观和方法论，来认识分析矛盾变化的深刻内涵，完善化解新时期人民内部矛盾有效机制，畅通和规范群众诉求表达、利益协调、权益保障渠道，促进矛盾纠纷多渠道化解，引导社会成员在法治轨道上主张权利、解决纷争，加快推进社会治理体系和治理能力现代化。

（三）《新时期化解人民内部矛盾有效机制实证研究课题》的研究内容

1. 探索对人民内部矛盾分类施策、寻找纠纷化解最优方案的途径。人民内部矛盾的性质、形式、对抗程度不同，解决纠纷的手段、方式也必然不同。

——从社会治理的角度看，国家应当引导各种社会力量有序参与人民内部矛盾解决，助力实现共建共治共享。

——从国家治理经验看，司法诉讼不是解决人民内部矛盾的唯一手段，有时也不是最好的手段。

——从人民内部矛盾纠纷特点看，新时期很多纠纷涉及利益平衡，通过协商解决纠纷，可以更好地维系经济社会秩序，提高社会宽容度。

多元解纷机制具有对话性、协商性、灵活性等特质，更能实现“情、理、法”的兼顾，有利于引导人们理性表达诉求、化解各类矛盾、促进社会和谐稳定，是推进社会治理现代化的重要举措。实证典型案例：浙江“千万工程”经验。

2. 探索坚持发挥制度优势、构建综合治理制度体系的做法。党的领导是中国特色社会主义最本质的特征，是中国特色社会主义制度的最大优势。把非诉纠纷解决机制挺在前面，防范和化解矛盾纠纷，最根本的就在于坚持把党的领导落实到多元解纷工作全过程，充分发挥党委总揽全局、协调各方的作用，合理突破地域、部门和层级限制，完善相关制度指引，统筹推进一站式多元解纷建设工作。实证典型案例：“浦江经验”。

3. 探索坚持职能分工原则、形成化解人民内部矛盾制度合力的做法。过去习惯于将人民调解、行业调解、律师调解等各类调解资源汇聚到人民法院，由法院主导形成一站式、多元化的纠纷化解平台。但实践证明，这种由法院主导的多元解纷模式对各种解纷力量整合不足，缺少具体的衔接平台和联动措施，并不能扭转法院案件大幅增长的趋势，不利于矛盾纠纷及时、有效地化解，也不利于案结、事了、人和。应及时调整工作思路，针对司法实践中调解力量统筹难、调解组织管理难、调解经费保障难的问题，加强党委领导、政府统筹，积极推动成立涵盖司法机关、行政主管机关、人民调解组织、行业调解组织、仲裁机构在内的综合性纠纷调处中心，最大限度地整合资源、合理分工、提高效能，使矛盾纠纷及时有效地化解在基层和系统内部。实证典型案例：“枫桥经验”。

（四）《新时期化解人民内部矛盾有效机制实证研究课题》的研究思路及工作安排

1. 确立课题研究步骤。（1）课题组分工；（2）开展调查研究；（3）课题工作安排。2024 年 1 月为第一阶段：拟订研究工作方案，召开课题报告会。2024 年 2 月至 8 月为第二阶段：收集资料，实地调研，集体研究，撰写课题报告。2024 年 10 月底为第三阶段：学会进行中期检查。2024 年年底为第四阶段：结项，进行成果验收。

2. 课题研究方法。（1）资料文献法。收集、检索相关资料。（2）调查研究法。有计划地到地方有关司法机关、律师事务所等单位调研，通过座谈、访谈和交流，掌握第一手材料。（3）典型事例分析法。将实践经验提升至理论层面，以指导实践。（4）比较研究法。

（五）《新时期化解人民内部矛盾有效机制实证研究课题》预期研究成果

形成内容翔实、可操作性强的课题研究报告，向国家机关及有关部门提供。

（六）课题参与人员

借鉴国内外化解人民内部矛盾有效机制的成功做法。除课题组成员外，还将邀请有关司法机关人员和专家对课题进行指导。

四、开题报告会上，专家们以高度负责的态度，对课题内容提出了真知灼见，将对实施课题研究产生积极的指导作用

与会专家们既高屋建瓴，又见微知著、循循善诱，对实证研究课题报告进行了热烈讨论，一致认为上述两个实证研究课题选题正确，符合习近平法治思想，体现了党中央关于加强法治建设的一贯要求，紧密契合了当下中国法治建设面临的亟待解决的实际问题，恰逢其时，具有很强的针对性、实效性。

与会专家们本着实事求是的精神，对课题研究提出了中肯意见和建议，概括如下。

（一）关于《构建新时代法律职业共同体实证研究课题》的意见、建议

1. 课题研究要坚持以人民为中心的理念，坚持公平正义的主旨。

2. 课题研究要注重理论依据的把握。党的十八大以来，党中央先后将依法治国纳入党章和宪法，最高人民法院、最高人民检察院和公安部、司法部相继联合或者单独出台了若干意见规定。课题研究目的是维护法律公平正义，维护法律的尊严，不能偏离研究的政治方向。

3. 课题研究要避免大而虚。要认真梳理课题的重点问题，如司法人员与律师的关系等，进行集中攻关研究，形成有分量的成果。

4. 在法律职业共同体中，律师地位比较特殊，而个别律师执业行为的不规范，导致社会对律师群体存在部分不好的评价。据司法部官方数据，截至 2021 年年底，全国共有执业律师 57.48 万多人，我国律师队伍已达 60 余万人①，是依法治国不可或缺的重要组成部分。建议在课题中体现以下内容：一是推进律师职业权利的保障，切实解决“老三难”“新三难”“语境不同”等短板问题。促进法官、检察官、警察与律师之间，构建平等对待、良性互动和相互尊重、支持、监督的健康关系。通过研究成果，促进和完善法律职业资格考试、规范执法行为以及行政执法与司法机关、部门之间会商机制等相衔接，并以法律法规形式进行固化，使法律职业共同体制度化、体制化、法治化。二是推进法律职业共同体价值理念的培育。加强法律职业共同体人员同堂培训，形成专业、理性、平和的价值观。三是推动建立法律职业共同体的身份转化交流机制。加大法律职业共同体人员之间交流、遴选的比例，强化身份认同感，明确职业共同意识、共同格局的标准，产生“1+1 大于 2”的司法效益。四是化解司法职业共同体“内卷”现象。要建立起良好“亲”“清”关系，既要坚持职业纪律和规范，如

① 参见《2021 年律师、基层法律服务工作统计分析》，来源：司法部官网，网址：https：//www.moj.gov.cn/pub/sfbgw/zwxxgk/fdzdgknr/fdzdgknrtjxx/202208/t20220815_ 461680.html，最后访问时间：2025 年 2 月 7 日。

“三个规定”、防火墙、隔离带，防止不正当交往；又要创造条件，搭建交流互动的机制，形成中国特色的法律职业共同体，为依法治国贡献力量。

（二）关于《新时期化解人民内部矛盾有效机制实证研究课题》的意见、建议

1. 要把握党中央关于处理人民内部矛盾的基本原则。人民调解被誉为“东方之花”，是中国的优良传统，要继承其精髓。

2. 要突出问题导向。化解人民内部矛盾在我国各个历史时期有不同现实意义，这是我们党的中心任务所决定的。该课题既有高度，也有深度。针对当前实践中人民内部矛盾较多的实际，找准问题根源，关注源头治理，推广新时代“枫桥经验”。通过多种形式和方式，把矛盾化解在基层，消灭在萌芽状态。在化解人民内部矛盾有效机制构建过程中，要坚持前端预防，“治未病”，充分发挥党委领导、政府负责、社会参与的体制优势。中端创新发展，发挥司法调解，环境资源审判、知识产权、网络司法、金融司法“多合一”跨区域管辖的职能作用。终端案结事了，一是要充分发挥人民调解第一道防线的作用；二是要强化行政调解的职能，如交通事故、医疗事故的调解等；三是要加大司法调解力度，包括人民法院、人民检察院的调解；四是要发挥行业调解、仲裁调解的作用等。

3. 要体现可操作性，有问题、有实例、有原因、有对策，切实为相关国家机关的决策提供依据服务。

课题组目前正在按照既定计划，有序展开课题研究工作。

生态法治调研报告．第二辑

第2期

提要：2023年11月13日下午，中国行为法学会生态环境法治研究专业委员会（以下简称生态法治研究专委会）会长王少南，与山东省潍坊市委政法委原常务副书记杜士忠，潍坊市中级人民法院一级调研员宋执船，潍坊市坊子区人民法院院长徐金江、副院长李世平、审判委员会委员赵世国，到某智慧农业科技股份有限公司（以下简称某智慧农业公司）考察调研。

考察调研期间，在某智慧农业公司总经理助理及法务部负责人的陪同下，调研组参观了该公司自主开发制造的中国首台商业化CVT智能（240马力）拖拉机、轮式谷物收获机、履带式谷物收获机、自走式玉米收获机等，实地考察了正在生产智能农机的制造车间、全天候智慧农业平台。

围绕企业生态建设、法治建设的议题，大家进行了座谈交流。

通过考察调研，调研组认为：某智慧农业公司发展势头旺盛，发展领域空间广阔，其智慧农机和智慧农业具有强大的生命力。

调研组建议：

第一，注重学习把握习近平总书记关于新质生产力的新要求，提升企业的创新视野和更高的工作站位

2023年9月，习近平总书记在黑龙江考察工作时，首次提出“新质生产力”。新质生产力是符合高质量发展要求的生产力，是数字时代更具融合性、更体现新内涵的生产力。其中的“新”，指的是新技术、新模式、新领域、新动能；“质”，指的是物质、质量、本质、品质；“生产力”，是推动社会进步最活跃、最革命的要素。新质生产力，特点是“新”，关键在“质”，落脚在“生产力”。新质生产力突破了传统的经济增长方式，以高效能、高质量为基本要求，以数字化、网络化、智能化为基本特征。

新质生产力的核心在创新。新质生产力以科技创新为引擎、以新产业为主导、以产业升级为方向、以提升核心竞争力为目标，融合人工智能、大数据等数字技术，强调内在的发展质量，在激发质量变革、效率变革、动力变革中，走出一条生产要素投入少、资源环境成本低、经济社会效益好的高质量发展路径。

调研组建议公司决策管理层认真学习领会习近平总书记关于新质生产力要求的深刻内涵，顺应全国和全球经济发展的新趋势，正确处理好质的有效提升与量的合理增长之间的关系、需求与供给之间的关系、国内大循环与国际循环之间的关系、实体经济与虚拟经济之间的关系、战略性新兴产业与传统产业之间的关系。抓住新机遇，更新新观念，应用新技术，壮大新产业，进而实现企业高质量发展。

第二，高度重视数字经济和实体经济的深度融合

党的二十大报告提出，“加快发展数字经济，促进数字经济和实体经济深度融合，打造具有国际竞争力的数字产业集群”。

当前，我国数字经济正逐步走向深化应用、规范发展、普惠共享的新阶段，数字经济和实体经济融合发展成为引领和支撑我国数字经济新一轮增长的主引擎和主战场。根据中国信息通信研究院发布的《中国数字经济发展研究报告（2023 年）》，2022 年我国数字经济规模首次突破 50 万亿元，达到 50.2 万亿元，同比名义增长 10.3%，已连续 11 年显著高于同期 GDP 名义增速，数字经济占 GDP 比重相当于第二产业占国民经济的比重……对国民经济生产效率提升起到支撑、拉动作用。

在“数实融合”过程中，谁更快，谁就占据先机。

调研组建议：某智慧农业公司要坚持以技术、数据、产业融合为核心，促进产业要素重组、业务环节重构、商业模式重塑、价值链条延伸，探索企业创新发展的新业态、新模式。要在国家政策的支持下，构建中国智慧农机、智慧农业大数据库，将区块链贯穿于企业数据要素领域的各个环节，实现从数据本身的可信，到数据共享的确权和交易，再到数据处理的责任追溯，之后到数据要素各参与方的贡献确认和利益分配，为中国式现代化智慧农机企业提供范式样本。

第三，加强核心技术的知识产权保护

核心技术是要不来、买不来、讨不来的。

调研组建议：

一是要持续加大自主创新的力度。修订企业知识产权规划，完善科技人员激励机制，通过多种途径，开发具有自主知识产权的关键技术、核心技术等，始终占据行业的制高点。

二是要注重知识产权的保护。一方面，要遵守知识产权保护的有关国际公约和我国法律法规，强化规则意识。另一方面，要建立健全企业自主知识产权成果库、转化利用等系列制度。同时，依靠执法机关，依法制裁侵害企业自主知识产权的不法行为，保护企业的合法权益。

考察中国现代农业机械制造业领先企业[①]

某智慧农业科技股份有限公司（以下简称某智慧农业公司）现有员工10000余人，是甲集团重要的战略业务单元，其收获机械、拖拉机等业务连续多年保持行业领先。

其显著特点是：

——全产业链条制造业。

该公司是国内少数可以为现代化农业提供全程机械化整体解决方案的品牌之一。

目前，该公司主要从事农业装备的研发、生产和销售，并致力于为客户提供智慧农业耕、种、管、收、烘储全程机械化及系统服务方案。

经过在农业装备行业的多年耕耘，该公司形成了完整的产业链布局和丰富的产品矩阵，主营业务覆盖拖拉机、轮式谷物收获机械、履带式谷物收获机械、玉米收获机械、特种收获机械、播种机械、牧草机械等多个领域，贯穿从耕整、种植、收获、秸秆综合利用到粮食烘储处理等现代农业生产的各个环节。

——国内外领先的自主核心竞争力产品。

该公司是国内规模最大、产品矩阵最完备的农业装备企业之一，通过自主研发和联合创新，已经掌握了动力换挡和无级变速（CVT）等农业装备全产业链关键核心技术及L2级智能驾驶技术。

该公司通过自主突破核心传感、控制类技术与电子元器件，实现了对农业装备作业质量参数的全程监测及智能控制，并实现了农业作物的增产与减损。公司拥有丰富的产品矩阵、突出的技术实力和优秀的产品性能，多项产品位列行业领先地位。

该公司拖拉机产品功率覆盖25—340马力，分为机械换挡、动力换挡、CVT三种技术路线；其中240马力CVT产品已于2021年实现量产，是国内首台商业化CVT智能拖拉机，产品性能达到国际先进水平，打破了国内长期依赖进口的局面。

该公司拥有国内品类最为齐全的收获机械产品线，包括轮式谷物收获机械、履带

① 相关数据由被调研对象提供。

式谷物收获机械、玉米收获机械和特种收获机械，产品功率覆盖 88—460 马力。其中，谷物收获机械涵盖横轴流、纵轴流及逐稿器三大行业主流技术路线，喂入量覆盖 6—12 公斤/秒，产品技术处于国内领先地位。

——布局智慧农机、智慧农业优势明显，占得先机。

公司的智慧农场管理平台联合国内优质科研资源和合作伙伴，将信息技术与农业生产全面结合，依托互联网、物联网与大数据，实现集成与互联，通过与智能化农业机械配套，实现农场全程数字化作业管理，为农业生产提供科学管理和业务决策，提高农业管理服务的实时化、可视化、精细化，以助力推动我国农业生产成本降低、收益增加、风险控制。

该公司已开通“全国三夏农机跨区作业信息服务平台”，累计为 100 余万名跨区机手提供作业进度、作业供需、天气预报、交通状况等信息指导。

该公司通过智能化手段针对农业装备提供全面的信息化管理，实现农机资产管理、农机位置分布及状态、农机作业轨迹、作业面积及作业效率分析、故障报警、电子围栏、作业质量监管、服务资源规划、机群管理、配件储备等，构建农机监管、农机调度于一体的农机管理时空图，实现以图管机、以图管农、以图决策。公司车联网平台目前已接入加装北斗定位终端的农业装备 36 万台，为机主、机手提供跨区作业指导、维修保养、配件支持等增值服务。

——以科技创新驱动产品研发的重要企业。

该公司通过对核心产品拖拉机、收获机械等相关核心技术的研发与不断创新，形成了国内领先的技术优势，掌握了农业装备行业关键核心技术，是中国科协认定的首批“科创中国”智能农机装备产学研协作创新基地。公司在“十三五”期间研发实施了重型拖拉机智能化、智能化稻麦联合收获技术、精量播种技术、基于北斗的农机自动导航技术等 13 项国家重点研发计划项目。

——创新拓展数字化农业服务业务。

该公司在智能农机装备的基础上，积极探索新模式、新业态，深入推进智慧农业发展，拓展数字化农服业务，开发精准作业、作业监控和智慧农业管理平台。公司深入贯彻创新驱动发展战略的同时，紧抓乡村振兴战略和数字化农业发展机遇，推出国产智慧农业解决方案平台，与科研单位和合作单位建立了多个智慧农业示范农场，研发推广无人农场所需的一系列新技术、新产品。目前，该公司能够为客户提供针对水田及旱田耕整、播种、植保、收获环节的智能农机装备，并依托物联网、互联网等信息技术，为农场主、农机合作社等提供现代农业智能科技整体解决方案，推动现代农业向数字化、智慧化方向发展。

随着人口老龄化和城镇化发展，土地规模化经营加速，该公司创新业务发展模式，以农业生产全程机械化智能装备为基础，推进从传统农机装备制造商向智慧农业科技系统服务商转型，通过开发智能驾驶等无人农场核心技术解决“谁来种地”的问题，通过开发精准农业技术和农场管理平台系统解决“科学种田”的问题，实现农机、作物、土壤和环境系统的数据集成与共享，实现良种良法配套、农机农艺深度融合、良田良机科学匹配，创新农业社会化服务模式，提升农业生产职业化、专业化、组织化水平，以科技引领中国农业现代化发展。

生态法治调研报告．第二辑

第3期

提要：2023年12月10日，中国行为法学会生态环境法治研究专业委员会会长王少南与潍坊市委原政法委常务副书记杜士忠、潍坊市直机关原党工委常务副书记田宝林、潍坊市中级人民法院原纪检组长王建平一行，到位于山东省临朐县的某城市发展公司、某新材料科技公司考察调研。

调研组通过实地考察、座谈讨论，结合企业实际情况，就加强企业生态法治建设提出建议：

第一，要深刻领会和把握生态文明建设对引领企业发展方向的重要性。绿色发展是高质量发展的底色。习近平总书记在主持召开中央全面深化改革委员会第四次会议时强调“促进经济社会发展全面绿色转型是解决资源环境生态问题的基础之策，要坚持全面转型、协同转型、创新转型、安全转型”。必须看到，当前我国经济社会已进入加快绿色化、低碳化的高质量发展阶段。在这样的大背景下，企业一定要注重对党中央关于生态文明建设和绿色经济发展新要求的学习，一定要加强对国家生态产业政策新变化的研究，只有了解大势、把握大势，才能不断地调整企业发展的方向，乘势而上，掌握先机和主动，确保企业的健康发展。

第二，要将新质生产力和技术创新作为企业核心竞争力来抓。要学习领会习近平总书记关于发展新质生产力的精神实质，强化企业科技创新主体地位，坚持政产学研用一体化，加大对原创性、关键性技术研发的投入，坚定不移走技术强、产业强、企业强的发展道路，使企业在市场经济的大潮中立于不败之地。

第三，要确立人才强企战略，增强企业的可持续发展能力。人才是企业的第一宝贵资源，也是企业生产中最为活跃、最为积极的因素。要优化企业治理结构，完善激励机制；打造忠诚担当的管理团队；营造爱护职工、凝聚人心、敬业爱岗的企业文化；聘用或引进高层次实务型人才，开发深受市场消费者认可的生态产品。

打造具有市场竞争力的生态企业

某城市发展公司拥有一支由建筑结构、建筑安装、餐饮服务、经济管理、酒店管理等专业相关人员组成的专业化队伍。公司以“诚信、务实、和谐、发展”为经营理念，发扬“团结、进取、开拓、创新”的企业精神，依托股东的雄厚实力，打造精品工程，树立企业品牌形象，逐步发展成为一家优质的企业。

公司于 2022 年 6 月—2025 年 10 月，投资 13.9 亿元开发建设临朐县东城街道粟山路以南、滨河大道以东、盘龙路以西的城市会客厅项目。该项目规划净用地面积 100.6 亩，总建筑面积 176320 平方米，其中地上建筑面积 119345 平方米、地下建筑面积 56975 平方米，分星级酒店和住宅两个子项目。住宅项目采用第五代住宅建设理念，注重利用自然、地理、文化等大环境资源，科学、合理地设计和分配住宅户型。

项目的开发建设符合国家产业政策和潍坊市城市发展规划，工程建成后，将为促进社会经济的健康快速发展、改善城市面貌、加快城市现代化进程、加快中心城市建设步伐、改善居民的居住和商业环境条件、树立良好城市形象做出卓越贡献。

某新材料科技公司是一家专注于有机硅胶黏剂、聚硅氧烷密封胶等新材料系列产品研发、生产、销售于一体的国家高新技术企业。

公司拥有现代化生产车间、全自动化灌装车间、成品物流仓储车间、原材料仓储车间，通过不断地完善规模化生产所需的基础设施及全自动智能化灌装硬件设备，现生产规模和生产能力已位居全省前列，工艺设备达到国内先进水平。

受贸易摩擦等因素影响，原材料价格在风云突变的外部局势中大幅波动，国内建筑行业受到了严重冲击。面对严峻的成本压力，行业内一些劣质密封胶企业开始采用廉价的工业白油取代价格昂贵的关键原材料，以次充好扰乱市场，直接导致使用劣质密封胶的门窗幕墙在短时间之内出现开裂、漏水、脱胶、污染、玻璃掉落等问题，对使用者的财产安全乃至人身安全造成极大的威胁。

当前，伴随全球分工格局、贸易格局、创新格局的深度调整和重构，我国房地产行业和经济环境进入了供应链更为多元化和经济高质量发展的新时代，市场呼唤有担当、有共赢理念的高质量发展企业和用户携手构建和谐共生的“命运共同体”。

公司主要生产单双组分聚硅氧烷结构胶、密封胶、高品质MS胶（改性硅烷聚醚胶）、耐低温有机硅密封胶、耐辐照有机硅密封胶、防火阻燃聚硅氧烷胶，广泛覆盖汽车、电子电器、轨道交通、光伏风能等工业领域，并广泛应用于建筑外墙装饰、幕墙门窗工程、家庭装饰装修等民用领域。公司产品均通过国内质量、环境管理体系3C认证以及国际欧盟CE安全认证。品牌不仅在国内赢得了良好口碑，而且远销东南亚以及欧美等地区，在国际市场上享有较高的知名度和美誉度。

可以预见，未来的主流产品必然是高品质的产品，未来的主流市场必然是高标准、高要求的市场。企业必须有所担当，肩负引领行业高质量发展的责任，与同道者共同构建具有核心竞争力的品牌价值链。

第4期

“新时代（黄河流域）生态保护和高质量发展法治化建设大型调研行”活动工作方案

一、充分认识开展活动的重要性、必要性

1. 党的十八大以来，以习近平同志为核心的党中央高度重视黄河流域生态保护和高质量发展。2019年9月18日、2021年10月22日，习近平总书记先后在河南郑州、山东济南主持召开会议，发表了黄河流域生态保护和高质量发展的重要讲话，确立了将黄河流域生态保护和高质量发展提升为国家重大战略的部署，黄河流域进入了全新的发展历史阶段。2023年4月1日，《黄河保护法》施行，黄河流域的治理与发展纳入法治化管理轨道。

2. 黄河流域总面积79.5万平方公里，涉及9个省区，人口覆盖范围广泛。在我国经济社会发展和生态安全方面具有十分重要的地位。

3. 近年来，在党中央的坚强领导下，黄河流域的各级党委政府、司法机关、行政执法机关、城乡广大企事业单位和人民群众付出了积极努力，黄河流域的生态和经济发展发生了巨大的变化。但是也存在着一些不容忽视的问题，如依法保护生态与促进循环经济高质量发展的问题；水资源和土地资源等有效利用的问题；国家区域一体化规划与地方条块治理关系的问题；司法机关与行政执法机关更新执法理念、规范执法尺度、实现法律效果与社会效果相统一的问题；黄河流域国家重大战略的宣传教育问题；等等，都需要各级各部门和全社会，树立大保护、大服务、大协作、大治理、大发展的理念，认真学习领会习近平生态文明思想和习近平法治思想，领会习近平总书记关于黄河国家战略决策的重大意义，运用《黄河保护法》等法律武器，整合资源，优势互补，形成合力，为实现黄河流域生态保护和高质量发展贡献力量。

4. 中国行为法学会生态环境法治研究专业委员会，是中国行为法学会设立的服务于生态环境法治建设的专门机构。其主要职责是，联合有关执法职能部门、专业研究机构、社团组织和企事业单位等，通过“政产学研用”的工作模式，打造集“智力服务、支持保障、成果转化”于一体的应用服务平台，为推进中国式生态环境法治化建设提供智力支持。

5. 中华环保联合会环境与法制专业委员会，是中华环保联合会的二级分会，其主要任务是，开展生态环境与法制理论研究，协助国家相关部门、行业组织及专家，完善环境保护的相关标准，通过履行行业服务职能，引导和规范全社会树立健康发展、绿色发展、可持续发展理念等。

6. 双方学会基于共同的职责使命，自 2023 年 8 月起，在中国行为法学会、中华环保联合会和国家相关部委以及黄河流域地方党委政府、司法机关的大力支持下，组成调研组，相继到沿黄省份河南省、山东省的部分地区，开展了调研行活动，并且取得了初步成效。

7. 2023 年 10 月，在北京举办的“（2023）新时代黄河流域生态保护和高质量发展法治化建设暨贯彻《黄河保护法》论坛”，在全国人大环资委、最高人民法院、最高人民检察院、生态环境部、水利部、中国行为法学会、中华环保联合会、法治日报社有关负责同志的见证下，启动了“新时代（黄河流域）生态保护和高质量发展法治化建设大型调研行”活动，受到社会各界高度关注。

二、明确把握活动的主旨、任务和目标

1. 以习近平生态文明思想和习近平法治思想、习近平总书记关于黄河流域国家重大战略决策为指导，以《中共中央、国务院关于全面推进美丽中国建设的意见》《黄河流域生态保护和高质量发展规划纲要》为依据，以《黄河保护法》为抓手，以国家部委有关黄河流域法规文件为支撑，以落地见成效为目的，始终端正活动的出发点和落脚点。

2. 整个活动，要在中国行为法学会、中华环保联合会的指导下，在国家立法、司法机关和行政主管部门的支持参与下，会同黄河流域地方党委政府和执法部门以及城乡企事业单位等，以“新时代（黄河流域）生态保护和高质量发展法治化建设大型调研行”活动这一有效载体，通过开展专题调研、实地考察、典型总结、数据分析、成果整理、宣传推介等形式，发现新问题、分析新情况、研究新对策、总结新经验，形成有价值的调研报告，向立法机关、行政主管单位、司法和执法部门以及有关机构提供，促进完善决策，实现改进工作的任务目标。

三、突出重点，注重实效，完善活动内容

1. 活动时间。在2023年调研行的基础上，从2024年起至2025年年底结束，整个活动历时3年左右。2024年计划安排3—4个省份，2025年实现全覆盖。

2. 活动区域和调研对象。沿黄九省区的省市县（区）政府，生态、水利主管部门，司法和行政执法机关，城镇企事业单位和农村。

3. 活动方式。采取面上考察与个体调研相结合、座谈交流与实地访谈相结合等方式，采集权威部门材料数据与分析典型案例相结合；形成的调研成果坚持集体研究，严格把关，杜绝差错。

4. 活动内容。

（1）考察黄河流域生态环境保护与治理工作的基本情况，包括成功经验模式、成果成效，遇到的突出问题和建议对策；

（2）黄河流域城镇和乡村高质量发展的可推广、可复制应用的成果和典型事例，存在的问题和建议；

（3）黄河流域各地区贯彻执行《黄河保护法》的情况，经验做法和问题及建议；

（4）黄河流域地方法制、法治建设的情况；

（5）司法机关“三合一”环境审判、公益诉讼、查处破坏环境等犯罪的情况，经验做法、典型案例、问题及建议；

（6）其他情况。

5. 活动成果及转化。

（1）研究确立实证研究课题。活动根据考察地方和单位有价值的情况，形成有特色的实证、实用、实操课题；

（2）每年举办一次“新时代黄河流域生态保护和高质量发展法治化建设暨贯彻《黄河保护法》论坛”；

（3）出版《环境与法制研究》《生态法治调研报告·第一辑》专刊，及时刊载活动形成的调研成果，向有关部门提供；

（4）出版《生态法治调研报告·第一辑》。

四、加强活动保障机制建设

1. 为保证活动开展，邀请中国行为法学会、中华环保联合会负责人担任顾问，邀请国家相关部委的专门机构负责人和知名专家担任指导专家。

2. 两个学会负责人为活动主持人，负责整个活动的策划、运作。

3. 邀请相关单位参与活动，并为活动提供必要保障条件。

4. 活动经费，按照财务制度进行管理。

生态法治调研报告．第二辑

第5期

中国行为法学会生态环境法治研究专业委员会2023年工作总结

2023年，生态法治研究专委会在中国行为法学会的领导下，在广大理事和会员们的积极努力下，圆满完成了年度重点工作任务。

一、在中国行为法学会的指导下，成功进行了生态法治研究专委会换届工作

根据中国行为法学会《关于同意生态环境法治研究专业委员会负责人候选人的批复》（中法行字〔2022〕21号）文件精神，经过认真筹备，2023年3月11日，在北京举行了中国行为法学会生态环境法治研究专业委员会换届会议。会议审议了“生态法治研究专委会”工作情况报告，选举了生态法治研究专委会理事会会长、副会长、秘书长和理事。

选举产生的会长、副会长、秘书长和理事，来自国家机关、事业单位和地方不同行业，热爱生态法治事业，经历丰富，文化程度高，研究能力强，体现了优中选优、宁缺毋滥的原则，为做好新时代生态法治研究专委会工作奠定了坚实组织基础。

二、围绕新时代对生态法治研究专委会的新要求，研究确定工作定位问题

换届以后，我会围绕新时代生态法治研究专委会工作之问，即新时代中国行为法学生态法治研究专委会的工作职责和定位是什么？确立什么样的工作运行模式？工作重心和研究方向从哪里入手？怎样才能实现中国行为（生态）法学智库应有的作为？组织广大理事和会员，学习领会习近平生态文明思想和习近平法治思想，从习近平总书记的理论宝库中寻找答案，坚定政治方向，明确职责任务。

通过学习习近平生态文明思想和习近平法治思想，我们深刻认识到，党的十八大以来，以习近平同志为核心的党中央，把生态文明建设作为统筹推进“五位一体”总体布局和协调推进“四个全面”战略布局的重要内容，把坚持人与自然和谐共生纳入新时代坚持和发展中国特色社会主义基本方略，全方位、全地域、全过程加强生态环境保护，标志着我们党对生态文明建设规律的认识达到了新境界、新高度。习近平法治思想的根本立足点是坚持以人民为中心，坚持法治为人民服务。进入新时代之后，中国社会的主要矛盾已经转化为人民日益增长的美好生活需要和不平衡、不充分的发展之间的矛盾。人民群众对民主、法治、公平、正义、安全、环境等方面的要求日益增长。法治建设要积极回应人民群众的新要求、新期待，研究和解决法治领域人民群众反映强烈的突出问题，不断增强人民群众的获得感、幸福感、安全感，用法治保障人民安居乐业。

习近平生态文明思想和习近平法治思想，是治国理政的重要利器，是推进中国式现代化建设、实现生态保护和经济高质量发展、增进人民福祉的重要保障。

生态文明建设离不开法治的保障。生态法治研究专委会，是服务于生态环境法治建设的专门智库组织，在推进生态文明和法治建设中，肩负着光荣的职责使命。

新时代生态法治研究专委会工作，必须坚持以习近平生态文明思想和习近平法治思想为指导，紧密围绕党的十八大以来我国生态建设、法治建设的重要理论决策、重大实践活动，坚持理论与实践相结合，将生态和法治建设的理论智力成果、工作建设成果、管理创新成果、科学技术成果、服务保障成果等，通过实证研究、专项调研、交流总结、服务提升、成果转化等途径，来服务、完善、支持生态环境法治建设相关领域、行业、部门的发展需要，进而不断地提升生态法治研究专委会的服务能力。

三、根据党中央关于法治建设及法学理论研究的一系列总体要求，探索建设中国行为（生态）法学智库的运行模式和工作内容

通过学习《中共中央关于全面推进依法治国若干重大问题的决定》和中办、国办《关于加强新时代法学教育和法学理论研究的意见》，着重理解把握“法律的生命力在于实施，法律的权威也在于实施”“发挥人民团体和社会组织在法治社会建设中的积极作用”“坚持围绕中心、服务大局，把法学教育和法学理论研究放在党和国家工作大局中谋划和推进”“强化全面依法治国实践研究。立足建立健全国家治理急需、满足人民日益增长的美好生活需要必备的法律制度，围绕法治建设重大规划、重点改革、重要举措等，开展前瞻性、针对性、储备性法律政策研究，充分运用法治力量服务中国式现代化。积极回应人民群众的新要求、新期待，围绕立法、执法、司法、守法等法治领域人民群众反映强烈的突出问题，提出对策性建议”等一系列要求，将“政产

学研用”作为生态法治研究专委会的工作运行模式。聚焦生态环境法治化建设，联合立法机关，司法、行政执法职能部门，生态环境学术研究机构、社团组织和企业以及专业人士等，坚持以需求和问题为导向，整合资源优势，打造集“智力服务、支持保障、成果转化”于一体的应用服务平台，围绕“行为（生态）法学”的特征，确定了研究内容。

坚持宏观与微观相结合、长线与短线相融合。研究内容既可以是党和国家生态环境立法、政策层面的问题，也可以是生态环境法治领域范畴的问题，还可以是相关行业组织和部门的问题。

立足实际，着眼急需，制定了《关于做好生态法治“实证、实用、实操”研究课题工作实施意见》。

“实证”性研究课题，就是通过实地调研，针对普遍存在的共性问题、有代表意义的个性化问题，组织专家团队和实务部门人员联合攻关，形成有实质性内容的研究成果。

“实用”性研究课题，就是提炼总结适用于生态环境行业的法治制度体系（包括流程、规范、标准等）研究成果。

“实操”性研究课题，就是通过订单式服务，协助相关生态环境部门和单位有效地解决急需的问题。

完善了研究工作的方式方法。一是建立工作联系点。根据课题需要，选择其中有典型意义的研究对象，建立联系点，通过实地走访、调研，掌握第一手情况，使课题内容符合实际，有更强的针对性。二是开展专项调研活动。对于综合性课题，有计划地组织课题组成员，进行实地考察，开阔视野，丰富课题的专业化内容。三是发挥专家的作用。专家站位高，掌握资源多，在课题研究过程中，注重听取他们的意见，增加课题的多样性，提高课题研究质量。四是坚持定性与定量的研究方法。充分运用数据分析、抽样演示、比较论证、AI（Artificial Intelligence）技术等手段，不断增加课题的科技含量。

加强研究课题规范化管理。一是牢牢把握研究课题的正确政治方向，确保课题符合党和国家生态环境政策和法律法规。二是坚持研究课题质量至上的标准，为国家立法、执法机关决策服务，为相关行业和单位的需求服务，力求让服务对象满意。三是研究课题要从中国生态环境和法治建设实际出发，不一味追求数量，不搞形式主义。四是规范研究课题工作程序。重要研究课题，向中国行为法学会申报；专项研究课题，由生态法治研究专委会研究确定。

四、积极响应党中央大兴调查研究的号召，深入经济主战场、执法第一线与基层，开展系列调研活动，向社会和人民群众问实情、取真经

遵照习近平总书记关于“把论文写在祖国的大地上”的叮嘱和勉励，有目的、有组织地开展了系列调研等活动。

启动了“新时代（黄河流域）生态保护和高质量发展大型调研行活动”。

黄河是中华民族的母亲河，哺育繁衍了炎黄子孙。黄河又是一条灾难深重的河流，历史上曾发生千余次决堤。中华人民共和国成立后，通过治理，黄河的安澜得到了保障。但是受时代的局限，黄河的经济功能、社会功能尚未得到充分的释放。

近年来，在党中央的领导下，黄河流域的生态保护和经济发展发生了巨大的变化，但也存在部分不尽如人意的地方，为了总结推介先进经验，发现问题，提出对策，改进工作，生态法治研究专委会与中华环保联合会环境与法制专业委员会，会同国家相关部委，开展了“新时代（黄河流域）生态保护和高质量发展法治化建设大型调研行活动”。

截至 2024 年年底，学会调研组已前往河南省的郑州市、濮阳市、三门峡市以及山东省东营市开展了调研活动，并取得了初步的成果：一是通过对黄河流域生态法治大型调研行活动，我们在思想上、认识上对习近平总书记关于黄河流域生态保护和高质量发展的重要论述有了新的提升。党中央将黄河流域生态保护和高质量发展上升为国家战略，意义重大而深远。2019 年 9 月 18 日，习近平总书记在河南郑州发表重要讲话，对黄河流域生态保护和高质量发展作出了全面部署。我们全面地学习理解习近平生态文明思想和习近平法治思想对黄河流域生态保护和高质量发展的重大现实意义和历史意义，增强了贯彻落实的坚定性和自觉性。二是通过大型调研行活动，我们进一步认识到：《黄河保护法》的颁布实施，推动了黄河流域生态保护和高质量发展进入依法治理的新阶段。根据习近平总书记关于新时代黄河流域的重要指示和“四梁八柱”的要求，2022 年 10 月 30 日，十三届全国人大常委会第三十七次会议表决通过《黄河保护法》，并自 2023 年 4 月 1 日起施行，黄河流域的生态保护和高质量发展实现了有法可依，步入了法治化管理的轨道。对于生态法治研究专委会来说，肩负的使命和责任更加光荣而艰巨，这既是机遇更是挑战，我们应当责无旁贷地积极配合相关机关和部门，尽职尽责地做好自己智库的研究和服务工作。三是通过调研行活动，我们更加深刻地感受到，“徒法不足以自行”，当下在实施《黄河保护法》的过程中，有法必依、执法必严的问题开始凸显。《黄河保护法》落地工作任重而道远，特别是相关的责任主体、执法主体、经济主体以及社会主体，探讨打通落实《黄河保护法》“最后一公里”的痛点、堵点、难点问题，真正让《黄河保护法》造福于黄河流域生态与发展，增强人民群众安居乐业幸福感，发挥其应有的重要作用。

下一步，我们将举全会之力，整合各方面的资源，把大型调研行活动做实、做新、做深，取得预期成果。

五、开展以“三实”为内容的生态法治实证专项课题研究，形成了一批有分量的研究成果

——实施了“两山”理论生态法治寻根溯源实证课题研究。

“两山”理论是指“绿水青山就是金山银山”的生态环保理念。2005 年 8 月 15 日，时任浙江省委书记的习近平同志在湖州安吉余村考察时，首次提出了“绿水青山就是金山银山”的重要论断，标定了生态文明“两山”理论的起点。“两山”理论的核心思想是，良好的生态环境就是最普惠的民生福祉，维护生态环境就是维护生产力。

乡村是中国的根基，乡村生态（法治）建设是中国式现代化的重要内容。乡村生态（法治）的含“绿”量，决定了乡村振兴的含“金”量。基于这一认识，我们确立了生态法治研究专委会的首个课题，即《“两山”理论指引乡村生态法治建设（浙江样本）实证课题》。

该课题研究的价值意义在于：生态法治研究专委会作为生态行为法学的专门智库，有责任、有义务积极响应党中央关于“大兴调查研究之风”的号召，聚焦乡村生态（法治）建设这个事关中国农村最根本的基础性问题。通过走进乡村振兴主战场开展调查研究，摸实情、重实效，善于发现典型，借鉴可复制、可推广、可持续的先进经验和典型做法，以点及面地提炼具有普遍意义的机制制度，实现调查研究价值的最大化。

学会课题组前往最早发端于乡村生态（法治）建设的浙江省的部分企事业单位开展调研活动。调研活动采取点面结合的方式进行。在面上，以浙江省生态法治建设为视角，通过网站和媒体获取生态法治建设的信息材料。在点上，以浙江为基点，延伸至江西、安徽、江苏、贵州等 5 地有代表性的生态典型实例。通过实地考察，与政府部门、园区、企业负责人等面对面交流，掌握第一手资料，探讨构建内容，收获了预期成果。

通过调研，我们强烈地感受到，中国地域辽阔，东中西部乡村生态建设特别是法治建设，情况千差万别，任重道远。

通过调研发现，目前在中国乡村生态（法治）建设中，还面临着一些体制性、机制性、保障性方面的问题，造成问题的原因，有的是客观因素，更多的则是主观因素。

我们认为，办法总比困难多。遵循“经验在基层、推广在上层”的思路，按照“实践—理论—再实践”的研究路径，调研组将工作的触角聚焦在中国乡村振兴之路的5个示范样本——浙江省乡村生态（法治）建设上，为中国乡村振兴之路提供示范样本，以期收到有益的启示。

调研报告结论意见：新时代中国乡村生态法治建设，必须坚持以习近平生态文明思想和习近平法治思想，以及“两山”理论为指导，坚持实事求是，坚持以人民为中心，一切从实际出发，尊重生态和法治规律，尊重基层的首创精神，尊重社会主义法治、德治和自治的力量，借鉴浙江“千万工程”的经验，最大限度地改善乡村“生产、生活、生态”环境，让更多的村庄成为充满生机活力和特色魅力的富丽乡村，增强广大农民的幸福感和获得感。这是脱贫攻坚战取得全面胜利后，新时代赋予我们加强乡村生态法治建设，实现新的战略重点转移的又一个繁重而艰巨的光荣任务，更加需要我们举全国之力，以更大的紧迫感和责任感，持之以恒抓好落实，取得更大的成效，这也是中国式现代化建设的应有之义！

根据习近平总书记关于推进粤港澳大湾区建设的新要求，《粤港澳大湾区生态法治建设实证研究课题》正式立项，作为学会年度的重点课题。

该课题研究的价值意义在于：粤港澳大湾区包括香港、澳门特别行政区和广东省广州市、深圳市、珠海市、佛山市、惠州市、东莞市、中山市、江门市、肇庆市（以下简称大湾区），总面积5.6万平方公里，总人口超8600万，是我国开放程度最高、经济活力最强的区域之一，在国家发展大局中具有重要战略地位。

2019年2月18日，党中央和国务院印发《粤港澳大湾区发展规划纲要》（以下简称《大湾区纲要》），作出了建设大湾区的国家重大战略部署。生态环境是建设大湾区的重要内容，关乎民生福祉，更为粤港澳广大居民所关注。《大湾区纲要》施行以来的实践印证：大湾区经济建设尤其是生态环境建设，须臾离不开法治建设的保障。但大湾区的法治建设包括生态法治建设还有待进一步健全和完善；港澳与内地行政执法部门和司法机关的衔接与配合方面还有待进一步细化和深化；相关案件包括生态环境案件的处理、仲裁、审判的标准尺度、执法水平更需要进一步统一和提升；等等。

党的二十大报告明确要求，要进一步加快“推进粤港澳大湾区建设”。习近平总书记在广东省调研时指出，粤港澳大湾区在全国新发展格局中具有重要战略地位，要使粤港澳大湾区成为新发展格局的战略支点、高质量发展的示范地、中国式现代化的引领地。当前，大湾区经济发展以及生态环境建设，特别是法治建设进入了高质量发展的新阶段。

通过调研结论意见是：当前大湾区建设应突出生态建设这个重点。因为生态建设是高质量发展的应有之义，也是大湾区民众民生对福祉的期盼，完全符合粤港澳地区的实际情况。要坚持能动司法，充分发挥生态环境审判和公益诉讼的作用，通过对一个个、一起起具体而鲜活的案件，公正执法，维护合法权益，展示中国法律的力量和温度，以体现社会主义法律制度的优越性，让粤港澳地区的民众更加认可、支持中央建设大湾区的重大决策，选择依靠中国法律来伸张正义、排忧解难，不断优化大湾区法治环境，推动大湾区经济社会和谐、健康发展。

2023 年，我会紧紧围绕党中央的工作部署，生态法治建设的重点、难点、痛点问题，先后立项《黄河三角洲生态保护和高质量发展法治建设实证课题》《中国法治生态建设若干问题实证课题》等 10 余个专项研究课题。编纂《生态法治调研报告．第一辑》，并与《最新生态法治调研成果文集》一同出版。

六、打造实务平台，举办了“（2023）新时代黄河流域生态保护和高质量发展法治化建设暨贯彻《黄河保护法》论坛”

2023 年 10 月 21 日，我们在北京成功举办了“（2023）新时代黄河流域生态保护和高质量发展法治化建设暨贯彻《黄河保护法》论坛”（以下简称黄河生态法治建设论坛）。来自国家机关、地方政府、执法部门、新闻单位、生态企业的相关负责人会聚一堂，从理论与实践的角度，研讨交流实现新时代黄河流域生态保护和高质量发展“大保护、大服务、大协作、大发展”的新格局、新经验、新模式。

论坛主要收获：一是进一步加深了对习近平生态文明思想和习近平法治思想，以及对黄河流域生态保护和高质量发展的重大意义与重要作用的理解。总会董治良会长、李文燕总监事、宋朝武副会长出席会议并讲话，通过江必新、张恒山、翟勇等一批专家的理论报告，大家深刻认识到，习近平总书记关于黄河流域的一系列重要指示，与习近平生态文明思想和习近平法治思想一脉相承。习近平总书记将黄河河流本身的纵向结构，拓展为黄河流域全方位大概念来整体规划并展开实施，开辟了黄河流域发展的新视野、新境界，给黄河流域地区带来了巨大的发展空间。习近平总书记提出黄河流域既要实现生态保护，也要实现高质量发展的新要求，将黄河流域从原来的水利安全功能，拓宽为经济发展功能、社会参与功能，更好更快地促进黄河流域地区发展，推动黄河流域进入了大保护和大发展的新阶段、新时代。我们要认清新形势，明确新任务，增强贯彻习近平总书记黄河战略的坚定性。二是进一步加深了对《黄河保护法》精神实质的学习领会。通过李明义、吕洪涛、唐忠辉等实务专家的业务辅导，把握了《黄河保护法》的立法思想、基本条文含义。《黄河保护法》具有高度的概括性、完整的系统性和严密的强制性，要熟悉并认真履行《黄河保护法》，使其真正发挥应有的作用。三是通过8个单位典型经验介绍，为贯彻《黄河保护法》提供了实践样本。河南省人民法院坚持创新审判机制，实行“18+1+1”集中管辖模式的经验；三门峡市遵循习近平总书记的要求，实施“山水林田湖草沙”一体化综合治理的经验；东营市中级人民法院打造“生态司法”品牌，开展环境资源审判的经验；东营市人民检察院积极能动作为，大力开展“四位一体”公益诉讼的经验；昌邑市人民检察院积极履行检察职能，全面开展公益诉讼的经验；华某集团建设循环经济生态企业的经验；某海集团打造食品龙头企业的经验；某达集团创建让消费者信得过企业的经验等，都是践行习近平总书记赋予黄河流域新使命的生动实践。这些经验有担当、有作为、有业绩、有贡献，令人信服，可学可用，具有广泛的推广效应。学习这些成熟的经验，有助于在更大的范围内造福于黄河流域生态保护和高质量发展。

新闻媒体和与会人员评价：本次论坛具有四个鲜明特点，一是将习近平生态文明思想和习近平法治思想对黄河流域生态保护和高质量发展的重大理论指导，作为黄河生态法治建设论坛的总基调和主旋律。二是将贯彻《黄河保护法》作为黄河生态法治建设论坛的重要内容。三是将推介经验、树立典型作为本次论坛践行习近平总书记重要指示，推动黄河流域生态保护和高质量发展的重要载体。四是将论坛取得的成果，通过加大转化利用的力度，推动黄河生态法治建设论坛效益产生可持续的影响力。这种既注重“投入”，更注重“产出”的做法，值得其他论坛效仿和推介。

黄河生态法治建设论坛是学会开展工作的重要实务载体，我们将充分发挥这一平台的功能，力争每次论坛突出解决一个制约生态保护和高质量发展的重点问题，有理论、有实践、有经验、有对策、有建议，真正把论坛打造成为有影响力的品牌。

七、开设生态法治实务讲座，加大调研成果的转化利用

调研成果需要付诸实施，才能取得实实在在的成效。我们既注重做好调研成果“上半篇”的文章，更注重做好调研成果“下半篇”的文章，把工作的重心放在调研成果的转化利用上，为有关机关、行业部门、企事业单位提供智力服务。

应河南省三门峡市政府邀请，2023年10月26日下午，王少南会长为三门峡市县两级500余名干部作了《学习领会习近平总书记黄河战略、贯彻落实〈黄河保护法〉，实现黄河流域生态保护和高质量发展》辅导报告。

这次辅导报告是三门峡市举办的第二期“崤函大讲堂”。目的是通过《黄河保护法》专题培训，让相关干部深入学习贯彻习近平生态文明思想和习近平法治思想，真正将法律法规的制度要求转化为实实在在的治理效能，更好地落实黄河流域生态保护和高质量发展这一重大国家战略。

这次辅导报告的内容分为三部分。一是学习领会习近平总书记黄河战略的深刻内容。(1) 习近平总书记对黄河问题高度重视。(2) 习近平总书记对黄河的系列重要讲话，既是对习近平生态文明思想的传承和深化，更是创新和升华，具有重要现实意义和深远历史意义。(3) 习近平总书记高瞻远瞩，提出黄河流域生态保护和高质量发展重大命题，黄河流域进入了新阶段。二是关于《黄河保护法》的精神实质和主要内容。(1) 从《黄河保护法》的价值取向审视，这是一部生态优先的"绿色法"。(2) 从《黄河保护法》的基本思路定位，这是一部系统治理的"流域法"。(3) 从《黄河保护法》的问题导向认识，这是一部个性鲜明的"特别法"。(4) 从《黄河保护法》的立法技术分析，这是一部刚柔并济的"政策法"。(5) 从《黄河保护法》的法律实施定位，这是一部同保共治的"协作法"。三是把握国情、吃透河情、结合市情，探索贯彻习近平总书记黄河战略、《黄河保护法》，走出一条高举生态立市旗帜、实现高质量发展的可持续发展之路。(1) 牢牢把握新机遇。(2) 探索打造新业态。(3) 营造发展新环境。(4) 弘扬黄河文化新动力。

三门峡市委副书记、市长指出，王少南会长对黄河战略的深刻内涵、《黄河保护法》的精神实质和主要内容进行了系统讲解，并结合三门峡市的实际，对如何更好地贯彻落实《黄河保护法》，深入推进黄河流域生态保护和高质量发展重大战略，提出了非常具有指导性、针对性和实践性的建议。

据了解，在黄河流域的60余个城市中，三门峡市是首次以这种培训会形式，学习习近平生态文明思想和习近平法治思想，贯彻黄河重大国家战略，专题研究落实《黄河保护法》，深入探讨实现黄河流域生态保护和高质量发展的实务问题。

这是生态法治研究专委会负责人首次以中国行为（生态）法学智库的名义，运用课题研究成果，为地方政府提供法治建设服务的积极尝试。

今后生态法治研究专委会将更加聚焦于经济发展和社会稳定的难点、痛点和堵点问题，深入开展社会调查，针对新情况，研究新对策，通过成果转化，为立法机关、行政机关和执法部门等提供有效的智力服务，为党和国家中心任务落实作出积极的贡献。

八、通过优中选优，吸纳部分理事单位，建立常态化调研工作联系点

做好生态环境法治化建设工作，离不开各个单位的积极参与和大力支持，需要更多的单位主体加入，形成更大的工作合力。根据优中选优、宁缺毋滥的原则，我们经过认真考察，首批确定4个理事单位。

理事单位之一：昌邑市人民检察院。多年来，该院在党委和上级检察机关的领导下，围绕“创品牌党建、带一流队伍、干一流工作、做模范机关”工作思路，抓服务促发展、抓业务强监督、抓队伍严纪律，以创新谋发展、以担当抓落实，走出了一条基层人民检察院高质量发展之路。先后被最高人民检察院授予“全国检察宣传先进单位”；被山东省委政法委授予“全省政法系统先进基层单位”；被山东省人民检察院记“集体二等功”，获评“全省检察机关先进集体”等23项省级以上荣誉，117项经验做法，得到省级领导机关肯定并被国家级媒体报道。

理事单位之二：某达面粉集团股份有限公司。该企业创业30余年来，始终秉持“发于使命、达济天下”的企业文化，将一个名不见经传的面粉工厂，打造成为在国内行业领先、让数亿消费者信得过的、现代化循环经济的生态企业。先后获得“国家农业产业化重点龙头企业”“国家粮食应急保障企业”“中国粮食加工十强企业”“中国好粮油示范企业”“全国食品工业优秀龙头企业”“中国消费者满意面粉”等荣誉称号。

理事单位之三：上海某盛（济南）律师事务所。该所现有22家分支机构，服务于部分世界五百强企业和国内的大中型企业。全所人员100余人。建所以来，一直坚持“党建引领、做人民满意好律师”的宗旨，除做好法律服务本职工作外，还积极参与社会公益活动，设立“爱益同行”法援中心、革命老区法律援助中心、“一扇窗”法律援助中心等。该所多名律师当选省市人大代表、政协委员，是中国中小企业管理咨询专家库成员单位，担任多地人民政府的法律顾问单位。

理事单位之四：浙江某新材料有限公司。该公司成立于2003年10月，是典型的循环经济科技型企业。公司尊重知识、尊重人才、尊重创新，通过设立院士工作站，引进知名专家，研发科技项目，先后取得国家发明专利、实用新型专利多项，生产出了市场急需的中高端不锈钢产品，被浙江省授予“省级创新型企业”“专精特新”企业荣誉称号，是长三角地区不锈钢的主要供应商，具有很强的后发优势和良好的发展前景。

上述4个理事单位具有较强的代表性，我们将针对它们在实际工作中遇到的难题和创造的鲜活经验，协助其共同做好完善、提升、总结和推介工作，为生态法治研究专委会提供实证案例，充实工作内容，不断提高生态法治智库工作的针对性、有效性。

总之，通过一年来的学习领悟、实地调研、课题研究、论坛交流、借鉴比较、认真思考，我们初步确立了新时代行为（生态）法学的工作方向和工作定位，坚定了工作模式和工作路子，构建了工作平台，打造了工作载体，积累了工作成果并促进了工作转化等经验，从而实现了生态法治研究专委会工作的良好开局，获取了强烈的成就感。

但是，我们也深刻地认识到，学会工作离上级的要求还有差距，主要包括：学会理事的积极性和作用发挥不平衡；课题调研成果质量还有待提高；成果转化利用的渠道不充分；学会办事机构人员量少质弱的问题没有得到很好的解决；自身保障机制尚未建立起来；等等。

我们将在中国行为法学会的领导下，一如既往，不忘初心，砥砺前行，努力建设有效益、有作为的中国行为（生态）法学智库，为国家生态文明建设和法治建设作出积极的贡献！

第 6 期

中国行为法学会生态环境法治研究专业委员会 2024 年重点工作安排

2024 年是中国行为法学会生态法治研究专业委员会（以下简称生态法治研究专委会）守正创新、团结协作的关键一年，是沿着正确方向、行稳致远的重要一年。在中国行为法学会的领导下，将 2024 年作为学会的进取年，通过持续发力，实现工作的新发展、新进步、新成就。

一、工作目标

举全会之力，将生态法治研究专委会打造成中国生态法治实务领域最有特色的智库。

二、重点任务

（一）办好一个论坛

持续办好“新时代黄河流域生态保护和高质量发展法治化建设论坛”（以下简称黄河生态法治建设论坛）。

论坛要始终坚持以目标导向、问题导向、成果落实相结合为出发点和落脚点；聚焦于黄河流域生态保护和高质量发展法治化建设“最初一公里”的重心；围绕贯彻执行《黄河保护法》“最后一公里”的难点、堵点问题（每次论坛突出一个议题）；协调主管机关、实务部门、智库组织、专家学者、基层单位等，开展有目的、有成效的研讨交流活动，加强论坛成果的转化利用，向立法、执法、司法机关和相关部门提出建议，为决策管理、推广应用提供智力支持和服务，将黄河生态法治建设论坛打造成国内有影响力、有特色的实务研究平台。

（二）开展一项大型调研活动

继续联合相关部门和单位，精心组织好“新时代（黄河流域）生态保护和高质量发展法治化建设大型调研行活动”。

开展大型调研行活动，要根据党中央关于做好调查研究工作的总体部署，深入生态保护和高质量发展法治化建设的工作实际、深入基层一线的执法实践活动、深入人民群众的生产生活中，了解真实情况，掌握第一手材料，发现影响生态保护和高质量发展迫切需要解决的热点、难点问题，研究解决方法对策，总结推广基层的鲜活经验，宣传生态环境保护的法律法规和典型案例，提高全社会尊崇法律、弘扬生态文明的良好氛围。年内将对黄河流域2到3个省（自治区）的部分地区和单位，开展针对性的大型调研行活动，形成内容充实的调研报告。

（三）实施一批“三实”课题研究

坚持胸怀“国之大者”，立足国情，围绕人民群众对美好生活的向往需要，结合生态法治智库的职责范围，实施以“实证、实用、实操”为主要内容的实务课题研究。做好以下重点课题研究：

一是以“两山”理论为指导，开展推进新型城镇化、乡村振兴生态法治建设（以东中西部地区有典型意义的城镇和乡村为样本）实证课题研究；

二是围绕习近平总书记关于“发展新质生产力”和党中央推进新型工业化的新要求，以ESG［Environmental（环境）、Social（社会）和Governance（治理）的缩写，是一种关注企业环境、社会、公司治理绩效而非传统财务绩效的投资理念和企业评价标准］为内容，促进专精特新企业生态法治建设实证课题研究；

三是贯彻《黄河保护法》，探索黄河流域城市、企业、乡村加强生态保护和循环经济发展的新经验、新模式实证课题研究；

四是对实施《黄河保护法》过程中，需要进一步完善的法律法规及责任主体、执法主体、执法相对人遇到的新情况、新问题、新对策的实证课题研究；

五是执行《黄河保护法》的各类典型案例课题研究；

六是环境犯罪恢复性治理实证课题研究；

七是其他生态法治热点、难点问题实证课题研究。

（四）出版《生态法治调研报告》新书

对形成的调研成果编辑出版。同时，通过学会官网和相关刊物提供给国家立法机关、司法和行政执法机关、相关部门，补充完善决策，增强服务的针对性和实效性。

（五）发展一批有公信力的理事单位

通过认真考察，严格标准，有序地吸纳不同领域的、志同道合的部门单位为生态法治研究专委会的理事单位，壮大学会力量，扩宽研究范围，扩大智力服务的工作领域。

（六）加强与一些国家部委、研究机构、体制内生态环境组织的合作

通过优化资源，发挥各自优势，形成工作整体合力。

三、保障措施

（一）坚定政治方向。生态法治研究专委会要坚持以习近平生态文明思想和习近平法治思想为指导，认真贯彻党的二十大精神，落实中办、国办《关于加强新时代法学教育和法学理论研究的意见》，按照中国行为法学会2023年年会暨第六届三次理事会精神的要求，深刻领会“两个确立”，增强“四个意识”，坚定“四个自信”，做到“两个维护”，坚定不移走中国特色社会主义法治道路。

（二）加强组织领导。坚持党的领导原则，生态法治研究专委会的重要工作、重要活动、重要事项及时向总会请示报告。

（三）规范内部管理。加强学会机构管理、理事会员自身建设，提高能力素质。建立健全工作制度，加强监督检查。

（四）改善工作环境。在合法合规前提下，依靠学会理事和会员的支持，逐步优化保障机制，实现学会工作的可持续发展。

生态法治调研报告．第二辑

第7期

依托法治力量共护一泓清水

——关于遵义市两级法院为赤水河流域生态保护和高质量发展提供司法服务考察调研报告

赤水河流域生态保护和高质量发展法治化建设调研组

一、调研背景①

1. 在我国西南云贵川三省的接壤地区，有一条闻名遐迩的河流——赤水河。其发源于云南省昭通市镇雄县，至四川省合江县汇入长江。

经过考察，调研组了解到：一是由于赤水河流域独特的地理环境、水文气候特性和传统产业的承继，自然资源、产业资源、传统文化和红色资源丰富，特别是其酿酒产业尤为发达，是中国白酒（酱酒）的主产区。二是依法保护程度高。2011 年，贵州省人大常委会通过《贵州省赤水河流域保护条例》，并从 2012 年起连续三年通过开展“贵州环保世纪行”活动进行督查。2017 年 9 月，云贵川政协签署《云贵川三省政协助推赤水河流域生态经济发展协作协议书》，落实《赤水河流域生态经济示范区总体规划》。2021 年 5 月，云南、贵州、四川三省人大常委会分别审议通过了《关于加强赤水河流域共同保护的决定》和各省份的赤水河流域保护条例，并于同年 7 月 1 日起同步实施，这是我国首个地方流域共同立法。2020 年 12 月 26 日，十三届全国人大常委会第二十四次会议通过《长江保护法》，并于 2021 年 3 月 1 日起施行。《长江保护法》第 2 条第 2 款明确规定：“本法所称长江流域，是指由长江干流、支流和湖泊形成的集水区域所涉及的青海省、四川省、西藏自治区、云南省、重庆市、湖北省、湖

① 相关数据由被调研对象提供。

南省、江西省、安徽省、江苏省、上海市，以及甘肃省、陕西省、河南省、贵州省、广西壮族自治区、广东省、浙江省、福建省的相关县级行政区域。”由此，长江流域的生态保护和绿色发展上升为国家法律保护的范围，进入依法保护和治理的轨道，为赤水河流域的生态保护和绿色发展提供了法治保障，其意义重大而深远。

2. 赤水河流经贵州境内的河段共长 126 公里，纵贯赤水河其间的遵义市，是贵州省域副中心城市，辖 14 个县级行政区，这里是闻名遐迩的茅台酒等酱酒的主产区、中国高品质绿茶最大的产区，拥有世界文化遗产海龙屯、世界自然遗产赤水丹霞等。1935 年，中国共产党在这里召开遵义会议，是党在生死攸关之际的转折点，被誉为“转折之城、会议之都”等。

依法保护和促进赤水河流域生态保护和高质量发展是人民法院的重要职责。近年来，遵义市两级法院深入贯彻习近平生态文明思想和习近平法治思想，坚持恢复性、预防性司法理念，围绕遵义“两河两带（赤水河、乌江两大流域以及酱香白酒、贵州绿茶产业带）”“四个重点（重点流域、重点区域、重点领域、重要产业）”“三个环境”一体化司法保护工作目标，不断加强环资审判专门机构建设、工作机制创新，为建设人与自然和谐共生的现代化，推进贵州生态文明建设先行区高质量发展提供了强有力的司法服务保障。

2023 年，遵义市两级法院受理各类案件 184499 件，审执结 156553 件，其中遵义市中级人民法院（以下简称遵义中院）受理各类案件 18042 件，审执结 15488 件。该院党的建设、禁毒、人民法庭、未成年人保护等工作，特别是环境资源审判工作在全国、全省法院获得奖励，12 项工作得到省部级以上领导批示肯定，37 项业务成果获省级以上奖项，47 个集体、183 名个人获市级以上表彰。中央电视台、《人民法院报》、《贵州日报》等主流媒体对该市法院诉讼服务、审判管理、破产审判、司法建议等工作进行过重点报道。最高人民法院副院长在遵义调研时指出，遵义环资审判为贵州法院面向全国贡献了贵州经验。

《长江保护法》施行以来，遵义市法院为赤水河流域的生态保护和高质量发展，搭配了哪些新作为？取得了哪些新经验？这是本次调研的首要任务。

3. 2024 年 1 月 12 日至 14 日，中国行为法学会生态环境法治研究专业委员会（以下简称生态法治研究专委会）组成“赤水河流域生态保护和高质量发展法治化建设”调研组，专门到遵义中院，习水县法院、习酒环境保护法庭，仁怀市法院、茅台特殊环保法庭实地调研，并与法院领导、环境资源审判庭法官和法庭工作人员进行了座谈交流。遵义中院、习水县法院、仁怀市法院相关负责人参与了调研活动。

通过实地考察、听取情况、审阅材料、座谈交流，调研组顺利完成了本次调研任务，取得了预期成果。

二、调研内容

（一）遵义市两级法院环境司法工作的经验做法

1. 围绕“两河两带”，布局环境司法专门机构建设。根据遵义山川河流分布、独特资源禀赋，逐步形成“1（遵义中院环资庭）+7（基层法院环保法庭）”环资审判专门机构格局，实现长江上游南岸两大支流赤水河、乌江以及酱香白酒、贵州绿茶等国家级重点产业带的环境司法全覆盖。设立湄潭法院茶产业环保法庭，与凤冈法院环保法庭形成司法合力，强化对全国最大茶产区——遵义茶产业带的司法保护力度；仁怀法院茅台特殊环保法庭、习水法院习酒环保法庭协同保障国家千亿级酱香白酒产业带的整体生态安全；赤水法院赤水河流域环保法庭、余庆法院乌江流域环保法庭、播州法院环境保护法庭围绕赤水河、乌江丰富的野生动植物资源、国家重点风景名胜、重大水利工程项目以及世界“双遗产”，开展流域生态环境、生物多样性司法保护协作，服务国家“双碳”目标，落实长江十年禁渔任务。

历经十年发展，截至2024年1月8日，遵义市两级法院已有一案入选最高人民法院发布的第37批指导性案例（入选的该案是贵州省首个环资审判类指导性案例），同步入选联合国环境规划署网站刊登的第四批中国环境资源司法案例；同时，遵义市两级法院还有多案入选全国、全省环资审判典型案例，多次荣获全国法院环资审判业务成果评选活动特等奖、一等奖等奖项。遵义中院环资庭先后荣获全国、全省法院环资审判先进集体，仁怀法院茅台特殊环保法庭入选最高人民法院“枫桥式人民法庭”建设案例。

2. 围绕“四个重点”，强化环境司法服务保障效能。按照贵州省法院打造环境要素一体化保护的贵州环资审判升级版工作思路，遵义中院围绕遵义市重点流域、重点区域、重点领域、重点产业的系统化、体系化保护，在工作机制、审判模式、修复方式等方面积极开展探索创新。

——聚焦重点流域保护。一是构建府院联动、跨省司法协作、跨省院校合作三大机制。2020年以来，遵义中院分别与市政府、省内外兄弟法院、重庆大学共建生态环境保护府院联动机制，赤水河、乌江全流域、跨区域环资审判司法协作机制，院校合作机制。2023年10月12日，赤水河流域环境资源审判跨省司法协作联席会在重庆大学召开，遵义中院与四川泸州、云南昭通、贵州毕节三家中院共同起草《关于赤水河流域非法捕捞犯罪、破坏森林资源犯罪的量刑指引（试行）》（征求意见稿），发布

《关于加强司法服务赤水河流域生态环境保护与绿色低碳发展的倡议》。二是合力打造多类型司法保护基地。紧盯前沿谋创新，凝聚智识促发展，先后建立长江上游跨区域司法协作生态修复基地、赤水河流域生态环境司法理论实践基地、碧水乌江增殖放流司法保护基地，持续培树“同饮一江水，共护赤水河”“保护生态资源，共护美丽乌江”司法品牌，为保护流域生态环境、推动可持续发展形成多方合力。

——聚焦重点区域保护。遵义中院采取巡回审判方式审结的长江上游首例涉喀斯特溶洞地质资源保护民事公益诉讼案件，入选中国法院2023年度案例；依托生态破坏公益诉讼案件审理，在赤水河一级生态调节区设立全省首个环境司法森林碳汇观测基地，该案入选最高人民法院、最高人民检察院生态环境保护检察公益诉讼十大典型案例；依托涉乌江干流饮用水源保护区危险废物污染案件审理，播州法院在全国率先探索刑事附带生态环境损害赔偿诉讼，构建“检察机关公诉同步支持起诉+行政机关起诉+人民法院裁判”全新审判模式，该案荣获2023年度全国法院系统优秀案例分析刑事类二等奖。

——聚焦重点领域保护。一是构建“一区+两中心”生物多样性司法保护矩阵。凤冈法院在蜚声国际的白鹭守鸟人事迹发源地设立“白鹭有约、生态朝阳人文环境司法保护区”，携手护鸟世家共同绘就人与自然和谐共生的美丽司法画卷；播州法院设立“遵义市野生动物司法保护救助中心”，探索将生态环境损害赔偿款项用于涉案野生动物在放生前的救治、繁育，开启野生动物司法保护、替代修复的全新路径，入选贵州省委改革办发布的贵州改革工作案例；2023年首个“8·15全国生态日”当天，由遵义中院牵头，赤水法院联合中国科学院水生生物研究所挂牌成立全国首个“长江上游珍稀特有鱼类司法保护与科学研究中心”，为科学繁育保护长江珍稀濒危水生物种贡献司法力量。二是加强审判机制创新。2021年，遵义中院携手检察机关在全国率先出台办理检察民事公益诉讼司法确认案件指引，为全市生态环境、消费者权益、公民信息、安全生产等社会公益重点领域构筑起全方位、多维度的司法保护“天网”，入选最高人民检察院公益诉讼“五好”宣传素材评选活动之“好机制”。

——聚焦重点产业保护。一是加强酱香白酒产业司法保护。仁怀法院出台《关于为全市白酒产业高质量发展提供司法服务和保障的实施意见》，牵手赤水、习水、云南镇雄、四川合江、四川古蔺等六地基层法院签订《长江上游酱香型白酒产业带特殊生态环境跨区域司法保护协作意见》，为推进世界酱香白酒产业基地核心区建设提供有力司法服务保障。二是加强茶产业司法保护。2023年6月15日，全国首家茶产业环境保护法庭在湄潭揭牌，旨在强化对全国最大茶产区——遵义茶产业带的生态环境司法保护力度，由此开启司法护茶的贵州新实践。凤冈、湄潭法院先后设立“凤冈锌硒茶生态环境司法保护基地”“贵州绿茶（湄潭翠芽、遵义红）司法保护基地”及茶产业生物多样性环境保护法官工作站。

3. 围绕“三个环境”，推动环资审判守正创新、转型升级。遵义市两级法院在开展长江流域生态环境司法保护过程中，积极探索把环保法庭打造成为服务保障长江流域生态环境、人文环境、营商环境一体化保护的“桥头堡”“排头兵”，为长江经济带高质量发展提供坚实有力的司法服务保障。

——抓牢生态环境保护治理。一是坚持执法办案第一要务，不断提升生态修复质效。2021年至2023年，全市法院审结各类环资案件3072件，补植复绿1830.6余亩、增殖放流鱼苗311.8万余尾。湄潭、习水法院先后发出全省首份涉茶、涉酒生产环境保护禁止令，控制环境污染于萌芽，促进企业合规生产经营，为干净黔茶、酱香白酒特殊生产环境保护提供有力司法保障。二是加强执源治理力度，破解生态修复难题。仁怀法院在审理一起矿山地质灾害治理司法确认案件过程中，率先尝试环资审判“四合一”归口审理模式，引入执源治理机制，巧用执行督查令，高效解决生态修复中的执行难点、痛点问题。

——抓好人文环境保护传承。赤水河、乌江流域遍布红军足迹、红色遗迹，孕育独具特色的黔北文化，遵义中院从制度安排、案件审理、基地建设等方面努力提升文物保护利用和文化遗产保护传承水平。一是抓好制度安排。遵义中院立足红色资源这一遵义最大资源禀赋，出台《关于全面加强遵义红色资源司法保护的意见》，从三方面提出13条具体措施，就全市红色资源、英雄烈士权益保护工作进行制度设计，对传承红色基因、讲好遵义故事、弘扬遵义会议精神具有积极意义。二是抓好案件审理。2022年以来，凤冈法院、习水法院集中审理了一批涉红色资源、人文遗址保护行政公益诉讼案件，推动湄潭文庙、玛瑙山营盘、安场中共合溪特别支部旧址、黔北救国义勇军成立旧址、郑代巩故居、赤水古城垣、桐梓川东地下党支部联络站旧址、汇川关坝红军驻地旧址等国家省市文物保护单位得到全面修缮保护。一案入选2022年度贵州省环资审判十大典型案例、一案入选最高人民检察院“十案示范”典型案例。三是抓好基地与站点建设。先后在川盐入黔古码头所在传统村落习水淋滩村、遵义农耕文化代表凤冈长碛古寨设立法官工作站，加强对文化遗址、历史文脉的保护力度；为源自清代光绪年间的禁止捕鱼碑套上玻璃护罩，精心呵护历史古物，传承弘扬中华法系优秀传统文化；依托行政公益诉讼案件审理，在西南地区保存最完好的军事要塞联合设立“玛瑙山营盘人文环境司法保护基地”，形成文物和文化遗产司法行政保护合力。

——抓实营商环境保护发展。2022 年以来，遵义中院持续推动乌江、赤水河流域重点产业带环保法庭向“生态+产业”法庭角色转型升级，积极探索绿水青山与金山银山双向互通、环境保护与绿色发展双向奔赴的环境司法新路径。一是抓实案件审理，促进产业兴旺。湄潭、仁怀、习水三家法院分别将涉茶、涉酒原材料种植收购、包材装备、建设征拆等民商事案件归口环保法庭集中审理，贯彻民法典绿色原则，全链条精准服务保障重点产业上下游各类市场主体的合法权益，优化法治化营商环境，护航产业绿色发展。仁怀法院茅台特殊环保法庭坚持产业发展与生态环境保护并重、案件审理与诉源治理并举，积极发挥专业法庭优势，推动赤水河流域酱香白酒产业高质量发展，入选最高人民法院“打造枫桥式人民法庭，积极服务全面推进乡村振兴”典型案例。二是加强诉源治理，培树典型案例。湄潭法院巧用预重整程序，37 天高效审结某茶业公司破产重整案，帮助企业引资 3000 余万元偿还债务、建设新生产线，拓展外贸订单 9000 余万元，企业焕然新生，产业全链受益，“绿叶”巧变“金叶”。习水法院在审理某酒厂股权确认案中，跑出司法服务加速度，通过“速讼”厘清酒企股权结构，确保企业家合法权益得到有效司法保护，助力企业对外融资 7500 余万元用于二期生产厂房、环保设施建设，有效激发市场主体竞争活力，为白酒首位产业高质量发展注入“司法张力”。三是加强能动履职，提升治理效能。习水法院设立“红缨子糯高粱（贵州习水）司法保护基地”，强化对酱香白酒特需原材料红缨子高粱种植园地与生产环境的保护力度。湄潭法院与务川、正安、道真三地法院共同揭牌设立“‘法护黔茶绿色致远’生态环境司法保护跨区域法官工作站”，创设“共建、共治、共美”新模式，加强与非集中管辖法院衔接配合，强化集中管辖区域“三个环境”一体保护。此外，湄潭法院牵头制定茶产业发展“三不准、八禁止”规定，最高人民法院拍摄《中国法院助力“绿叶”变“金叶”》法治专题片进行宣传推广；出台《依法护茶工作实施方案》，紧扣“围绕茶、做足茶、突破茶”目标要求，紧盯茶品种、茶品质、茶品牌“三大提升”，聚焦司法护航首位产业绿色发展，助推干净黔茶“生态产业化、产业生态化”，保护绿水青山，服务乡村振兴；联合出台《关于加大“湄潭翠芽”“遵义红”公用品牌暨地理标志保护力度的若干意见》，加大湄潭县茶产业区域公用品牌知识产权保护力度，推进“湄潭翠芽”“遵义红”品牌保护暨国家地理标志产品保护示范区建设。2023 年 10 月 9 日，湄潭法院“聚焦‘三个环境’探索司法护茶新路径”入选贵州省委改革办发布的贵州改革工作案例。习水法院牵头起草“五提倡、五禁止”倡议书，推进司法保障端口前移，加强司法行政协调联动，服务法治化营商环境建设，护航白酒首位产业绿色发展。

（二）习水法院环境生态工作经验做法①

习水法院深入贯彻习近平生态文明思想和习近平法治思想，牢固树立和践行“两山”理论，紧紧围绕全县经济社会发展大局，切实加强环境资源审判工作，依法护航白酒首位产业健康发展，全力为推进“酒旅并举・富民强县”战略提供司法服务和保障。

习水法院环保审判职能由习酒环境保护法庭承担。习酒环境保护法庭于2020年8月设立，位于习水县习酒镇，现有工作人员7人（其中员额法官1人、法官助理2人，书记员2人，法警、驾驶员各1人）。

习酒环境保护法庭集中受理习水县环境资源保护类民事案件、刑事案件及相应的公益诉讼案件，跨区域集中管辖习水县、汇川区、播州区、红花岗区、赤水市、仁怀市、桐梓县的红色文化遗址、古文化遗址、非物质文化遗产保护等民事案件、行政案件、刑事案件及相应的公益诉讼案件，以及辖区习酒镇、隆兴镇普通民商事案件。

为了深刻把握国家关于“发挥赤水河流域酱香型白酒原产地和主产区优势，建设全国重要的白酒生产基地”要求，探索创新白酒纠纷处理与白酒环境保护机制，2022年11月再次优化习酒环保法庭受案范围，集中受理习水县涉白酒产业案件，扎实推动习水白酒首位产业发展和生态环境保护工作，守护白酒酿造生态环境，推动习水经济社会持续健康发展。

1. 切实守好赤水河流域生态底线

——严厉打击生态破坏和环境污染违法行为。2023年以来，共办理赤水河流域环境资源类案件32件，结案31件。其中办理环境民事公益诉讼司法确认案件7件，环境侵权适用禁止令保全措施案件3件，环境刑事案件22件（含附带民事公益诉讼案件6件），严厉惩治和打击各类生态破坏和环境污染违法行为，以最严格的制度、最严密的法治有效保护赤水河流域生态环境。

——持续助推赤水河流域生态环境一体化保护。2023年6月6日，在土城参加贵州省水生生物增殖放流暨川黔两地“长江流域十年禁渔”联合执法行动，与相关部门开展赤水河流域土城至醒民河段巡河执法行动，对河道治理、绿化养护、河道保洁问题进行巡查，强化生态环境保护合力，助推赤水河流域生态环境一体化保护，共同构筑长江上游重要生态安全屏障。

——依法禁止养殖场排污改善生态环境。习水县某养殖场、养猪场未对养殖粪污采取有效处理措施，导致污水通过排水沟流入赤水河流域，严重影响当地旅游业发展、人民群众饮水安全与生命健康。依法向两家养殖场发出禁止令，责令其立即停止违法

① 相关数据资料由习水法院提供。

排污行为，并立即采取有效处置措施防范养殖粪污造成环境污染。

——积极融入生态环境资源保护多元共治格局。充分发挥司法建议作用参与社会治理，对某酒家非法收购并加工出售野生渔获物的违法行为，向县市场监管局发出司法建议，全链条打击非法捕捞水产品违法犯罪行为。开展法治宣传 8 次、环资案件巡回审判 2 次，营造环资保护“共同缔造”浓厚氛围。

2. 护航首位产业健康绿色发展

——搭建“连心桥”，延伸触角靠前服务。以服务白酒首位产业发展为核心，助推成立习酒镇护航白酒产业服务中心，法院诉讼服务站进驻中心不定时参与、指导纠纷调解工作，在涉及白酒产业项目建设矛盾纠纷化解、征地拆迁遗留问题处置等方面进行探索，为白酒企业的发展营造稳定良好的社会环境。参与指导习酒镇白酒产业矛盾纠纷调解委员会，有效化解各类涉白酒企业项目建设纠纷 120 件。强化诉前调解，建立白酒案件诉前调解机制，在涉酒企案件中以“法官+法官助理+驻庭调解员+服务中心调解员”多元化模式参与诉前调解，诉前调解涉及白酒产业案件共 230 余件，最大限度地减轻白酒企业诉累。

——实地走访纾企困，法治宣传常态化。为优化法治化营商环境，回应白酒企业司法需求，深入白酒企业走访调研 23 次，详细了解白酒企业的运营状况、品牌建设情况、发展规划、当前面临的困境及诉求，与白酒企业相关负责人进行交流，对白酒企业生产经营过程中可能遇到的有关用工、合同等法律问题进行讲解，加深酒企对相关法律法规的了解，引导白酒企业合规守法经营、防范经营风险、维护合法权益。持续推进“送法进酒企”法治宣传活动，开展法治宣讲、指导辩论赛活动 5 次，为 2500 余名员工讲解在经营中容易忽视的环资风险以及有关环境资源保护法律法规，引导白酒企业及其员工增强生态环保意识。

——高效审理涉白酒产业案件，持续优化生产环境。充分发挥职能作用，为白酒案件开启绿色通道，优先立案、优先审理、优先裁判，高效审理涉白酒企业案件，共办理涉白酒产业案件 231 件，大幅缩短办案周期，实现涉白酒案件“速治”。高效审结某酒厂股东资格确认纠纷案，明晰该公司股权架构，使公司成功对外融资 7500 余万元，保障企业转型升级，该案入选 2023 年遵义法院环资审判典型案例。

——坚持预防性司法护航产业发展。积极探索绿色产业生态环境要素一体化保护，服务保障世界酱香白酒核心产区建设和习水白酒首位产业发展。针对贵州某酒业有限公司违法排污行为发出《贵州省赤水河流域酱香型白酒生产环境保护条例》实施以来的首份赤水河流域酱香型白酒生产环境保护禁止令。该禁止令的发出，使制酒企业的生态环境侵权行为止步于萌芽阶段，及时减少污染行为对赤水河流域酱香型白酒生产环境的损害，实现了生态效益、经济效益、社会效益的有机统一。该案经回访督促，涉案酒企已对排污设施进行全面重建整改，同时对周边环境设施进行整改维护，取得良好的法律效果和社会效果。经涉案酒企申请，依法解除禁止令保全措施，该案例被贵州高院等多家单位或媒体转载宣传。

——护航产业发展合力初步形成。牵头召开习水县生态环境保护司法衔接工作联席会暨司法护航酱香白酒首位产业发展座谈会，与会单位围绕护航白酒首位产业发展，推进赤水河流域生态环境保护，结合各自工作开展情况进行研讨交流，对完善法院代拟发起的保护白酒产业“五提倡、五禁止”倡议书提出意见建议，并在推进护航白酒产业的司法保护端口前移、加强生态环境保护司法执法协作、推动形成惩治和打击各类生态破坏和环境污染违法犯罪的强大合力等方面达成一致意见，汇聚起护航产业发展合力。

——前移司法保护端口，多措并举助推产业发展。“6·5世界环境日”，法院联合县经开区管委会、县检察院、县公安局等在回龙镇周家村设立“红缨子高粱（贵州习水）司法保护基地”，为红缨子高粱保护注入“司法动能”，对保障酱香型白酒原料质量、酿造优质白酒具有重要示范意义。该保护基地的设立，是继习酒镇桃竹村设立红粮司法保护基地后，法院深入贯彻实施“酒旅并举·富民强县”发展战略，落实好《贵州省赤水河流域酱香型白酒生产环境保护条例》，推动护航白酒首位产业与生态环境保护有机融合的又一有力举措。“红缨子高粱（贵州习水）司法保护基地”设立后，常态化到保护基地开展走访，实地查看红缨子高粱生长情况，与种植户就育苗、病虫害防治、严防污水排放与焚烧秸秆行为等进行交流，针对高粱销售订单提供法律指导，引导绿色生态种植，促进农民增收致富，推动护航白酒首位产业发展与生态环境保护有机融合。

3. 着力提升司法保护能力水平

为深化习酒环保法庭文化建设，将文化建设作为推动环资审判工作的“驱动器”，以“绿水青山就是金山银山”理念为主题，先后投入6万余元对习酒环保法庭进行整体升级改造，致力于打造特色法治生态“墙”文化。一面面主题鲜明、亮点纷呈的文化墙，展现了习水法院在生态环境保护与护航首位产业法治轨道上的有力司法举措，提升了干警的政治素质和履职能力，推动形成了共同守护美丽赤水流域的良好氛围。

三、调研建议

调研组认为，遵义市两级法院紧紧围绕赤水河流域生态保护和高质量发展的大局，端正执法指导思想，坚持能动履职，创新工作机制，全面开展环境司法审判工作，实现生态司法新作为，做出了生态司法新贡献，形成了富有特色的经验做法，得到了党委褒奖和上级法院肯定。

调研组提出建议：

第一，要加深对习近平生态文明思想和习近平法治思想以及习近平总书记关于长江流域系列重要讲话的学习理解，坚定生态司法工作政治方向。

赤水河属于长江流域的支流河流，在长江经济带中处于特殊的重要位置。习近平总书记高度重视长江流域生态保护和长江经济带的高质量发展，先后多次主持召开会议，就推动长江流域生态保护和高质量发展发表重要讲话。习近平总书记要求："要完整、准确、全面贯彻新发展理念，坚持共抓大保护、不搞大开发，坚持生态优先、绿色发展，以科技创新为引领，统筹推进生态环境保护和经济社会发展，加强政策协同和工作协同，谋长远之势、行长久之策、建久安之基，进一步推动长江经济带高质量发展，更好支撑和服务中国式现代化。"① 建议遵义市法院系统要以习近平生态文明思想和习近平法治思想以及习近平总书记关于长江流域生态保护和高质量发展重要讲话统领生态司法工作，进一步完善执法指导思想。

第二，要认真贯彻落实《长江保护法》，运用法律武器，不断提升赤水流域依法治理水平。

2020 年 12 月 26 日，十三届全国人大常委会第二十四次会议通过了《长江保护法》，并于 2021 年 3 月 1 日起施行。这是我国第一部流域专门法律。由此，赤水河流域的生态保护上升至国家法律层面。《长江保护法》具有法律责任范围宽、损害赔偿责任严、新增刑事责任多的特征。因此，建议遵义市法院系统要根据习近平总书记关于"长牙齿"的要求，认真实施《长江保护法》，全面、充分、有效地发挥生态司法职能作用，严厉打击破坏生态环境犯罪，依法制裁违法行为，通过能动履职，运用多种形式、多种手段，优化赤水河流域执法环境，促进辖区生态保护和高质量发展。

第三，围绕发展新质生产力的新要求，创新审判机制，使生态司法工作更加贴近中心、服务大局。

要加强调查研究，针对赤水河流域经济发展对司法工作的新需求，研究确立司法服务和司法保障的着力点，并从组织机构、力量配备、工作方式等方面进行调整，实现新的司法作为，做出更大的司法贡献。

① 参见《习近平主持召开进一步推动长江经济带高质量发展座谈会强调 进一步推动长江经济带高质量发展 更好支撑和服务中国式现代化》，载飞天阳光网，http：//www. gsftyg. com/2023-10/13/c_1129914268. htm，最后访问时间：2024 年 12 月 18 日。

生态法治调研报告．第二辑

第 8 期

生态法治智库研究的新成果

——中国行为法学会生态环境法治研究专业委员会编纂

《生态法治调研报告．第一辑》出版

2024 年 5 月，中国行为法学会生态环境法治研究专业委员会（以下简称生态法治研究专委会）编纂的研究成果《生态法治调研报告・第一辑》（以下简称《调研报告第一辑》）出版发行。

在中国行为法学会的领导下，2023 年 3 月，生态法治研究专委会换届以来，紧紧围绕"新时代生态法治研究专委会工作之问"［新时代中国行为法学生态法治研究专委会的工作职责和定位是什么？确立了什么样的工作运行模式？工作重心和研究方向从哪里入手？怎样才能实现中国行为（生态）法学智库应有的作为？］进行了认真思考和积极实践探索，取得了明显成效。

——通过深入学习习近平生态文明思想和习近平法治思想，坚定了学会工作的政治方向和职责任务

生态文明建设离不开法治保障。生态法治研究专委会是服务于国家生态法治建设的智库组织，在推进生态文明建设和法治建设中，肩负着义不容辞的职责使命。

新时代生态法治研究专委会工作，必须坚持以习近平生态文明思想和习近平法治思想为指导，紧密围绕党的十八大以来我国生态建设、法治建设的重要理论决策、重大实践活动，坚持理论与实践相结合，将生态建设、法治建设的理论智力成果、工作建设成果、管理创新成果、科学技术成果、服务保障成果等，通过实证研究、专项调研、交流总结、服务提升、成果转化等途径，来服务、完善、支持生态法治建设相关领域、行业、部门发展需要，进而不断地提升生态法治研究专委会服务能力。

——根据党中央关于法治建设及法学理论研究的一系列总体要求，确立学会工作运行模式和研究内容

通过学习《中共中央关于全面推进依法治国若干重大问题的决定》和中办、国办《关于加强新时代法学教育和法学理论研究的意见》，理解把握“法律的生命力在于实施，法律的权威也在于实施”“发挥人民团体和社会组织在法治社会建设中的积极作用”“坚持围绕中心、服务大局，把法学教育和法学理论研究放在党和国家工作大局中谋划和推进”“强化全面依法治国实践研究。立足建立健全国家治理急需、满足人民日益增长的美好生活需要必备的法律制度，围绕法治建设重大规划、重点改革、重要举措等，开展前瞻性、针对性、储备性法律政策研究，充分运用法治力量服务中国式现代化。积极回应人民群众新要求新期待，系统研究立法、执法、司法、守法等法治领域人民群众反映强烈的突出问题，提出对策建议”等一系列要求，将“政产学研用”作为生态法治研究专委会工作运行模式。聚焦生态法治化建设，联合立法机关、司法机关、行政执法职能部门，生态环境学术研究机构、社团组织和企业以及专业人士等，坚持以需求和问题为导向，整合资源优势，打造集“智力服务、支持保障、成果转化”于一体的应用服务平台。

——围绕“行为（生态）法学”特征，确定学会工作研究内容

坚持宏观与微观相结合、长线与短线相融合。研究内容既涉及党和国家生态环境立法、政策层面的问题，也针对生态法治领域的重大实践问题，还有相关生态行业组织和部门的难点问题。立足实际，着眼急需，制定《关于做好生态环境法治“实证、实用、实操”研究课题工作实施意见》。“实证”性研究课题，通过实地调研，针对普遍存在的共性问题，组织专家团队和实务部门人员联合攻关，形成有实质性内容的研究成果。“实用”性研究课题，提炼总结对生态环境行业有效的法治制度体系（包括流程、规范、标准等）研究成果。“实操”性研究课题，协助相关生态环境部门和单位，通过个性化服务，有效地解决急需问题。

——深入生态环境主战场，深入执法一线，深入基层实践活动，开展系列调研等活动

一是实施生态文明建设寻根溯源调研活动。2005 年 8 月 15 日，时任浙江省委书记的习近平同志在湖州安吉余村考察时，首次提出了“绿水青山就是金山银山”的重要论断，标定了生态文明“两山”理论的起点。乡村是中国的根基，乡村生态（法治）建设是中国式现代化的重要内容。生态法治研究专委会将《“两山”理论指引乡村生态法治建设（浙江样本）实证课题》作为首个课题。调研活动采取点面相结合方式进行。在面上，以浙江省生态法治建设为视角，收集生态法治建设信息材料和数据。在点上，选择浙江数个乡村作为基点，延伸至江西、安徽、江苏、贵州等5地有代表性的生态典型实例。遵循“经验在基层、推广在上层”思路，按照“实践——理论——再实践”研究路径，形成研究成果。

二是启动了“新时代（黄河流域）生态保护和高质量发展法治化建设大型调研行活动”。黄河流域总面积79.5万平方公里，人口约1.07亿。在我国经济社会发展和生态安全方面处于重要地位。近年来，在党中央的领导下，黄河流域生态保护和经济发展发生了巨大变化，但也存在着不容忽视的问题，为总结推介先进经验、发现问题、提出对策、改进工作，生态法治研究专委会与中华环保联合会环境与法制专业委员会，会同国家相关部委，开展“新时代（黄河流域）生态保护和高质量发展法治化建设大型调研行活动”。到河南省郑州市、濮阳市、三门峡市，山东省东营市开展调研活动，取得了初步成果。

三是打造实务平台，举办“（2023）新时代黄河流域生态保护和高质量发展法治化建设暨贯彻《黄河保护法》论坛”（以下简称黄河生态法治建设论坛）。2023年10月21日，在北京成功举办了黄河生态法治建设论坛。来自国家机关、地方政府、执法部门、新闻单位、生态企业等的相关负责人，共聚一堂，从理论与实践的角度，研讨实现新时代黄河流域生态保护和高质量发展“大保护、大服务、大协作、大发展”的新格局、新经验、新模式。

四是开设生态法治实务讲座，加大调研成果的转化利用，为有关机关、行业部门、企事业单位提供智力服务。应河南省三门峡市人民政府邀请，2023年10月26日，生态法治研究专委会负责人为三门峡市县两级500余名干部作了《学习领会习近平总书记黄河战略重大决策、贯彻落实〈黄河保护法〉，实现黄河流域生态保护和高质量发展》辅导报告。

五是优中选优，吸纳部分理事单位，建立常态化调研工作联系点。通过与理事单位人来人往、文来文往，针对他们在实际工作中遇到的难题、经验搭配，协助其共同做好完善提升和总结推介工作，为生态法治研究专委会提供实证案例，充实工作内容，不断提高生态法治智库工作的有效性。

总之，一年多来，通过学习领悟、实地调研、课题研究、论坛交流、借鉴比较、认真思考，确立了生态法治研究专委会的工作方向和工作定位；坚定了工作模式和工作路径；构建了工作平台和工作载体，积累了工作成果和工作转化等重点问题，实现了生态法治研究专委会工作良好开局，得到了中国行为法学会的充分肯定。

《调研报告第一辑》一书，汇集了各类调研报告 21 篇及黄河生态法治建设论坛相关材料，共计 20 余万字。

中国行为法学会长会董治良为本书作序，认为本书有 4 个鲜明特点：一是生态法治研究专委会响应党中央关于大兴调查研究之风号召，深入火热改革开放一线，深入基层干部群众，开展实地调研活动，其所形成的一批最新调查研究成果，体现了该学会应有的政治站位。二是生态法治研究专委会调查研究成果的选题内容，如《“两山”理论乡村生态（法治）建设实证研究课题》《粤港澳大湾区生态法治建设实证研究课题》《黄河流域生态保护和高质量发展法治化建设实证研究课题》《黄河三角洲生态保护和高质量发展法治化建设实证研究课题》等，完全符合中办、国办《关于加强新时代法学教育和法学理论研究的意见》中“立足建立健全国家治理急需、满足人民日益增长的美好生活需要必备的法律制度，围绕法治建设重大规划、重点改革、重要举措等，开展前瞻性、针对性、储备性法律政策研究，充分运用法治力量服务中国式现代化”的总体要求，充分彰显了生态法治研究专委会的服务意识和责任担当。三是生态法治研究专委会形成的这些调查研究成果，紧紧围绕国家法治建设突出的工作重点、亟待解决的难点问题来展开。通过实地调研（微观调研和宏观调研相结合）—综合分析（定性分析和定量分析相结合）—提出对策（研究问题和解决问题相结合）—成果转化（责任清单和任务清单相结合）等方式方法，既做好调查研究前半篇文章，更注重做实调查研究后半篇文章，下功夫真研究问题、研究真问题，从而改进了自身工作作风，提升了调查研究的有效性。四是《调研报告第一辑》一书出版，是生态法治研究专委会对中国行为法学建设实用型智库的有益探索和尝试，这种积极的作为值得肯定。

董治良会长指出，中国行为法学研究的对象是国家重要的法治实践问题。生态法治研究专委会换届以后，更加坚定地把聚焦于国家法治实践的重大问题、难点问题作为学会的使命任务，并且积极开展了卓有成效的研究工作，运用丰硕的研究成果，来服务于国家的法治建设。期待着生态法治研究专委会，按照习近平总书记提出的“把论文写在祖国的大地上”要求，坚定地遵循中国行为法学会的工作定位，以实用研究为重心，以服务实践为使命，秉承惟创新者进、惟创新者强、惟创新者胜的理念，整合资源，发挥优势，动员广大会员和理事，全身心地投入践行行为法学实用型智库当中去，以创新的作为，来谱写新时代中国生态行为法学的新篇章。

生态法治调研报告．第二辑

第9期

中国生态司法模式范本

——关于赴山西法院学习考察生态司法工作专题调研报告

新时代黄河流域生态保护和高质量发展法治化建设调研组

一、背景介绍

中国行为法学会生态环境法治研究专业委员会，是专司生态法治建设实务和理论研究的智库，主要职责是会同执法机关、生态环境职能部门、专业研究机构等，通过“政产学研用”工作模式，打造集“智力服务、支持保障、成果转化”于一体的实用理论研究平台，为推进中国式现代化生态法治化建设提供服务支持。

中华环保联合会环境与法制专业委员会的主要任务是开展生态环境与法制理论研究，协助国家相关部门、行业组织及专家，完善环境保护的相关标准，通过履行行业服务，引导和规范全社会树立健康发展、绿色发展、可持续发展理念等。

两个学会基于共同使命合作开展生态法治研究工作。自2023年以来，实施以“实证、实用、实操”为内容的“大湾区生态法治建设实证研究课题”“以‘两山’理论为指导，中国乡村生态法治建设实证研究课题”等。召开“（2023）新时代黄河流域生态保护和高质量发展法治化建设暨贯彻《黄河保护法》论坛”。在国家部委支持下，开展“新时代（黄河流域）生态保护和高质量发展法治建设大型调研行”活动，出版《生态法治调研报告．第一辑》《环境与法制研究》。

本次调研：以习近平生态文明思想、习近平法治思想、习近平总书记关于黄河流域国家重大战略决策为指导，以《黄河保护法》《中共中央、国务院关于全面推进美丽中国建设的意见》《黄河流域生态保护和高质量发展规划纲要》为依据，以国家部委有关黄河流域法规文件为支撑，以落地见成效为目的。通过座谈交流、实地考察、典型总结、资料分析、成果整理、转化利用等形式，形成有参考价值的调研报告。

二、调研动因

本次调研主要有以下出发点和落脚点：

其一，2019 年 9 月 18 日，习近平总书记在河南省郑州市主持召开黄河流域生态保护和高质量发展座谈会，发表了“共同抓好大保护，协同推进大治理，让黄河成为造福人民的幸福河”的重要讲话。由此，黄河流域生态保护和高质量发展上升为国家重大战略，黄河流域迎来了千载难逢的新机遇、新发展。时过四年多，黄河流域地区和部门贯彻习近平总书记关于黄河重要讲话精神情形怎样？实效如何？这需要实地考察感受和把握。

其二，2022 年 10 月 30 日，十三届全国人大常委会第三十七次会议通过了《黄河保护法》，自 2023 年 4 月 1 日起施行，黄河流域进入了依法治理新阶段。在《黄河保护法》实施一周年之际，探寻落实《黄河保护法》“最后一公里”的新举措、新模式是本次调研活动的应有之义。

其三，2023 年 3 月 28 日，最高人民法院在山西省吕梁市召开了贯彻实施《黄河保护法》暨沿黄九省区法院黄河流域司法保护工作推进会，沿黄九省区的高级人民法院共同签署《司法服务黄河流域生态保护和高质量发展山西倡议》，肯定并推广了山西法院的特色经验。会后一年来，山西法院环资审判工作又有哪些新创新？取得了哪些新成就？这是本次调研活动的中心内容。

其四，新形势下，面对黄河流域生态保护和高质量发展的新期盼、新需求，生态法治化建设、执法机关如何顺势而为实现新担当、新作为，是调研组研究的重点课题。

三、调研过程

2024 年 4 月 15 日至 20 日，中国行为法学会生态环境法治研究专业委员会（以下简称生态法治研究专委会）与中华环保联合会环境与法制专业委员会，组成“新时代黄河流域生态保护和高质量发展法治化建设”调研组，专程到山西法院学习考察环资审判工作。

1. 调研组先后前往山西省高级人民法院（以下简称山西高院）、太原中院（听取工作情况汇报），沿黄河流域的忻州中院、原平市法院、吕梁中院、汾阳市法院、临县法院、柳林县法院、临汾中院、运城中院、芮城县法院等 11 个法院学习考察。

2. 实地参访了7个生态法治建设典型事（案）例。

“一村”（“中国零碳村镇示范村”——运城市芮城县陌南镇庄上村）；

“一库”（国家电力投资集团有限公司山西铝业有限公司“赤泥库闭库环保项目”）；

“一企”（山西杏花村汾酒集团有限责任公司“循环经济生态产业链项目”）；

“一馆”（中共中央西北局旧址纪念馆）；

“一园”（临汾市汾河文化生态园）；

“一镇”（黄河碛口古镇依法综合治理项目）；

“一区”（盐湖生态保护区）。

3. 走访了相关地市生态执法一线的检察院、公安局、生态环境局、水利局、黄河河务局、生态园区管委会、文物管理部门，同相关负责人和执法人员面对面交流工作，扩大了调研领域，丰富了调研内容。

4. 本次调研活动得到了山西法院的大力支持。其间，山西高院党组书记、院长冯军，党组副书记、副院长管应时专门会见调研组，并进行交流。邓一峰专委在座谈会上介绍了全省法院环资审判工作。省法院环资庭庭长卜文礼、副庭长丁勇虎和相关地方法院领导、环资审判法官，参与并配合组织调研，提供第一手数据、文字材料和鲜活的典型案（事）例。

调研组一行通过听取工作介绍、座谈讨论、现场考察、查阅资料等方式，对山西法院环资审判工作和经验有了深刻认识和基本把握。

本次专题调研，在山西省三级法院的充分保障下，实现了预期计划。

四、调研收获

1. 通过专题调研活动，调研组认为：山西法院环资审判工作，始终坚持为大局服务、为人民司法的工作定位，在党委领导和上级法院指导下，全面充分有效地发挥了环资审判职能作用，其做法呈现“政治站位高、经验做法实、案件质效好”的态势，其经验具有“全方位、多层次、成系统”的鲜明特色，值得进一步深入挖掘和总结，上升为可复制、可推广的“山西法院模式”，为中国式现代化生态司法工作提供有益的范本。

2. 调研组认为，“山西法院模式”特色主要体现在以下三个方面：

特色之一，全方位构建覆盖全省的环境资源审判体系。

目前，山西高院和11个中级人民法院全部建立了环境资源审判庭，全省117个基层人民法院均设置了专门审判机构或专门审判团队，设立或派出47个环资法庭或巡回法庭，形成“上下配合、左右衔接、无缝隙”的环资审判体系。并配备环资审判人员

759 人，聘任专家 59 人，培养了一支既专于环资审判业务，又熟悉相关经济、擅长做社会工作的复合型法官队伍。

山西法院重视环资审判体系和队伍建设的做法，印证了习近平总书记“关键在人”的重要理念，保证了环资审判工作的可持续开展。

特色之二，全闭环打造适应环资审判工作的运作机制。

山西高院围绕环资审判实际需求，制定了《关于加强环境资源审判工作的意见》等 15 份司法文件，完善归口管理规范，将环资审判纳入了制度化、标准化、质量化管理系统。实行环资审判刑事、民事、行政案件“三合一”模式，积极释放环资刑事审判惩治与教育功能、民事审判救济与修复功能、行政审判监督与预防功能。依法审理非法采矿、非法占用农用地、滥伐林木等环资刑事案件 2139 件；妥善审理用能权、用水权、排污权交易等环资民事案件 10252 件；审理国土空间规划、矿产资源开发利用等环资领域行政案件 335 件；审理环境公益诉讼和生态环境损害赔偿等相关案件 255 件。通过案件审理，实现了法律效果、经济效果和社会效果有机统一。

山西法院环资审判，已经成为继刑事审判、民事审判、行政审判、知识产权审判之后的第五大审判工作。

山西法院环资审判实践告诉我们，环资审判是人民法院践行习近平生态文明思想，为生态保护和高质量发展提供服务最直接的审判工作；是最能体现能动履职、促进绿色发展、增进人民福祉最有作为的审判工作；是涉及法律法规门类最广、接触经济和社会领域最宽泛、与群众利益攸关，最能体现司法智慧的审判工作，具有强大的生命力和影响力。新时代环资审判工作大有可为、大有作为。

特色之三，全链条建立“大协作、大保护、大治理、大发展”齐抓共管新格局。

山西法院建立了与检察、公安、司法行政、自然资源、生态环境、水利、农业、林草等部门的“生态执法工作联动机制”；建立了黄河流域跨区域（省与省之间、市与市之间、县与县之间）“生态司法协作机制”；在全省法院系统建立了“环资审判衔接配合机制”。

“三个机制”建立，实现了内外上下执法、司法资源整合，优势互补，形成合力，奏响新时代黄河流域执法“大合唱”，营造了良好生态执法大环境。

3. 调研组认为，“山西法院模式”的基本经验是：生态司法保护优先、标本治理绿色发展、创新机制注重实效。

第一，始终坚持环资审判工作政治方向。生态司法是生态文明建设的重要组成部分，是新时代赋予人民法院的重要职责。山西高院坚持不懈地用习近平生态文明思想和习近平法治思想统领环资审判工作，引导广大环资审判法官，深入践行“两山”理论，主动把环资审判工作融入国家生态环境治理体系之中，认真承担起赋能生态保护和高质量发展的政治责任和司法担当。政治上的坚定，带来了行动的自觉。山西法院环资审判工作始终与辖区生态文明建设、发展大局同频共振，合拍发力，做出了积极的司法贡献。

第二，始终坚持能动履职，依法保障和促进了生态文明建设和高质量发展的新进程。山西省三级法院不仅公正高效地审理了一大批环境资源案件，而且主动拓宽审判服务领域，在服务黄河流域生态保护、矿产资源生态保护、文化遗产生态保护、民生生态保护等方面，实现了环资审判新作为。

——通过贯彻执行《黄河保护法》，制裁非法取水，非法采沙，非法捕捞水产品，非法捕杀珍贵、濒危野生动物等犯罪行为，促进黄河中游水土保持和污染防治，保障了黄河流域生态保护和高质量发展。

——加强大气污染、水污染、土壤污染等重点领域的环资审判工作，打好污染防治攻坚战。依法打击非法开采、侵占耕地、破坏山体、毁坏植被、倾倒废渣等犯罪行为，依法保障矿产资源合理开发利用，确保国家能源安全。

——依法惩处盗掘古文化遗址、古墓葬，毁坏名胜古迹等犯罪案件，加大了对文物保护利用和文化遗产的保护力度。

调研组体会到：山西法院环资审判如同生态文明建设、经济建设的“晴雨表”，生态文明建设、经济建设发展到哪里，环资审判就延伸服务到哪里。山西法院的环资审判实践，让人们真实感受到了生态文明建设、经济建设“跳动的脉搏”。

第三，始终坚持将环资审判作为“一把手”工程来抓。山西法院环资审判之所以在四年多的时间里，形成后发优势，乘势而上，重要原因之一就是领导重视，亲力亲为。针对环资审判社会关注度高、案件处理协调难度大的特点，山西省三级法院落实领导责任制、首问负责制；纳入重要议事日程；指导重大案件处理；舍得投入，配强配精环资审判力量等，做到环资审判工作有部署、有检查、有问效，真正落到实处。

第四，始终坚持把理念创新、机制管理创新作为推进环资审判的重要抓手。环资审判创建伊始，山西高院就紧紧扭住创新司法理念的“牛鼻子”。通过调研，调研组深切感受到了“能动履职、严格保护、绿色发展、造福社会”理念，已经成为山西省三级法院领导和环资审判法官的共识和自觉行动。

——在案件处理过程中，山西法院要求环资审判法官，注重运用司法智慧，妥善处理法律规定与其目的、功能和价值的关系，坚持统筹兼顾、协调保护，以实现各方利益平衡，最大限度地彰显为大局服务、为人民司法的司法责任。

——落实“既要抓末端、治已病，更要抓前端、治未病”要求并有所创新，是山西法院环资审判的亮点。践行恢复性司法理念，探索适用“补植复绿、增殖放流、劳务代偿、技改抵扣、碳汇认购”等多元化生态修复方式，推行“补植令、修复令、禁止令”司法措施，建立《生态环境修复资金管理使用办法》及修复评估机制，扩大了“预防—保护—惩罚—修复”生态司法的功能作用。

——创新“保护基地+专业法庭”司法服务业态形式，在汾河入黄口、浑源恒山、河曲黄河湿地、吕梁北武当、五台山等地设立三级法院生态环境司法保护基地；在云冈、平遥、应县木塔、闻喜等地设立文化文物保护法庭，拓展了生态司法保护触角范围。

五、调研建议

自2019年以来，山西法院环资审判工作历经机制创建、规范管理、有效工作等阶段，取得了令人瞩目的成绩，创出了“山西法院模式”特色品牌，得到党委和上级法院肯定以及社会认可。

进入新时代，黄河流域上升为国家重大战略，实施《黄河保护法》加快推进生态保护和高质量发展，已成为黄河流域广大地区的中心任务。山西境内黄河干流965公里，占总干流近五分之一；流域面积11.46万平方公里，占全省面积73.1%，加上汾河流域，几乎囊括山西全境。新使命、新任务对人民法院环资审判提出了更新、更高的要求，环资审判工作进入了新的发展阶段。

结合山西法院环资审判实际，调研组提出以下四点建议：

（一）更加注重生态共同体和生态司法共同体建设

要进一步加深对习近平生态文明思想和习近平法治思想的学习理解，加深对习近平总书记关于黄河战略问题的重要讲话精神实质的把握，强化政治意识和战略思维，自觉地将人民法院环资审判工作融入“大保护、大治理、大协作、大发展”新格局，做出更大的司法贡献。

（二）更加注重强化生态司法效益观念

经济工作讲效益，环资审判更要讲求司法效益。要正确处理好司法保护与促进高质量发展的关系、开展生态司法与依法治理的关系、生态司法治标（个案）与治本（类案）的关系。坚持系统性观点，坚持开放性思维，坚持能动履职，坚持问题导向和结果导向，向前、向内、向后延伸生态司法的链条，让生态司法在美丽中国、绿色经济、生态社会建设中发挥更大的司法保障作用。

（三）更加注重生态司法典型案例作用

根据习近平总书记“一个案例胜过一打文件”的要求，梳理以往审理的典型案例，建立不同门类案例库。完善典型案例发布（通报）制度，通过司法价值引领，提高全社会生态文明意识。同时，聚焦影响生态文明和地区发展的重点案件审判工作，针对行业性、倾向性突出问题，提出司法建议，解决一案、治理一片、造福一方。关切社会热点案件的处理，通过公开裁判，充分释法说理，阐述裁判要旨，把法律交给人民，让广大群众感受到司法理念和法治精神。重视使用法律适用分歧大疑难案件助力实现公正审判，形成裁判规则，指导审判实践，提升生态司法整体执法水平。

（四）更加注重生态司法规律研究

适应生态司法实践新要求，围绕生态司法案件发案特点，从坚持“两便”原则出发，合理设置三级法院生态环境案件的管辖范围。省高院侧重于对生态司法审判法律适用的监督指导，制定意见，出台标准，完善运行程序，统一执法尺度，解决普遍存在的共性问题。中级人民法院集中精力审理重大疑难生态环境案件，参与行业治理，加强部门联动协调机制建设。基层法院注重加强对经常、反复发生的生态环境类案件的处理，通过巡回办案的方式，满足人民群众和企事业单位的司法需求。同时，加强对生态司法实务的理论研究，通过开设讲坛、召开研讨会、举办征文活动、编辑刊物、出版专著等载体和平台，提升生态司法实务的理论水平。

六、成果转化

由于调研组在山西调研的时间较短，特别是受研究能力和认知水平所限，对“山西法院模式”经验尚停留在感性认识上，形成的调研报告不可能全面反映出其经验的真谛，但我们愿意继续举全会之力，为“山西法院模式”经验鼓与呼，做出生态法治智库应尽的努力。为此，提出几点想法，供山西法院领导参考。

（一）深化对“山西法院模式”经验的推介

中国行为法学会、中华环保联合会、法治日报社，于每年 10 月举办一次“新时代黄河流域生态保护和高质量发展法治化建设暨贯彻《黄河保护法》论坛”（以下简称黄河生态法治建设论坛）。2024 年的黄河生态法治建设论坛拟在山西举办，中心议题是推广“山西法院模式”经验。届时，将邀请全国人大环资委、最高人民法院、生态环境部、水利部相关领导出席会议。

（二）鉴于山西属于能源、文化大省的区位特点，生态司法助力生态保护和高质量发展显得尤为重要

建议山西高院将其经验做法扩大边际效应，参照相关省市（福建、重庆）先例，

在太原探索建立“生态司法中央法务区”，以此推动山西省的生态文明建设和法治建设。

（三）建议争取上级人民法院，将山西法院列为人民法院“新时代生态司法工作创新试点单位”

创新无止境，在提升已有成功经验的基础上，紧紧围绕生态文明建设和高质量发展的新要求，探索深化人民法院生态司法的新举措，走出一条符合中国式现代化生态司法的新路子。

生态法治调研报告．第二辑

第10期

《黄河保护法》贯彻实施一周年

——山西法院生态司法经验巡礼之一

《黄河保护法》实施一年来，山西法院系统深入贯彻习近平生态文明思想和习近平法治思想，认真落实最高人民法院黄河工作推进会精神的部署，推进环境资源审判机制创新，发挥审判职能作用，坚持能动履职，促进环境司法和行政执法的衔接，共抓大保护，协同推进大治理，为黄河流域生态保护和高质量发展提供有力司法服务和保障。

一、牢记习近平总书记嘱托，提升黄河流域司法保护的政治高度

党的十八大以来，习近平总书记多次到山西考察调研，对黄河流域生态保护和高质量发展作出重要指示。山西法院系统深入贯彻习近平生态文明思想、习近平总书记关于黄河流域生态保护和高质量发展的重要讲话的重要指示精神，深刻领悟"两个确立"的决定性意义，增强"四个意识"、坚定"四个自信"、做到"两个维护"，自觉把环境资源审判融入国家环境治理体系，守正创新、担当作为，严格执法办案，推进全方位司法服务、一体化法治保障，维护黄河流域生态环境安全和人民群众环境权益。

2023年，最高人民法院黄河工作推进会在山西省吕梁市召开后，山西省高级人民法院（以下简称山西高院）党组传达学习会议精神，并向山西省委及省委政法委进行专项报告，在主题教育中把加强黄河流域生态环境司法保护作为大兴调查研究的重点内容，撰写了《关于对我省黄河流域生态环境司法保护工作情况的调研报告》，牢固树立新时代环境司法理念，坚决扛起厚植高质量发展生态底色的政治责任和司法使命，切实把习近平生态文明思想贯彻到环境资源审判工作各方面全过程。全省法院环境资源案件“三合一”归口审理机制全面运行，环境资源专门审判机构全面覆盖，构建汾河全流域司法保护新格局，重点区域流域生态环境保护与高质量发展司法保障成效显著。冯军院长在山西省十四届人大常委会第四次会议上作了《关于全省法院加强环境资源审判工作情况的报告》，这是该省法院首次向省人大常委会报告环资审判工作，受到了与会人员的充分肯定。针对代表们提出的建议，逐条研究、逐一落实，并向省人大常委会报告落实审议意见情况，取得了良好效果。

二、充分发挥审判职能，延伸黄河流域司法保护职能[①]

山西境内黄河干流 968 公里，占总干流的 17.7%，作为黄河流域重要省份，保护好黄河流域生态是其义不容辞的责任。一年来，山西法院审结环境资源刑事、民事、行政等各类案件 4750 件。

一是严格贯彻宽严相济刑事政策，准确把握定罪及量刑标准。在严厉打击犯罪行为的同时注重生态修复，审理非法采矿，滥伐林木，盗掘古文化遗址、古墓葬等刑事案件 908 件。二是坚持损害担责、全面赔偿原则，依法追究损坏生态环境者的民事责任。妥善审理环境侵权纠纷、采矿权纠纷、林业承包合同纠纷等民事案件 3487 件。三是坚持监督与支持并重，督促环境资源行政主管机关依法履行职责。审理矿产资源开发、利用等行政案件 245 件。四是发挥环境公益诉讼和生态损害赔偿诉讼功能，审理相关案件 110 件。严守生态保护红线和资源利用底线，维护黄河流域生态安全、社会公共利益和人民群众环境权益，让环境资源案件审判、执行成为保护母亲河的生动法治故事。此外，进一步延伸司法职能，新设立 15 个环境资源专业法庭，建立河曲黄河湿地、汾河、芦芽山、五台山、北武当等生物多样性和生态环境司法保护基地，设立沿黄生态资源、汾河流域水资源司法保护站，在全国首个“中国零碳村镇示范村”——运城市芮城县陌南镇庄上村设立“零碳村生态环境司法保护基地”和法官工作室，提升“两山七河一流域”生态系统多样性、稳定性、持续性。

（一）坚持能动履职理念，推动黄河流域司法保护向前延伸

山西法院主动把环境司法审判的触角向生态环境保护前端延伸，推动生态环境司法保护“山西模式”创新发展、优化升级。从“抓末端、治已病”到“抓前端、治未病”，能动履职，主动作为，从源头预防，强化关口把控，实现实质化解。方山县法院发挥基层环境资源法庭和吕梁·北武当生态环境司法保护基地作用，靠前谋划，延伸触角，深入宣传。一是变被动为主动，邀请林场技术人员组成勘探队，定期在重要生态功能区域进行巡查，对境内“五山一湿地”的物种分布、生长习性以及受破坏程

① 相关数据由被调研对象提供。

度进行“生态体检”，根据巡查情况向自然资源、水利、林业等部门及各林场和林区周边村委制发7份绿色司法建议，并多次走访各单位跟踪了解落实情况，真武山林场、峪口镇人民政府、北武当镇人民政府等部门收到司法建议后第一时间进行整改，发出的7份司法建议均已落实到位，生态环境得到及时保护。二是以事前预防避免事后惩罚，针对当地群众生态保护认知不足的问题，收集当地12种国家重点保护野生动物和5种三有保护动物的信息制作成册，并在林场划定专门区域，对当地15种国家级、省级重点保护植物进行幼苗培育，栽种在林场周边与行政村小广场内，辅以司法标语宣传，确保群众准确识别重点保护植物，进一步提高群众的生态保护意识，推动涉森林资源犯罪“防之于未萌，治之于未发”。

（二）坚持严的基调，守住环境资源安全底线

山西是资源大省，非法采矿等违法犯罪行为屡有发生，山西法院对破坏环境资源的违法犯罪行为始终保持严打态势，尤其是造成严重后果的依法严惩。2023年山西法院共审结污染环境犯罪案件99件、非法采矿犯罪案件210件，在判处被告人有期徒刑以上刑罚的同时，并以处罚金或承担生态损害赔偿责任，有效打击了黄河流域环境资源违法犯罪行为。临县法院对未经许可擅自在黄河河道禁采期、禁采区连续采沙，影响航道安全、破坏水生动植物生存环境的白某等人依法惩处，对当地非法采沙犯罪行为产生震慑，起到“办理一案、治理一片”的效果。孝义法院审理的被告人杜某军等33人犯非法采矿罪、重大责任事故罪及掩饰、隐瞒犯罪所得罪一案，杜某军等人受暴利驱使，雇用多人私自开凿黑煤窑出煤获利，连续无序开采不仅造成破坏量3万余吨、价值2600余万元的矿产资源破坏后果，还因发生透水事故造成2人遇难，孝义法院重拳出击，斩断利益链条，判处杜某军等33人一年七个月至八年六个月不等的有期徒刑，并处以罚金、追缴违法所得，充分体现了对该类犯罪依法严惩的决心。

（三）践行恢复性司法理念，将预防性、惩罚性措施落到实处

准确把握生态环境修复是环境资源审判的主要目的之一，科学合理运用补植复绿、增殖放流、劳务代偿、技改抵扣、碳汇认购等多元化生态修复方式，发布补植令、修复令、禁止令，实现“预防——保护——惩罚——修复”的完整闭环。沁水法院审理的李某某等6人盗挖油松刑事附带民事公益诉讼案，将被告人生态修复责任的履行情况作为酌定从宽量刑情节，责令6人按照林业部门制订的补种林木实施方案进行补植补种，并在新闻媒体上公开赔礼道歉，随后将补植补种油松林设为“沁法教化林”，实现惩治违法犯罪、修复生态环境、法治宣传教育“一判三赢”的效果。右玉法院审理的张某滥伐林木案，在判处其刑罚的同时，判令张某向林业主管部门缴纳滥伐株数

5倍树木的补种费用，由林业部门代为履行，目前补植补种活动已完成，林木长势良好，并在判决主文中明确禁止其在缓刑考验期间从事与采伐林木有关的职业及活动。该案的处理对于当地生态环境的修复及后续责任的承担起到良好的示范作用。晋源区法院审理的被告人韩某宏非法狩猎珍贵鸟类刑事附带民事公益诉讼案，被告人为捕捉红点颏在太原市区汾河公园河道内架设捕鸟网，共捕捉到6只，该院在判处被告人刑罚时，一并判处其承担生态资源修复费用，并参加40小时的保护野生动物公益志愿服务，使被告人从“破坏者”转变为“守护者”，对当事人、社会公众均起到积极的警示教育意义。

（四）牢记审判宗旨，用心用力保障生态修复落地落实

保护生态环境就是保护生产力，改善生态环境就是发展生产力。山西法院牢记审判宗旨，统筹把握高质量发展和高水平保护的关系，依法妥善审理涉高耗能、高排放企业相关案件，充分发挥司法职能作用，强化企业生态环境保护社会责任，推动污染企业升级改造环保设备，服务产业结构绿色优化升级，实现环境效益、经济效益和社会效益的最佳多赢效果。吕梁中院审理的某煤业公司破坏生态环境民事公益诉讼案，该公司未对125.57公顷损毁的矿山土地进行复垦，吕梁中院在审理中发挥专家作用，多次就生态环境修复相关专业问题咨询环保专家，并实地考察、反复论证，最终确定了修复方案，现已进入履行阶段。山西省首例环境民事公益诉讼案——北京市朝阳区某环境研究所诉某铝业有限公司环境公益诉讼案，被告在铝制品生产过程中产生的大量弃渣（俗称赤泥）堆积成为赤泥库，由于其高碱性的性质，赤泥的化学成分会渗入土壤和地下水，严重污染堆置场地周边的生态环境。本案赤泥库分为三个堆存区，呈不规则分布，总占地面积1840亩，总库区达1300万立方米，完成赤泥库的闭库工作是一个世界性的难题，所需费用高昂，工程难度极大。忻州中院邀请环保专家深入现场勘查，充分论证，制订了专业、科学的闭库方案。案件审结不是目的，生态恢复才是追求，该案审结后，忻州中院以“时时放心不下”的责任感，持续跟进，在被告企业的积极配合下，历时5年，耗资1.3亿余元，目前已完成赤泥库的封库工作，下一步将继续投入数千万元进行补植复绿、经济作物种植以及光伏发电等新能源建设项目，用于企业的生产经营。同时，该企业已完成技术革新，停用赤泥矿项目，变湿法堆存为干矿法堆存，改进并提升了尾矿工艺，实现了保护生态环境和发展经济的有机统一。该两案对引导企业积极防治污染、依法保护生态环境、坚持走绿色高质量发展道路起到了良好的示范效应，对社会公众树立环境生态法治意识起到了指引作用。

（五）坚持守正创新，勇于实践，积极探索生态环境保护的新路径

环资审判需要坚持现代化审判理念，创新是其中蕴含的必然要求。山西法院坚持做实从政治上看、从法治上办的理念，在法律规范的裁量空间，创新性地寻找最佳处理方案，追求最佳生态效果。在垣曲法院审理的一起危害珍贵野生动物罪刑事附带民事公益诉讼案件中，两头国家一级保护动物林麝被猎杀，经鉴定造成生态功能损失价值 6 万元，垣曲法院大胆创新，突破“一罚了之”的局限，变赔偿款为购买相应的野生动物救治设备、器材，用于对辖区内野生动物的救治、观测、监测，在判后回访中得知，该设备使用的第二天就救护了一只翅膀受伤的二级保护动物白鹭，让赔偿责任真正发挥了生态作用。此外，该案还在山西古城国家湿地公园进行了公开审理，当庭宣判并开展现场法治教育，县人大代表、政协委员及群众 200 余人旁听庭审，让广大群众零距离接触庭审，用好案例、活教材，达到警示与教育、惩治与预防的双重目的，央视新闻进行报道宣传，发挥最大社会效果。

三、坚持最严格制度、最严密法治，强化黄河流域文化遗产保护力度

加强文物和文化遗产司法保护，是黄河流域环境资源司法保护工作的重要组成部分。山西法院认真贯彻落实习近平总书记在云冈石窟、平遥古城、运城盐湖考察时的重要指示精神，大力保护、传承、弘扬黄河文化，守护表里山河的根和魂。2023 年，设立了平遥古城和五台山文化保护法庭、建立太行古堡司法保护基地，运城中院建立盐湖生态和文物司法保护基地，与市检察院、市公安局等七部门签订《运城市盐湖生态环境、自然资源和文物保护协作意见》，共同加强对盐湖生态环境、自然资源和传统文化的保护。依法审理破坏黄河流域文物古迹、文化遗产等违法犯罪案件 64 件，审理盗掘古文化遗址、古墓葬类违法犯罪案件 435 件。陵川县法院审理的焦某卫等 14 人盗窃（文物）、掩饰、隐瞒犯罪所得案，入选 2023 年最高人民法院发布的“依法保护文物和文化遗产典型案例”。兴县法院审理的山西省首例盗掘古脊椎动物化石（俗称“土龙骨”）刑事案件，依法判处被告人有期徒刑，有效遏制了当地违法挖掘土龙骨的势头，对于保护黄河流域文化和防范水土流失发挥了重要作用，中央广播电视总台社教节目中心《法治深壹度》栏目予以报道。夏县法院审理的被告人张某山、李某平、陈某彬等盗掘古墓葬罪、倒卖文物罪案，被告人形成了组织严密、分工明确的专业化犯罪团伙，形成从勘探、盗掘到销售分赃的“一条龙作业”，非法获利 270 万元，涉案文物达千余件，其中三级文物 18 件。所盗墓葬司马古墓区系战国——汉墓葬，属于龙山和仰韶文化遗址，是黄河根祖文化的重要组成部分，对中华文明探源研究具有重要的佐证意义。夏县法院结合盗掘的古墓葬等级、倒卖的文物等级，对文化遗址古

墓葬的损害结果、各被告在犯罪中的作用等因素，对组织策划、主持分赃、参与预谋的主犯，以及在他人纠集下，积极参与犯罪，起次要作用的从犯予以全面打击，斩断文物犯罪链条，体现了人民法院严厉打击文物犯罪、加强黄河文化遗产系统保护的态度。同时本案判决对于盗掘古墓葬罪与倒卖文物罪竞合、盗掘古墓葬结束后参与转运赃物的犯罪性质的认定都具有一定的典型意义。曲沃法院审理的被告人刘某红盗掘古文化遗址、古墓葬罪，行贿罪，李某祥盗掘古文化遗址、古墓葬罪，开设赌场罪一案，被告人刘某红不仅多次在全国重点文物保护单位“曲村—天马”遗址内盗掘具有历史、艺术、科学价值的古墓葬，还为逃脱法律追究而勾结当地公安人员为其盗墓活动提供配合和保护，甚至在被现场抓获后通过行贿“保护伞”而被释放。曲沃法院对被告人盗掘古文化遗址、古墓葬，行贿等犯罪行为严厉惩处，数罪并罚，分别判处有期徒刑十六年、九年，并处罚金，对盗掘文物及充当“保护伞”的行为予以有效震慑。

四、构建多元共治格局，拓展黄河流域多方保护维度

山西法院积极构建黄河流域生态保护协作机制，协同治理，形成合力，切实提升生态环境治理效能。自沿黄九省区的高级人民法院签署《司法服务黄河流域生态保护和高质量发展山西倡议》后，山西各级法院认真落实，奏响新时代司法保护“黄河大合唱”山西乐章。运城垣曲县法院、晋城沁水县法院和临汾翼城县法院在历山国家自然保护区签署《历山国家自然保护区区域环境资源审判协作框架协议》，推动构建资源共享、优势互补、协调有序、高效创新的环境资源审判协作机制。晋陕豫三省三县（市）召开黄河生态保护与高质量发展座谈会，通过建立定期会商机制、日常联络机制、协作联动机制、资源共享机制、协同调研机制，建立晋陕豫黄河金三角三县（市）法院之间的常态化司法协作机制。

山西法院加强与黄河河务局、自然资源、生态环境、水利等单位的协作配合，畅通执法、司法协作机制，密切工作联动、矛盾联排、纠纷联处，健全生态司法保护多元共治格局。山西高院与省生态环境厅、省市场监督管理局、省公安厅、省检察院共同制订《生态环境社会化服务机构弄虚作假问题专项整治行动方案》《关于深化生态环境领域检验检测机构弄虚作假问题专项整治工作的通知》，深入开展生态环境社会化服务机构弄虚作假问题专项整治行动；与省水利厅、省检察院、省公安厅、省司法厅制订《贯彻落实河湖案例保护专项执法行动奋力实现“一泓清水入黄河”工作方案》，联合开展全省河湖案例保护专项执法行动，推动我省黄河流域生态保护和高质量发展重要实验区建设；与山西黄河河务局共同召开服务保障山西黄河流域生态保护和高质量发展座谈会，进一步深化山西黄河流域生态保护和高质量发展司法服务保障工作，加强黄河流域生态保护多元共治。

五、倡导绿色司法理念，扩大黄河流域普法辐射广度

以“3·22 世界水日”“6·5 世界环境日”“8·15 全国生态日”为契机，组织全省法院结合实际，集中开展形式多样、丰富多彩的环境资源司法保护系列宣传活动，以召开新闻发布会、发布典型案例、举办环境司法现场宣传活动及当庭宣判、巡回审判等多种方式宣传环境资源司法保护工作，向社会传递绿色裁判宗旨，促进社会法治和环保意识不断提升。山西法院多次在《人民日报》《人民法院报》《山西日报》等主流媒体及最高人民法院、山西高院等各大网络平台上发布环境资源审判相关工作动态，通过微信公众号、微博等多种传播媒介宣传环境资源司法保护工作。定期发布环境资源审判典型案例，发挥案例示范指导作用，通过一个个鲜活的案例积极回应民生关切。加大音视频普法内容供给，发布《北武当山下，这家法院“山水情”更浓》《汇聚司法之力让生态底色更鲜亮》等文章，讲述人民法院以司法力量护佑绿水青山的生动故事，制作视频专题片《山西法院加强文物和文化遗产刑事司法保护工作纪实》《以法治力量护黄河安澜视频片》，发表微视频《一位年轻法官的黄河情》《消失的油松》等，以群众喜闻乐见的方式传播环境资源保护法治声音，传递环境资源保护法治理念。加强司法公开，通过邀请人大代表、政协委员、新闻媒体参与旁听，举办环境司法现场宣传活动、当庭宣判、巡回审判等多种方式提升审判的公开性、透明度和专业化水平，扩大环境资源司法审判的影响力。运城永济市法院将环境资源巡回审判法庭搬到了黄河岸畔，现场对王某犯非法捕捞水产品罪一案进行公开审理，当庭宣判，达到“审理一案、教育一片”的社会效果。

生态法治调研报告．第二辑

第11期

《黄河保护法》贯彻实施一周年

——山西法院生态司法经验巡礼之二：太原市两级法院贯彻实施《黄河保护法》工作成效

《黄河保护法》实施一年以来，山西省太原市两级法院将贯彻实施《黄河保护法》作为落实“两个维护”的具体行动，充分发挥环境资源审判职能，结合黄河流域特别是辖区内汾河水域司法保护特点，完善运用预防性、惩罚性、恢复性司法措施，助推黄河流域生态保护和高质量发展。

2020年12月30日，太原市中级人民法院（以下简称太原中院）民事审判第四庭更名为太原市中级人民法院环境资源审判庭，负责环境资源案件的审理工作。

太原中院所辖十个区县人民法院中，2020年万柏林区人民法院挂牌成立环境资源巡回法庭；2022年娄烦县人民法院静游法庭加挂红色文化保护法庭、尖山法庭加挂环境资源法庭；2023年阳曲县人民法院大盂法庭加挂环境资源法庭、尖草坪区人民法院汇丰法庭加挂环境资源法庭、晋源区人民法院成立驻太原古县城旅游巡回法庭。其余基层法院均专门设立环境资源审判合议庭。

太原市两级法院严格执行《山西省高级人民法院关于加强环境资源审判工作的意见》，积极推进归口审理机制建设。目前，万柏林、小店、娄烦、古交四个基层法院已实现刑事、民事、行政“三审合一”。

一、调查研究，提升生态环境司法保护水平

坚持问题导向，通过调查研究发现真情况、解决真问题，不断提升环境司法审判质效。2023年6月，太原中院组织两级法院环资审判骨干力量赴九江市中级人民法院调研学习长江流域环境司法审判先进法院在生态修复、集中管辖、环境司法保护基地管理等方面的经验，以“他山之石”补足践行“绿水青山就是金山银山”理念方面的差距和不足。2023 年 7 月，以开展主题党日活动为契机，太原中院环境资源审判庭赴阳曲县人民法院，就环境资源审判工作中的主要情况和重点问题座谈调研。在调研学习的基础上，结合山西省人大环资审判和司法服务保障经济高质量发展调研工作，提交了《太原法院环资审判工作情况报告》。

二、深化院校合作

万柏林区人民法院与太原科技大学开展相关法律课题的交流合作，召开专题研讨会、建立教学实践基地，就环资法庭审理案件类型、环境资源破坏造成损失如何认定、如何充分发挥“三审合一”审理模式优势，为环境资源提供司法保护等内容进行深入研讨交流，形成智力合力，实现环境法学理论与审判实践相互促进。

三、高度重视生态环境行政执法与刑事司法衔接

万柏林区人民法院牵头组织太原西山生态文化旅游示范区管理委员会、区检察院等单位召开座谈会，从公益诉讼、司法与执法联动、部门信息共享等角度，共同研讨并完善环境资源案件跨区域审判工作协作机制。为进一步发挥人民法院“惩治、修复、联防、教育、宣传”司法职能，汇聚司法与行政合力。

四、设立生态环境法官工作站

万柏林区人民法院以法官工作站为辐射点，进驻民事、刑事、行政三个法官团队，推进审判关口前移，通过与示范区管委会、检察机关信息共享、线索移送、双向协作，着力构建“案件审理+司法宣传+生态修复+综合治理”全方位司法保护体系，筑牢西山生态环境法治屏障，为建设“绿色、高端、和谐、宜居”的美丽锦绣太原城贡献司法智慧和力量。尖草坪区人民法院挂牌成立汾河二库国家水利风景区生态环境保护法官工作站，以司法之力守护绿水青山。

五、打造普法宣传矩阵，增强全民环境保护意识

以万柏林区人民法院环资法庭揭牌为契机，太原中院在南寒街道办事处开展“守护和谐共生家园，共建清洁美丽世界”为主题的世界环境日普法宣传活动。在首个全国生态日来临之际，组织全市法院开展太原法院“护绿”行动。娄烦法院通过开展法治保水巡回宣传、带案下乡审判、微博、微信公众号、微视频等多种形式，以案释法，助力环境纠纷从“末端治理”到“源头控制”。

六、注重培树、发布典型案例

为充分发挥环资案件的宣传教育意义，2024 年 1 月 2 日，太原中院从本市两级法院选取并发布环境资源典型案例 8 个，以案说法推动生态文明建设。

迎泽区人民法院审结的“太原某环卫工程设备有限公司等污染环境案——非法处置医疗废物引发的污染环境犯罪”及小店区人民法院一审、太原中院二审审结的“污染环境案——倾倒过期药品能否认定非法倾倒、处置危险废物犯罪”作为参考性案件入选人民法院案例库。

七、创新工作方法，增强服务保障黄河流域生态保护和高质量发展合力

密切联系实际，找准太原辖区内汾河水域保护与环境资源审判工作的结合点、着力点，创新工作方法。为守护省城 540 余万人民饮用水安全，汾河二库所在地娄烦、尖草坪两地基层法院以水源地保护为重点，积极完善汾河水库生态保护法治化工作体系。尖草坪区人民法院在首个“8 · 15 全国生态日”当天挂牌成立了汾河二库国家水利风景区生态环境保护法官工作站，以司法之力守护绿水青山。娄烦县人民法院打造以法治保水为主基调，预防、打击、宣传、保护、修复为主要方式的“1+5”工作机制，主动服务绿色发展，健全完善生态保护司法举措。2024 年 1 月，“娄烦法院 1+5 保水工作模式守护省城用水安全”列入太原法院创新工作成果，荣获太原法院十大创新工作成果之一。

为助力发展包括晋阳湖在内的晋阳文化旅游系列，晋源区人民法院成立驻太原古县城旅游巡回法庭，主动对接产业转型升级、服务“全域旅游”创建，护航晋源区商贸文旅融合集聚区建设和太原古县城景区稳定和谐发展。

生态法治调研报告．第二辑

第12期

《黄河保护法》贯彻实施一周年

——山西法院生态司法经验巡礼之三：生态司法独具特色的“忻州方案”

山西省忻州市两级人民法院深入贯彻习近平生态文明思想和习近平法治思想，坚持以人民为中心，牢固树立和践行“绿水青山就是金山银山”理念，以高度的政治自觉、法治自觉、审判自觉，用心、用力、用情守护好生态环境这一最普惠的民生福祉，为黄河流域生态保护和高质量发展提供优质的司法服务和保障。

一、完善专业化审判机制，充分发挥环境资源审判职能作用

忻州市中级人民法院（以下简称忻州中院）于2021年1月1日设立环境资源审判庭，统一实行涉环境资源刑事、民事、行政案件“三合一”归口审理模式，统筹适用刑事制裁、民事赔偿、行政监督和生态补偿修复责任方式。全市14家基层法院除设立专门环资审判法庭、巡回法庭外，均设立了环境资源审判团队，形成具有忻州特色的生态环境司法保护体系。

忻州市两级法院三年共受理涉环资类刑事、民事、行政、公益诉讼案件400余件。为了加大环境资源案件审判力度，全市两级法院法官牢固树立现代环境资源司法理念，以审判专门化为抓手，以改革探索为动力，以建设复合型审判团队为保障，始终坚持“保护优先、修复为主、绿色发展”的审判理念，不断探索补植复绿、劳务代偿、第三方治理等生态修复责任承担方式，积极推动环境资源审判工作不断深入。忻州市忻府区法院通过发布生态修复补植令、设立生态修复异地补植复绿基地、生态司法保护警示教育基地等方式，形成“司法打击惩治+行政部门监管+乡村两级监督”的联合保护多元治理格局，蹚出一条集刑事惩罚、生态修复、普法宣传、警示教育于一体的环资审判新路子，在《人民日报》刊发推广。

二、加强环境公益诉讼审判工作，全力维护国家利益和社会公共利益

忻州市两级法院畅通诉讼渠道，依法保障社会组织公益诉权，公正高效审理社会组织提起的环境公益诉讼，对有效释放社会组织维护环境公益的潜力，督促企业履行环境保护法定义务和社会责任起到了良好的社会效果。2016 年 8 月，忻州中院受理了山西省首例环境公益诉讼案件——原告北京市朝阳区某环境研究所诉被告某铝业有限公司环境公益诉讼一案。经法院组织调解，被告最终同意闭库，并与原告达成了调解协议。为防止生态修复流于形式，忻州中院把恢复性司法理念贯穿案件办理始终，对案件中生态环境治理修复情况开展常态化回访工作，库区闭库工作已经全部完成，目前正在进行 85.5 万平方米全库区的绿化施工工作。

三、创新环境资源审判机制，着力打造忻州环境资源审判特色品牌

为扎实服务黄河流域生态保护和高质量发展，全面展示忻州两级法院以最严格的制度、最严密的法治保护黄河生态环境的担当作为，忻州中院于 2023 年“保护母亲河日”、2024 年《黄河保护法》实施一周年之际发布了两批黄河司法保护专题典型案例。2021 年 9 月，忻州法院助力黄河万家寨库区生态保护巡回法庭设立；2022 年 3 月，山西高院、忻州中院、宁武法院在管涔山麓、汾河源头共同设立汾河源生态环境司法保护基地，成立专业环境资源法庭。2023 年 3 月，在河曲县黄河湿地公园，由山西高院、忻州中院、河曲法院共同设立的河曲黄河湿地司法保护基地正式启动。2023 年 9 月，山西高院、忻州中院、宁武县法院、五台县法院因地制宜在芦芽山和五台山分别设立了芦芽山生物多样性司法保护基地和五台山生态环境司法保护基地。这是山西省三级法院服务黄河流域生态保护和高质量发展的生动实践，同时也是践行司法为民宗旨、保护人民群众生态环境权益的重要举措。

四、加强司法保护协作，服务保障黄河流域生态环境安全

加强交流合作，推进区域协同。2023 年 3 月，忻州中院与吕梁中院构建跨区域环境资源审判协作机制，共同签署《跨区域环境资源审判协作机制备忘录》，并开展交流座谈，定期研讨环境资源审判中发现的疑难复杂问题，加大对黄河流域违法犯罪行为的联合打击力度。2023 年 10 月 20 日，忻州中院受邀参加在榆林神木召开的黄河“几字弯”生态环境保护司法协作联席会议，来自陕、甘、宁、蒙、晋五省区七地市中级人民法院相关负责同志共商黄河“几字弯”生态环境保护协作发展，以严格的司法环境为黄河中上游生态保护筑牢司法屏障，进一步发扬黄河精神，让黄河成为造福人民的幸福河！

生态法治调研报告．第二辑

第13期

《黄河保护法》贯彻实施一周年

——山西法院生态司法经验巡礼之四：吕梁市两级法院探索集刑事惩罚、生态修复、普法宣传、警示教育于一体的环资审判新路子

《黄河保护法》实施一周年以来，吕梁市两级法院积极探索，创新理念，蹚出一条集刑事惩罚、生态修复、普法宣传、警示教育于一体的环资审判新路子，以司法之力守护美丽吕梁建设，以能动履职筑牢黄河生态安全。

一、能动司法助推黄河生态保护

在文水刘胡兰法庭、临县碛口法庭进入实质化运行的基础上，进一步加大环资法庭建设力度，围绕黄河主干流及支流保护、水源涵养、周边生态维护等问题，又在兴县蔚汾法庭、方山峪口法庭、孝义开发区法庭加挂环资法庭。方山法院针对北武当山地区私挖盗采、盗伐滥伐森林资源等情况，设立了吕梁·北武当生态环境司法保护基地，形成多元治理大格局。与吕梁市中级人民法院（以下简称吕梁中院）建立跨区域环境资源审判协作机制，实现两地环境资源领域审判理念与裁判尺度统一，特别是涉黄河流域案件信息的互通共享，打造黄河流域上下“一盘棋”思想。

二、创新理念筑牢黄河生态安全

临县法院与当地水利局等联合召开护航黄河中游生态保护和高质量发展联席会议，在黄河岸边驿站碑楼设立黄河资源保护基地，与陕西佳县法院签订《环境资源审判协作框架协议》，形成保护黄河流域生态环境同城协作、部门联动、多元共治的治理大格局。方山法院积极延伸审判职能，在北武当山游客中心设立北武当生态环境保护法官工作站，向辖区林场及林区周边村委等部门就生态环境保护问题主动制发司法

建议，引起行政机关的重视，生态环境得到了及时的整改修复；与方山检察院、公安局、林业和草原局联名出台了《关于建立古树名木司法保护协调联动工作机制的意见（试行）》，设立“古树木司法保护工作点”，为辖区内的古树木建立“户籍档案”，为司法服务黄河流域生态保护和高质量发展奠定了坚实的基础。

三、以司法之力守护黄河生态文明

始终将强化民众生态文明意识摆在突出位置，系统推进生态文明宣传教育。在《黄河保护法》施行一周年之际，组织全市两级法院开展了“保护黄河吕梁法院在行动”系列活动。在植树节和“3·22 世界水日”“ 6·5 世界环境日”“8·15 全国生态日”等重要时间节点，通过发布典型案例、特色图文、制作普法手册和展板等形式，宣传普及生态环境保护知识，示范引领美丽吕梁建设和黄河保护全民行动。在环境保护日，环境资源审判庭法官接受《人民法院报》访谈，分享了吕梁法院全面加强生态环境司法保护的成果和经验。兴县、临县法院参与拍摄了由中央电视总台社教节目中心《法治深壹度》栏目推出的系列节目《依法治水　共护黄河》，对吕梁两起涉环资的典型案例进行宣传报道。

生态法治调研报告．第二辑

第 14 期

《黄河保护法》贯彻实施一周年

——山西法院生态司法经验巡礼之五：临县人民法院环境资源审判的司法担当

2022 年 6 月 9 日，山西省吕梁市临县人民法院环境资源法庭挂牌成立，这是吕梁市生态环境资源案件向更加专业化审理迈进的一个重要标志，是回应新时代绿色发展司法需求的重要举措，为吕梁市生态文明建设的快速推进提供了更加有力的司法保障。

一、公正高效　发挥审判职能①

环境资源法庭成立以来，落实“两山”理念，秉持“保护优先、修复为主、损害担责”的原则，以构筑生态环境法治屏障为保障，充分发挥审判职能作用，依法公正高效审理各类环境资源案件，认真探索符合临县环境资源特点的司法保护新模式，在建设绿色临县进程中，彰显司法担当。

2023 年以来受理刑事案件共 9 件，非法占用农用地 2 件 2 人，非法采矿 2 件 3 人，盗掘古脊椎动物化石 4 件 18 人，依法从严从快审理各类生态领域刑事案件并严厉打击破坏矿产资源和生态环境犯罪行为，恢复被破坏植被 145.5 亩，充分保护生态资源，以维护社会大局稳定。行政案件 4 件，以协调解决行政争议为重点，统筹兼顾保障生态环境、当事人合法权益与支持监督行政机关依法行政。民事案件共审结 29 件，维护了生态环境资源安全，为加快实现人与自然和谐共生提供了强有力的司法保障。

① 相关数据由被调研对象提供。

二、守正创新　延伸司法服务

（一）注重宣传保护优先

延伸司法职能，推进环境多元共治与矛盾纠纷多元化解。加强与相关部门的协调联动，积极参与诉源治理，拓宽化解生态环境资源矛盾纠纷工作路径，推动社会协同、公众参与的现代化环境治理体系，协同打好污染防治攻坚战和生态文明建设持久战。通过与多家单位和400余名学生在植树节一起植树造绿，共同宣传《森林法》。以“志愿服务人民、无私奉献爱心、争做时代先锋”为理念的临县志愿者协会在社会各界的支持下，不断发展壮大，影响力较大，为此将志愿者协会作为环保理念的推广者，与协会共同承办“守护母亲河”“世界水日巡河”等宣传活动，让更多人了解、熟知《黄河保护法》《水法》，宣传环保理念，增大环保影响力、辐射面，与人民群众一起共建绿色家园。

在“世界环境日”“国家宪法日”“临县红枣节”“植树节”等节点，开展送法进校园、进社区、进企业等活动，收到了良好的宣传效果。

（二）协调联动延伸服务

山西省临县是资源大县，煤储存量达311.75亿吨，煤炭面积占全县总面积的86%，煤层气探明储量4000多亿立方米，环境保护工作面临着更为严峻的挑战。

在临县水利局、环保局建立工作室，并召开环境资源审判工作联席会议，加强与公安、检察、环境资源行政执法部门之间的沟通联络。同时深入企业开展联席会议、环保知识讲座，共讨共研环保新方法、新模式，特别是对县域重点企业、重点区域开展定期和不定期巡查。将矸石上山、煤不落地、污水不外排的某能化公司设为环保工作示范基地，对当地碳达峰、碳中和起到引领作用。

中共中央西北局（位于临县林家坪镇南圪垛村）记载着中国革命走向胜利的伟大历程，是弘扬革命精神和传承红色基因、激发爱国热情、振奋民族精神的生动教材，在此设立临县人民法院红色文化资源保护基地，为保护好、利用好、传承好这些珍贵的红色资源提供了有力的司法保障。

为进一步发挥司法的能动作用，加大司法宣传力度，充分延伸审判服务职能，在沿黄公路黄河驿站，设立了临县人民法院黄河资源保护基地，成为获取环保知识、开展环保宣传、举办环保活动的多功能场所，为参与、加强、协作黄河治理与保护提供有利平台，在这里形成环境资源保护的合力，涉及黄河流域生态保护与高质量发展的各类信息、经验和成果将在这里共享。

三、紧抓契机，拓展保护屏障

（一）秦晋区域协作，助推黄河流域生态保护与高质量发展

最高人民法院贯彻实施《黄河保护法》暨沿黄九省区黄河流域司法保护工作推进会在吕梁召开之际，2023 年 4 月临县法院和陕西佳县法院共同签订《环境资源审判协作框架协议》，架起了跨省环境资源审判司法协作的桥梁。当月法院派员参加陕西榆林市人大、中院和发改委主办的“黄河秦晋大峡谷论坛”，听取专家学者关于治理黄河的建议，积极探索黄河生态保护新机制，助力黄河流域生态保护与高质量发展。

（二）开门纳谏，集思广益，接受监督

在审理山西某机械制造有限公司诉吕梁市生态环境局罚款一案时，主动邀请市人大及政协委员参加旁听，召开座谈会，通过公开审理、以案说法等形式，开展关于环境资源保护及环境资源法律法规等方面的宣传工作，增强环境资源审判的公开性和公信力。在临县人民法院微信公众号同步宣传，通过司法公开放大宣传效果，让“小案件”发挥“大效应”，实现“小法庭”成为“大课堂”的良好效果。

（三）巡回审理，与企业联手治污水

为确保一泓清水入黄河，巡回审理某污水厂诉生态环境局罚款一案，邀请县内 14 家污水企业参加诉讼并座谈，以实现“黄河水质好起来，风光美起来”目标，达到了“审理一案、教育一片”的效果，筑牢黄河流域生态保护最后一道法治屏障。

生态法治调研报告．第二辑

第 15 期

《黄河保护法》贯彻实施一周年

——山西法院生态司法经验巡礼之六：临汾市两级法院以贯彻《黄河保护法》为抓手、为辖区生态保护和高质量发展提供法治保障

临汾市中级人民法院（以下简称临汾中院）坚持以习近平生态文明思想和习近平法治思想为指导，全面落实习近平总书记关于黄河、汾河流域生态保护和高质量发展重要指示，牢固树立“绿水青山就是金山银山”的理念，认真学习《黄河保护法》，以高度的政治自觉、法治自觉、审判自觉，严格执行生态环境和资源保护法律法规，依法审理环境资源案件，充分发挥审判职能，不断提高生态环境案件审判质效，推动环境保护工作取得新进展。

2021 年 4 月，临汾中院落实《山西省高级人民法院关于加强环境资源审判工作的意见》精神，将原民事审判第四庭更名设立为环境资源审判庭，正式承担环境资源类案件的审理工作。截至 2023 年 6 月底，全市 17 个基层法院均成立专门环境资源审判庭或组建环境资源审判团队，环资审判刑事、民事、行政案件“三合一”审理模式均已实质化运行。同时，先后成立尧都区法院汾河生态环境保护法庭、曲沃法院晋国文物保护法庭、襄汾法院丁陶遗址保护法庭、古县法院古阳环境资源保护法庭等一批特色法庭，拟将浮山法院响水河法庭、蒲县法院黑龙关法庭等五个基层法庭拟上报省高院确定为环资审判专门法庭，以最坚决的态度、最严密的法治、最有力的行动，筑牢环境资源保护的司法屏障。

2023 年，临汾市两级法院共受理涉环境资源案件 354 件。其中，涉环境资源类民事案件 204 件，涉环境资源刑事案件 141 件，涉环境资源行政案件 9 件。2024 年第一

季度，两级法院共受理环境资源类案件 112 件，其中，涉环境资源类民事案件 73 件，涉环境资源刑事案件 33 件，涉环境资源行政案件 6 件。

临汾市两级法院围绕中心、服务大局，充分发挥审判职能，推动环境保护工作取得新进展。

一、院党组高度重视，周密安排

2023 年，临汾中院先后多次召开党组会，切实增强做好新时代环资审判工作的责任感、使命感，统筹部署环资审判工作，继续完善环境资源审判队伍建设，提升环资类案件整体审判水平。

2023 年 5 月 24 日，山西高院环资庭通过实地走访和召开座谈会的形式，对临汾法院环资工作进行调研指导。座谈会上，调研组听取了洪洞县、曲沃县、乡宁县、霍州市规划和自然资源局对土地资源行政执法、移送立案及诉讼中存在问题的汇报，同时对相关土地执法司法程序、土地行政执法和司法服务的有限衔接问题展开了讨论和交流。

多次召开环境资源审判工作推进会，安排部署环资工作。2023 年 6 月 13 日，召开了全市法院环境资源审判工作推进会，分析环资案件审判情况、存在问题，对全市法院环资案件受理情况进行通报，并对环资案件立案工作进行了深入指导。2023 年 11 月 20 日，临汾中院环资庭再次对全市法院环资工作进行通报，加大对各基层法院环资案件的统计通报力度，认真贯彻落实省高院文件精神和全市法院关于环境资源审判工作要求，切实加强环资审判工作。

二、多单位联合签署框架协议，携手共建生态屏障

2023 年 8 月 3 日，在山西高院和临汾中院、运城中院、晋城中院的大力支持和指导见证下，临汾市翼城人民法院、运城市垣曲县人民法院、晋城市沁水县人民法院在历山国家自然保护区举行《历山国家自然保护区区域环境资源审判协作框架协议》会签仪式。

2023 年 8 月 14 日，临汾中院、运城中院在新绛县人民法院古堆泉生态环境司法修复基地举行《古堆泉域生态环境司法修复协作框架协议》会签仪式，该框架协议的签署是对古堆泉生态环境保护进行协调联动，为古堆泉域生态修复，水资源依法治理，实现黄河流域生态保护和高质量发展提供更加有力的司法服务和保障。

三、设立司法保护基地，推动黄河流域生态保护发展

2023 年 4 月 13 日，汾河流域首家水资源司法保护站——洪洞县人民法院霍泉水资源司法保护站揭牌成立。在法院等各方的共同努力下，山西霍泉灌溉工程成功入选

2023 年“世界灌溉工程遗产”名录。

2023 年 5 月 10 日，翼城县人民法院历山生态环境司法保护站揭牌成立。

2023 年 6 月 16 日，乡宁县人民法院沿黄生态资源司法保护站在乡宁县人民法院岭上法庭揭牌成立。

2023 年 8 月 10 日，临汾市尧都区法院龙子祠泉水资源司法保护站揭牌成立。

2023 年 8 月 11 日，“临汾 · 汾河生态司法保护基地”揭牌，揭牌仪式上，尧都区、侯马市、霍州市、洪洞县、襄汾县、曲沃县 6 家基层法院的院长共同签署《临汾市汾河流域生态司法保护和司法服务高质量发展框架协议》。

四、增强企业环境保护意识，助力企业绿色低碳发展

洪洞法院在洪洞经济技术开发区成立环境资源法庭巡回工作站，先后 6 次为工业企业提供环资法律咨询，就地解决环境资源纠纷，扩大了环境资源审判的社会影响力。

乡宁、永和法院在环资审判中，结合县域实际情况，开展巡回审判，以案释法。

吉县法院组织辖区内化工企业负责人召开座谈会，探讨交流环境资源保护和诉源治理工作，引导企业选择绿色生产生活方式，增强企业环境资源保护的责任感和使命感。

五、加强宣传，做到法治宣传全方位、广覆盖

开展“6 · 5 世界环境日”和“8 · 15 全国生态日”普法宣传活动，同时发挥新媒体宣传优势，宣传报道环资审判工作，2023 年 8 月 15 日，《山西法制报》专版刊登了临汾中院环资审判工作，以司法裁判引导群众严守生态红线，增强群众法治观念和生态环境资源保护意识。

六、针对环资刑事案件特点，进一步落实涉文物犯罪环资类刑事二审案件内审制度

依法严厉打击盗掘古墓葬、盗掘古文化遗址的犯罪行为。在涉文物类刑事案件办理过程中，规定辖区内的基层法院在相关案件结案前，应向中院报送拟判结果，经召开内审会议通过后再行结案，有效统一辖区内涉文物犯罪案件的裁判尺度。2023 年，共受理刑事内审案件 23 件，涉及被告人 55 人，其中，调整量刑 8 案 31 人，对 31 名定性不准、量刑过轻的被告人的主刑或附加刑建议予以上调，既保证严厉惩处和打击文物犯罪分子，依法保护文物和文化遗产，又防止出现裁判结果悬殊、差异过大的情况，做到统一法律适用，量刑均衡。审理的“被告人张某建等 11 人盗掘古墓案”入选最高人民法院十大典型案例。

七、以案释法，增强全社会保护生态环境法治意识

临汾市两级法院突出针对性，推进“案例式”普法成效明显，努力打通环保法律服务“最后一公里”。在临汾市生态环境局某分局起诉某运输公司甲醇泄漏交通事故污染处置费追偿案中，临汾中院组成 7 人合议庭依法对该案公开开庭审理，依法判决后对该案进行了典型案例宣传，对破坏环境资源的行为形成强有力的震慑；袁某忠等违反保护水产资源法规，在禁渔区、禁渔期使用禁用的工具、方法捕捞水产品，吉县法院判处被告人在承担刑事责任的同时，承担恢复生态、公益修复的责任，提高公民维护渔业资源、守护生态安全的法律意识；刘某红、李某祥等人多次在全国重点文物保护单位曲村——天马遗址盗掘具有历史、艺术、科学价值的古墓葬，曲沃法院以盗掘古文化遗址罪分别判处刘某红、李某祥等人十四年至七年不等的有期徒刑，并处罚金，破坏文物类案件的审理在当地形成了强大震慑，取得了良好的政治、法律、社会效果。保护黄河是事关中华民族伟大复兴的千秋大计，应扎实推进黄河大保护，确保黄河安澜。

生态法治调研报告．第二辑

第 16 期

《黄河保护法》贯彻实施一周年

——山西法院生态司法经验巡礼之七：运城法院提升环资审判能力依法、公正、高效审理环境资源案件

2021 年以来，山西省运城市两级法院坚持以习近平新时代中国特色社会主义思想为指导，深入贯彻习近平生态文明思想和习近平法治思想，落实最高人民法院和山西高院的部署，在运城市委领导下，立足黄河流域运城段生态保护，充分发挥审判职能作用，完善环资审判工作机制，提升环资审判能力，依法公正高效审理环境资源类案件，为黄河流域生态保护和高质量发展提供了有力的司法服务和保障。

一、坚持服务大局，切实发挥环境资源司法保护职能作用

运城市两级法院始终坚持执法办案第一要务，实行环境资源刑事、民事、行政案件“三合一”归口审理模式，充分发挥刑事震慑、民事赔偿、行政监督等作用，助力黄河流域高质量发展。2021 年 1 月至 2024 年 2 月，全市法院共审结刑事、民事、行政、公益诉讼等各类环境资源案件 477 件。

（一）坚持宽严相济刑事政策，依法打击环境资源刑事犯罪

2021 年 1 月至 2024 年 2 月，共审理环境资源类刑事案件 329 件。案由涉及盗掘古文化遗址、古墓葬罪、非法采矿罪、污染环境罪、非法狩猎罪、非法捕捞水产品罪、非法占用农用地罪、盗伐林木罪。

一是依法审理破坏资源犯罪，保障黄河流域资源安全。运城境内分布有中条山脉、吕梁山脉、稷王山脉以及黄河、汾河、涑水河，滩涂、洼地、湿地众多，非法采砂等破坏黄河水域及流域生态的违法犯罪活动一度猖獗。非法采矿罪占比 15%，犯罪地域

相对集中在万荣、稷山。全市两级法院将破坏环境资源违法犯罪作为打击重点，在审理中严格控制缓刑适用，充分发挥财产刑的经济制裁作用，切实保障黄河的长治久安。万荣法院审理的王某等非法采矿案，被告人王某等三人违反矿产资源法规定，为攫取经济利益，在黄河流域生态示范区大量非法采砂，破坏了黄河流域的水土保持，对河床形成安全隐患，给黄河流域生态环境造成严重破坏。万荣法院审理后以非法采矿罪判处王某等三年有期徒刑并处罚金。通过一系列非法采矿罪案件的判处，促进了黄河流域群众对传统采砂作业认知的改变，对于保护黄河安全起到了积极示范作用。

二是依法审理涉文物犯罪，保障黄河文化安全。运城作为中华文明的重要发祥地，分布有自夏朝以来大量的历史文化遗存，西周、东周和春秋战国的古墓葬尤为丰富，非法盗掘古文化遗址、古墓葬罪案件多发，占比环资类刑事案件 70%。犯罪地域相对集中在芮城、闻喜、夏县。针对运城境内文化遗址和古墓葬分布比较集中的特点，法院加大对盗掘古墓葬和古文化遗址犯罪的打击力度，以司法手段保护历史文化遗产，确保黄河文化安全。芮城法院审理的被告人陈某某、董某某等 11 人盗掘古文化遗址、古墓葬罪一案，被盗墓葬位于山西芮城的古魏城遗址保护范围内，属于黄河流域文化遗址群，案涉青铜鼎、青铜盘、青铜器等文物 20 余件，具有重要保护价值。法院判处被告人有期徒刑十三年及十二年，并处罚金，追缴非法所得，其中追缴回的青铜盘属国家一级文物。通过严厉打击破坏古文化遗址和古墓葬行为，有效降低了盗掘古墓葬行为的案发率，提高了社会公众的文物保护意识，法院推进黄河文化遗产系统保护、传承的司法导向深入人心。

（二）坚持损害担责原则，保护环境资源民事权益

2021 年 1 月至 2024 年 2 月，共审理环境资源民事案件 80 件，案由主要涉及供用电力、水、气、热力合同，采矿权转让合同，环境污染责任纠纷。其中环境污染责任纠纷案件逐年递增。两级法院加强对环境污染责任纠纷案件中因果关系举证责任的分配及侵权责任承担方式的探索，选择坚持损害担责、全面赔偿原则，追究污染环境、破坏生态和自然资源者的民事责任。垣曲法院审理的某铜业公司与某有色金属公司固体废物污染责任纠纷，同一污染环境的侵权行为既给公共利益造成了损害，又侵害了私益。法院判决污染公司承担原告支出的修复生态环境的费用 300 余万元，有效调动了被侵权人或相关主体先行修复生态环境的积极性，对生态环境保护及修复起到了重要促进作用。闻喜法院审理的高速路公司与赵某一家噪声污染责任纠纷，遵循以人为本保障公众健康的现代环境司法理念，合理认定声环境功能区的噪声污染标准，保障了人民群众的环境权益。

（三）发挥行政审判预防作用，坚持实质化解行政争议

2021 年 1 月至 2024 年 2 月，共审结环境资源行政案件 40 件。积极推动府院协调联动，多措并举促进行政争议实质化解。与生态环境局、河务局等机关开展环境资源执法司法交流，充分发挥司法建议作用，不断延伸司法职能。通过府院常态化沟通机制，及时反馈环保行政执法问题，有效防范和堵塞生态环境治理漏洞，从源头上减少破坏生态环境行为的发生。在立案、审判各环节探索相关举措，支持环保行政主管部门依法履职，纠正违法、不当行政行为。2022 年 3 月 28 日，盐湖法院成立全省首家“行政争议诉前调解中心”，以实质性化解行政争议为导向，实质性化解一大批涉及“城中村”改造、烈士墓保护、水环境保护等重大项目建设行政争议，有效监督支持行政机关依法行政。

（四）强化环境公益诉讼案件审理工作

2021 年 1 月至 2024 年 2 月，共审结环境污染公益诉讼案件 6 件，刑事附带民事公益诉讼案件 22 件。在公益诉讼案件审理中，积极探索多元化生态修复责任承担方式，严格贯彻恢复性司法理念，努力做到追责到位、赔偿到位、修复到位，实现法律效果、生态效果、经济效果的有机统一。闻喜某钢铁有限公司环境污染公益诉讼一案，审理中妥善处理生态保护与经济发展的关系，一方面督促当地环保部门履行监管职责，对违法行为进行有效整改；另一方面责令企业进行环保设施优化改造及从事公益诉讼植树造林，有效治疗和修复受损环境。同时委托专家对提标改造收入及绿化收入等修复治理折抵生态环境损害予以评估，最终以调解结案。通过案件办理，既解决了生态环境问题，又促进了企业转型发展。

（五）发挥典型案例示范作用

2021 年以来，运城中院先后通过蓝皮书发布环境资源典型案例 10 件，其中 3 个案例入选全国法院和全省法院精品和典型案例，1 个案例获评“三北”地区环境资源司法保护案例三等奖。芮城法院审理的陈某某盗掘古墓葬罪一案入选最高人民法院发布的黄河流域生态环境司法保护典型案例，万荣法院审理的王某非法采矿罪一案入选山西高院十大环资典型案例，运城中院审理的检察公益诉讼案件荣获全国法院百场优秀庭审。典型案例的入选和发布，对于落实绿色原则、统一裁判规则、扩大运城环境资源审判的影响力，具有重要意义。

（六）创新裁判执行方式

运用司法裁判的引导作用，探索环境资源有偿使用和生态修复制度，把修复生态环境摆在优先位置。探索适用“补种复绿”“增殖放流”等修复性判决方式，将修复

情况作为量刑情节，督促被告人主动修复受损的生态环境。垣曲法院在古城湿地公园先后公开审理了非法捕捞水产品案和非法猎杀野生动物林麝案，通过以案释法，强化群众生态意识，取得了良好的社会效果。永济法院审理的鱼苗修复公益诉讼案当庭判决，《人民法院报》进行了专题报道，还拍摄了《与法同行——电鱼？你承受得起吗？》公益短视频。新绛法院、永济法院分别设立生态环境司法修复基地，以恢复性司法理念为工作思路，探索植树造林、补种复绿、增殖放流、劳务代偿等多元化生态修复方式。为积极适用禁止令制度，新绛法院发出全省首份环保禁止令，将禁止令适用于环境资源案件审判。

二、深化司法改革，扎实推进环境资源审判专业化建设

（一）持续推进全市法院环资审判专门化

2021 年，运城中院成立了环境资源审判庭，实行环境资源刑事、民事、行政案件“三合一”归口审理，在全市法院自上而下推动环境资源审判机构建设。截至 2022 年年底，全市 13 个基层法院均设置了环资审判专门团队，实现了全市环资审判机构全覆盖。2021 年 5 月，运城中院在万荣县荣河环资法庭召开全市环资案件归口审理推进会，要求全市法院全面落实“三合一”审判模式，细化归口审理案件范围、职责，推进环资平台运行，有效解决环资审判机构审理案件不对口，案件分散裁判造成标准不统一、案件统计不便利等问题。

（二）推进基层法庭“三合一”审理实践

在重点地域和区域，设立环境资源法庭和巡回法庭，实行就地立案、开庭、宣判，把庭审开到基层，把矛盾化解在基层。目前，全市已成立 5 个专门性环境资源法庭。万荣环资法庭通过一系列非法采矿案件审理，有效遏制了黄河沿岸的非法采砂犯罪，2022 年该地域没有发生非法采矿案件。新绛文化保护法庭将审判工作融入绛州古城保护和活化利用，对涉及历史文化遗产等相关民事案件以及盗掘古文化遗址、古墓葬等刑事案件，开展专业审理，集中研判，实现了司法服务与文化保护的深度融合。设立 3 个巡回法庭：河津法院黄河河津段环境资源审判巡回法庭、垣曲法院古城国家湿地公园环境资源审判巡回法庭、盐湖法院盐湖生态和文物审判巡回法庭，通过巡回审理，以案普法，教育群众。

（三）提升环资审判专业水平

牢固树立新时代环境资源审判新理念，打造高素质环境资源审判队伍。2021 年以来，先后四次组织全市环资法官及助理参加全国环资审判业务培训班及全省环资审判培训，重点围绕如何深入贯彻习近平生态文明思想、环境资源审判热点难点、生态环

境保护及执法现状等问题进行培训，为提升法官及助理审判业务能力夯实基础。运城中院汇编并下发《办理环境资源刑事文件选编》《办理环境资源案件文件选编》《运城中院及辖区法院环资审判工作运行情况报告》《典型案例汇编》，通过审判指导，进一步提升环资审判专业水平。万荣环资法庭薛印端被授予全国环资审判先进个人，运城中院环资庭被山西总工会授予山西省五一巾帼标兵岗。两级法院三份文书、两个庭审分别被评为全市法院优秀裁判文书一等奖、二等奖。两个案例入选全国、全省环资典型案例，一个案例获评全国法院百场优秀庭审，一个案例获评“三北”地区环境资源司法保护案例三等奖。

三、加强联动机制建设，打造生态环境资源保护多元共治格局

（一）建立区域司法协作，完善跨区域共同保护

2022 年 5 月，运城辖区内沿黄八县市法院联合会签《黄河流域生态环境保护司法协作机制框架协议》，建立健全黄河流域（运城段）环境资源审判工作协调机制，形成区域内共同保护黄河的司法合力。

2023 年 3 月，由运城中院发起、晋陕豫三省四市中院签署《晋陕豫黄河金三角区域环境资源审判协作框架协议》，秉持“生态优先、绿色发展，统筹谋划、因地制宜、预防优先、注重修复”的原则，以构建黄河流域生态环境司法保护一体化新格局为宗旨，推动建立协作配合多元共治的环境治理体系，环境资源审判信息共享、跨区域重大问题联席研究等机制，实现黄河流域生态环境司法跨区域司法保护。

2023 年 8 月 14 日，运城中院、临汾中院签署《古堆泉域生态环境司法修复协作框架协议》，以共同保护地下水资源，推动黄河流域生态保护和高质量发展。

（二）建立执法司法联动机制，打造协同共治格局

运城市两级法院与各职能、执法部门互相配合，建立执法司法衔接机制。2022 年，运城中院与市检察院、河务局、生态环境局开展服务保障黄河流域（运城段）生态保护与高质量发展协作，与公安局、检察院、河务局、生态环境局、文物局等部门开展盐湖生态环境、自然资源、文物保护协作。通过协作机制，构建“环境资源共享、突出问题共治、治理举措共商、协作机制共建”的环境资源审判协作机制，形成共同保护黄河流域生态的司法合力。联席会议及联合专项执法、互相配合，统筹推进黄河生态环境保护。2021 年 6 月，配合运城市委“夏季攻势”行动。2022 年 5 月，联合检察院、河务局开展“携手治四乱保护黄河（运城段）”专项活动，深入万荣县北赵引黄移动取水泵站、永济市涑水河入黄口水生态修复工程，以及芮城县国栋牧业、众犇牧业、黄河芮城河段趸船等地进行调研，聚焦涉黄河“四乱”项目实地考察，当

场释法说理，指导企业整改。

四、加强宣传工作，提升公众生态环境资源保护意识

（一）设立司法保护基地，打造一体化保护品牌

围绕黄河生态保护和黄河文化保护，设立环资法庭、巡回法庭和司法保护基地，在重点区域通过“惩治+保护”的模式进行一体化保护。万荣设立了全省第一个黄河流域司法保护基地——“黄河+汾河生态环境司法保护基地”，平陆设立了运城黄河湿地司法保护基地，永济伍姓湖设立了生态保护修复基地，永济古城遗址设立了蒲津渡文化遗址保护基地，盐湖设立了盐湖生态和文化司法保护基地。稷山也正在筹备设立板枣国家公园生态保护基地。围绕绿色低碳发展开展司法保护，护航双碳建设，芮城在全国零碳第一村芮城庄子村设立了零碳司法保护基地。这些基地的设立，标志着我们在运城形成了覆盖河流、流域、湿地、湖泊、森林、文物和黄河文化的一体化司法保护格局。

（二）开展普法宣传，在全社会营造保护环境绿色发展的氛围

2021 年以来，运城两级法院利用世界水日、世界环境日、土地日等节点，走入企业、学校、生态湿地、保护基地，开展宣传活动 50 余场。运城中院联合市检察院和山西河务局开展的“绿水青山就是金山银山”全民签名普法宣传活动及在河津禹门口的大型宣传活动，引起了社会高度反响，《山西日报》头版和《运城晚报》分别做了报道。

第17期

山西运城环境资源审判典型案例[①]

（2022—2023年）

一、刘某诉某健身中心噪声污染责任纠纷案

【基本案情】

原告刘某与被告某健身中心系同一小区邻居，自2023年9月开始，被告经营场所中的水泵工作时产生强烈的振动噪声，原告家中的老人及孩子因噪声侵害出现严重神经衰弱。为此，原告找被告协商希望能变更水泵的位置并采取有效的隔音或吸音措施，但协商未果。原告遂向法院提起诉讼，请求判令被告排除妨害，赔偿误工费、精神抚慰金。同时向法院申请禁止令，请求禁止被申请人在经营场所的现有位置继续使用水泵。承办法官对小区外部噪声环境、原告家中噪声情况、被告水泵运行情况分别进行了勘查，并通过现场调试，确定噪声正是从被告的一台小型水泵发出的。该声音虽未超过国家允许的分贝标准，但确实对刘某一家的正常生活造成了干扰。

【裁判结果】

山西省河津市人民法院为尽快解决矛盾纠纷，使原告的生活回归正常，也使被告的不必要经济损失降到最低，积极组织双方友好协商，当场确定调解方案，被告调整了水泵位置，采用安装静音棉等隔音措施，最大限度地减少、消灭噪声。原告撤回起诉，法院裁定予以准许。

① 相关案例由山西省运城市中级人民法院提供。

【典型意义】

本案系噪声污染纠纷引发的民事侵权案件。对环境侵权案件办理中禁止令与“友好协商”条款的关系问题进行探讨，是环资审判能动司法、参与社会综合治理的有益实践。《最高人民法院关于生态环境侵权案件适用禁止令保全措施的若干规定》颁布以来，禁止令成为人民法院审理生态环境侵权案件的重要手段。尤其是在噪声污染领域，禁止令的使用极大地保护了被侵权人的合法权益。但禁止令的作出，需综合考量被申请人的行为是否系受过行政机关的处理后仍继续实施，其行为对生态环境的损害是否超过了禁止令可能对其合法权益的损害，以及禁止令作出后是否会对国家利益、社会利益及他人利益造成不利影响。本案是否应当适用禁止令，是摆在法官面前的难题。法院能动司法，对“友好协商”条款优先适用，通过异地安置，减少振动、降低噪声措施，妥善解决噪声纠纷。禁止令审查与友好协商双管齐下，促使被告主动排除妨害，双方自愿达成和解，原告主动撤诉，既提高了当事人的生活幸福感，又提升了小微企业合法运营的能力，还促进了邻里关系的和谐稳定。

二、金华市绿色生态文化服务中心诉山西某钢铁有限公司环境污染公益诉讼案

【基本案情】

被告山西某钢铁有限公司于2016年至2017年因烧结脱硫设施烟道跑、冒现象和新建球团项目无环评审批手续、废水雨水不能分流、废气排放口有冒红烟现象等，受到行政部门的行政处罚。2018年因违法倾倒钢渣等问题，被有关部门责令核查整改，且相关责任人受到相应处理。

2019年3月9日，由建设单位、专家、设计施工单位、监测单位共同验收出具了《解除生态环境部挂牌督办整改项目验收意见》，结论为同意通过验收。2019年6月30日，生态环境部办公厅核查整改情况并核实排污单位自动监测数据，同意解除挂牌督办。2018年至2019年，被告为解决钢渣问题，先后采取同案外人签订钢渣综合利用协议、钢渣供货合同、钢渣填埋工程施工合同、钢渣填埋工程监理协议、钢渣填埋道路改造工程施工合同和建设备用渣场等一系列措施，对钢渣进行综合利用和妥善处理。同时制订了钢渣堆放处废渣整改实施方案，对本案所涉6处钢渣堆放处投入大量资金进行了环境整治。2019年5月，运城市生态环境局认定被告对本案的涉六处钢渣堆放处违法倾倒钢渣环保问题已整改完成。

本案审理期间，原告申请对本案生态环境修复到损害发生之前的状态和功能、生态环境受到损害至恢复原状期间服务功能损失等进行了鉴定，鉴定意见为：1. 被告自

2016 年至 2018 年，超标排放大气污染物和钢渣堆放行为，对生态环境造成损害价值约为 18978536.11 元。2. 被告钢渣堆放行为造成土壤生态环境损害价值约为 17094502.85 元。3. 鉴定机构对被告 6 处钢渣堆场周边村庄水井进行取样，并委托西安国联质量检测技术服务有限公司进行监测，未能确认地下水环境受到损害。

【裁判结果】

运城市中级人民法院一审判决，被告山西某钢铁有限公司于本判决生效后 30 日内向本院指定环保基金账户支付生态环境服务功能修复费共计 2913933.06 元，并承担相关鉴定费用及诉讼费用，该判决已生效。

【典型意义】

本案系社会组织提起的环境污染公益诉讼案件。本案被告某钢铁公司系当地龙头企业，法院充分采取能动司法手段，多次联合当地职能部门实地走访、勘察，积极与企业交流沟通，促进企业进行污染土壤清理回填，积极支付损害费用、诉讼费、鉴定费。案件判决时充分考虑了被告企业的社会责任与担当，以及被告出现环境污染后积极修复、整改情况，对企业已支付的修复费用从赔偿金中予以冲减，对未恢复到基线水平的损失，根据鉴定结论，判决企业承担，体现了严密法治下的宽严有度。案件判决后，法院多次前往企业进行案件回访，就生态环境保护工作开展情况进行动态关注，要求企业时刻注重对生态环境的保护，为绿色发展作出积极贡献。通过调研推进修复、调查促进赔偿、诉后回访促使转型，既有效保障了生态环境损害得到及时赔偿与修复治理，又推进了企业绿色低碳转型发展，取得了良好的法律效果和社会效果。目前，本案造成的生态环境损害均已得到全部赔偿与修复治理，涉案企业也进入良性，快速的发展轨道。

山西地处黄河流域中游，传统能源化工企业大多沿河分布，存在诸多污染隐患。人民法院面对环境污染和生态破坏，应平衡生态优先、绿色发展和保护营商环境的关系。审理案件时应坚持服务保障黄河高质量发展的理念引领，围绕生态黄河和高质量发展黄河，一方面采用最严密的法治，对破坏生态坚决说“不”；另一方面坚持惩治与修复并重，统筹协调企业发展和生态保护，兼顾优化营商环境，服务保障民营企业，护航黄河流域高质量发展。

三、王某、任某非法捕捞水产品案

【基本案情】

2022 年 4 月至 5 月，被告人王某为谋取私利，购买渔船、逆变器、铁丝等工具，伙同被告人任某在黄河干流山西段蒲州区域内驾驶船只，采用发电机给电鱼工具通电的方法进行捕鱼并销售获利，捕捞渔获物 30 条左右，后被永济市农业农村局执法队执法人员现场查获。2023 年 2 月 23 日，被告人王某、任某二人到永济市公安局投案。2023 年 8 月 2 日，被告人王某、任某主动向黄河投放价值 4500 元的鱼苗作为生态补偿。《中华人民共和国农业农村部通告》〔2022〕1 号文件规定，黄河干流山西段的禁渔期为每年 4 月 1 日至 7 月 31 日。

【裁判结果】

山西省永济市人民法院认为，被告人王某、任某违反水产资源保护法规，在禁渔期使用禁用的工具、方法捕捞水产品，情节严重，其行为已构成非法捕捞水产品罪。被告人王某、任某犯罪以后主动到案，系自首，依法可从轻处罚。鉴于被告人王某、任某已放生鱼苗对生态损害进行了修复补偿，可酌情从轻处罚。判决被告人王某犯非法捕捞水产品罪，判处拘役三个月，缓刑四个月；被告人任某犯非法捕捞水产品罪，判处拘役二个月，缓刑三个月；被告人所使用的作案工具渔船一艘、马达螺旋桨一台、逆变器一台，予以没收，上缴国库。

【典型意义】

本案系非法捕捞水产品引发的刑事案件。黄河是中华民族的母亲河，被告在黄河禁渔期禁渔区电鱼的行为，对黄河自然水域的水生物环境造成极大损害，威胁生态资源和水资源，故人民法院以非法捕捞水产品罪判处其刑责。被告人在诉讼中主动承担增殖放流的生态修复责任，以确保黄河流域生态环境得到及时修复。从“捕鱼”到“补鱼”，以增殖放流方式对损害的生态环境进行修复，是法院对多种责任承担方式修复生态环境的有效探索，彰显了人民法院严厉打击破坏生态环境行为、维护生态平衡和生物多样性的决心和信心。同时本案系运城法院落实推进环境资源公益诉讼巡回审判制度，深入实际案发地的代表性案例。本案当庭宣判后，法官以案涉法律问题为切入点，结合当地实际，向周围村民普及非法捕捞的危害性和相关法律规定，得到了老百姓的一致认可，真正实现了“审理一案、教育一片”的社会效果。

四、新绛县某公司犯非法占用农用地罪案

【基本案情】

2017 年 10 月 3 日，新绛县某公司办理了采矿许可证（有效期 2 年），矿区面积为 0. 0277 平方公里（41. 55 亩）。后该公司违规作业，超范围开采，擅自使用林地面积 80. 1 亩。2022 年 1 月 21 日，新绛县人民检察院以新绛县某公司犯非法占用农用地罪向新绛县人民法院提起公诉并附带提起民事公益诉讼。本案审理中，新绛县人民检察院作为公益诉讼起诉人向法院申请禁止令，请求禁止该公司超范围开采矿山毁坏林

地。收到申请后，新绛县人民法院立即前往现场勘查，并认真听取被申请人意见，发现现场的林地资源和生态环境仍然处于被损害状态，亟须采取保护措施。

【裁判结果】

山西省新绛县人民法院（以下简称新绛法院）经审查认为，新绛县某公司超越行政许可范围开采矿山、毁坏林地，如不及时制止将使林地和周边生态环境继续遭受损害，依法裁定禁止新绛县某公司在行政许可的林地面积范围之外开采矿山毁坏林地。裁定后，新绛县人民法院在被申请人生产现场张贴环保禁令，并向当事人以案说法，详细讲解了环境侵权禁止令保全措施的相关规定，宣讲了土地资源和生态环境保护的相关内容。该公司负责人承诺，一定严格遵守法律规定，在行政许可范围内施工作业，绝不再越界开采及毁坏林地。

【典型意义】

本案系对非法占用农用地犯罪适用环境保护禁止令的刑事附带民事公益诉讼案件，系山西省法院发出的首份诉讼环保禁止令。人民法院通过及时制止紧迫的非法占用农用地行为，将生态环境的保护阶段提至案件审理前，避免了生态环境损害持续发生，有利于防范被告人再次实施污染环境违法犯罪行为的风险，有效实现了环境保护的目的，体现了人民法院在环境资源审判中“保护优先，预防为主”的司法原则。

五、姚某非法采矿案

【基本案情】

2020年4月的一天晚上，姚某伙同董某（已判决）在未办理采矿许可证和河道采砂许可证的情况下，在风陵渡镇古贤黄河滩河道内偷挖河砂三车共60余吨，董某负责装砂，姚某负责运输和销售，后因二人挖的河砂含土太多未卖出，遂将河砂倒在沟地。经芮城县三门峡库区服务中心勘验，非法采砂地点位于古贤防洪工程下首以东300米处，其行为在影响环保的同时也会使河势发生变化，形成横河，严重影响河势稳定，导致河水直接冲击滩涂，使滩涂河岸坍塌后退，并极易造成洪水对古贤防洪工程的威胁。审理中，附带民事公益诉讼起诉人山西省芮城县人民检察院与被告人姚某、附带民事公益诉讼被告董某达成调解协议：被告人姚某、附带民事公益诉讼被告董某自愿支付赔偿金960元（已履行）。该调解书已发生法律效力。

【裁判结果】

山西省芮城县人民法院认为：姚某未取得河道采砂许可证擅自在河道管理范围内采砂，严重影响河势稳定，其行为已构成非法采矿罪。姚某案发后主动投案，如实供述自己的罪行，系自首，并自愿支付赔偿金，可以从轻处罚。

判决姚某犯非法采矿罪，判处拘役一个月，并处罚金 5000 元。

【典型意义】

本案系非法采矿引发的刑事案件。河砂是保护河床稳定和水流动态平衡不可缺少的铺盖层与保护层，也是国家重要矿产资源，在黄河河道非法采砂不但严重影响河势稳定、危害堤防安全，还会使黄河湿地生态环境遭受损害。《黄河保护法》第六十九条明确规定，禁止在黄河流域禁采区和禁采期从事河道采砂活动。第一百一十九条规定，违反该法规定，造成黄河流域生态环境损害的，国家规定的机关或者法律规定的组织有权请求侵权人承担修复责任、赔偿损失和相关费用。人民法院落实宽严相济的刑事政策和损害担责、全面赔偿原则，将刑事附带民事公益诉讼调解程序有机嵌入刑事诉讼程序，依法定罪量刑，既惩治了违法犯罪又快速解决了环境和资源损害问题，有效弥补了国家矿产资源损失，保护了国家利益和公共利益，是探索“刑事+民事”公益诉讼一体化办案模式的有效实践。

六、袁某勤污染环境罪刑事附带民事公益诉讼案

【基本案情】

2021 年 3 月至 2021 年 12 月，袁某勤为谋取非法利益，在未取得危险废物经营许可证的情况下，与河南省巩义市的魏某某（另案处理）联系处理铝灰，每车收取处置费 400 元到 1450 元。其间，袁某勤将魏某某、山西省临汾市的宋某某（另案处理）运送的铝灰在万荣县光华乡乔村村南一废弃的蜂窝煤厂旁边土场堆放 5765. 18 吨、在南张乡范村一废弃厂房内堆放 5383. 66 吨、在南张乡万荣庄村以西润林养殖合作社场地内堆放 3214. 54 吨，共计堆放 14363. 38 吨，从中非法获利 602080 元。经山西河东司法鉴定所鉴定：堆放在万荣县光华乡乔村、南张乡范村、万荣庄村的铝灰属于危险废物。2023 年 9 月 27 日，经山西河东司法鉴定中心鉴定，堆放在万荣县光华乡乔村、南张乡范村、南张乡万荣庄村的固体废物（铝灰）对大气生态环境造成损害。另查明：光华乡乔村铝灰转运费 160 万元，万荣县财政已支付 160 万元；司法鉴定费 12. 6 万元已支付；检验检测费 24. 56 万元，已支付 9. 56 万元，尚欠 15 万元；南张乡铝灰转运费 97. 8625 万元，万荣县财政已支付 92 万元，尚欠 58625 元；司法鉴定费 26 万元、检验检测费 9. 5 万元均未支付。2023 年 1 月 3 日，运城市生态环境局万荣分局与运城润泰环保科技有限公司签订了危险废物处置合同书，根据合同约定双方商定先应急处置该批危险废物，双方于 2023 年 2 月 24 日商定处置价格为：铝灰 5383. 66 吨，1351 元/吨，合计 7273324. 66 元，成交价 7270000 元，尚未支付。以上行为造成公私财产损失 1057. 5225 万元，已支付 274. 16 万元，尚欠 783. 3625 万元。

【裁判结果】

山西省万荣县人民法院认为，袁某勤违反国家规定，无危险废物经营许可证从事收集、贮存危险废物铝灰经营活动，严重污染环境，情节严重，其行为构成污染环境罪。判决被告人袁某勤有期徒刑六年，并处罚金1000000元；违法所得602080元依法予以追缴；附带民事诉讼被告袁某勤于本判决生效后三十日内支付铝灰转运、鉴定、检测、处置费等费用共计1038.5765万元。

【典型意义】

本案系污染环境罪引发的刑事附带民事公益诉讼案件。被告人非法从事收集、贮存危险废物铝灰经营活动，造成严重环境污染，应依法承担相应的刑事责任和环境损害赔偿责任。本案中，当地人民政府对堆放的铝灰采取紧急转运、处置措施，体现了“人民政府为人民”的高度责任担当。转运、处置以及鉴定、检测必然会产生大量的费用，该费用的产生与被告人袁某勤堆放铝灰存在直接因果关系。人民法院贯彻落实全面追责原则和最严法治观，依法严惩污染环境犯罪，依法认定环境损害赔偿范围和赔偿责任，让环境有价损害担责成为司法理念，司法破解环境污染、群众受害、政府买单局面。

七、程某某非法占用农用地罪案

【基本案情】

2020年，被告人程某某（时任夏县某建材有限公司法人）在未获得夏县自然资源局批准的情况下，指使工人私自采挖夏县某建材有限公司采矿范围外的黏土。2021年5月25日，运城市规划和自然资源局出具关于对夏县某建材有限公司越界开采被破坏耕地损毁程度的认定意见：根据山西省第六地质工程勘察院编制的《夏县某建材有限公司对夏县水头镇小晁村、禹王乡司马村耕地毁损程度勘验报告》及山西省地质勘查局二一四地质队专家组评审意见，鉴定结论为夏县某建材有限公司越界开采范围总面积9.22亩（其中，基本农田8.07亩，一般农田旱地1.06亩，田坎面积0.09亩）。该地块耕地损毁性质为人为损毁，耕地损毁类型为挖损损毁，耕地损毁程度为重度损毁。案发后，被告人程某某委托夏县自然资源局对夏县某建材有限公司矿区范围内所有建筑物及地上附着物予以拆除，将非法占用的9.22亩农田全部复垦播种，并全额缴纳了夏县自然资源局的行政处罚罚款174425.16元。

【裁判结果】

夏县人民法院认为，被告人程某某违反土地管理法规，非法占用基本农田等农用地取土，改变被占用土地用途，数量较大，造成基本农田等农用地大量毁坏，其行为已构成非法占用农用地罪。在夏县自然资源局对夏县某建材有限公司作出行政处罚后，公司法定代表人程某某积极进行生态修复，将非法占用的农田全部复垦播种，全额缴纳了罚款，可酌情予以从轻处罚。判决被告人程某某有期徒刑六个月，并处罚金 5 万元。

【典型意义】

本案系非法占用农用地罪刑事案件。被告人程某某违反土地管理法规定，非法取土获利，造成耕地破坏，应受到法律惩处。被告人程某某自愿认罪认罚，在庭审前主动委托当地自然资源管理部门对非法占用地范围内所有建筑物及地上附着物予以拆除，将非法占用的 9.22 亩农田全部复垦播种，并全额缴纳了行政处罚罚款 174425.16 元。本案中，人民法院坚持宽严相济的刑事政策，贯彻恢复性司法理念，打击与修复并重，依法追究被告人非法占用农用地罪的刑事责任，并将被告人修复生态的行为作为量刑情节进行考量，对贯彻落实《土地管理法》、增强人民群众保护耕地的法律意识，践行恢复性司法理念具有积极的示范意义。

八、景某东等危害珍贵、濒危野生动物罪刑事附带民事公益诉讼案

【基本案情】

2023 年 2 月，被告人景某东与被告人尚某杰在网上购买了逆变器、绝缘杆、绝缘帽等捕杀工具，在被告人赵某红的帮助下进入垣曲县望仙景区，在望仙村百草凹处架设电网，捕杀野生麝类两只。经南京警院鉴定中心鉴定，送检的动物检材均为林麝，系被列入《国家重点保护野生动物名录》（2021 年版）的国家一级保护野生动物。

【裁判结果】

山西省垣曲县人民法院认为，被告人尚某杰、景某东、赵某红非法猎捕国家重点保护的珍贵、濒危野生动物，构成危害珍贵、濒危野生动物罪。被告人的犯罪行为造成了国家野生动物资源的损失，破坏了生态平衡和物种多样性，损害了社会公共利益，应承担民事侵权责任。判决三被告人有期徒刑一年至九个月不等。附带民事公益诉讼被告景某东、尚某杰、赵某红赔偿野生动物资源损失，购买价值 6 万元的野生动物保护、救治的设备、器材，交由山西古城国家湿地公园（山西省野生动物疫源疫病监测站）用于对垣曲县辖区内野生动物的救治，以及候鸟的观测、监测。宣判后，三被告人均表示不上诉。

【典型意义】

本案系危害珍贵、濒危野生动物罪引发的刑事附带民事公益诉讼案件。野生动物作为重要自然资源，对维护生物多样性和生态系统平衡具有重要意义。本案的犯罪行

为发生于黄河流域历山国家级自然保护区试验区内，非法危害行为导致野生动物种群数量下降，势必造成自然保护区生态资源损害，损害社会公共利益。本案在通过刑罚打击破坏野生动物资源犯罪的同时，依法判决被告对公共利益的损害予以民事赔偿，判决被告购买救治野生动物设备、器材，以替代性方式修复生态环境，体现了司法保护生态环境公共利益的导向，旗帜鲜明地保护黄河中游的生物多样性，实现“治罪”与“治理”的法律效果和社会效果的统一。

九、王某等非法采矿罪案

【基本案情】

2020 年，被告人王某在未取得采矿许可证的情况下，伙同时任该村党支部书记的被告人黄某在万荣县里望乡乔薛村村沟非法采沙。同年 6 月初至 11 月 20 日，被告人王某等人雇用挖机、铲车等设备非法采沙，并将所采的沙子以美丽乡村工程建设的名义免费拉走并销售。经统计，共收沙款 956570 元。经山西省第六地质工程勘察院鉴定：被告人王某在里望乡乔薛村村沟的采沙点包括：2 号、4 号、5 号、6 号、7 号、14 号、15 号、16 号地块，以及 16 号附属半开挖地块。

【裁判结果】

山西省万荣县人民法院一审认为，被告人王某伙同黄某等人，违反矿产资源法的规定，未取得采矿许可证擅自采矿，情节严重，其行为均已构成非法采矿罪。判决被告人王某、黄某有期徒刑二年十个月至一年五个月不等，并处罚金 10 万元至 2 万元不等，违法所得上缴国库。山西省运城市中级人民法院二审维持原判。

【典型意义】

本案系非法采矿刑事案件。案涉非法采矿点山西万荣县位于汾河入黄口，属于“一泓清水入黄河”的黄河流域生态示范区，该区域的生态环境对于保障黄河河道及水质安全具有重要作用。被告人不仅无证开采且多点破坏性开采，甚至为逃避查处拉拢基层组织负责人入伙，长期非法采砂，破坏黄河流域的水土保持，至今尚未得到修复，给黄河流域的环境资源和生态环境造成严重破坏。本案判决结合被告人的主观恶性、非法采矿地点的特殊性及危害后果的严重性，依法从严从重处罚，体现了人民法院严厉打击黄河流域破坏生态环境资源保护犯罪的决心，对促进黄河流域资源的合理利用具有积极示范作用，对保护黄河安全具有重要意义。

十、陈某某、董某某等人盗掘古墓葬罪案

【基本案情】

2017 年 8 月至 2018 年 4 月，被告人陈某某、董某某等人在芮城县多处实施盗掘古墓葬行为，被盗墓葬位于全国重点文物保护单位“古魏城遗址”保护范围内。被告人陈某某、董某某等盗挖出青铜鼎、青铜盨、青铜禾、青铜盘、青铜器及青铜器配件 20 余件，一件青铜禾以 40 万元的价格出售，一件青铜盘以 22 万元的价格出售。经山西省文物交流中心鉴定，被盗墓葬均系两周时期墓葬，墓葬被盗导致原墓葬结构的毁坏和遗存物的缺失，对两周历史文化的研究造成不可弥补的损失。涉案青铜盘已被追缴，经山西省文物鉴定站鉴定其为一级文物。被告人陈某某、董某某因涉嫌盗掘古墓葬罪被网上追逃期间，被告人冯某、黄某等 4 人明知陈某某、董某某涉嫌犯罪，还将其送至四川，以期逃避司法机关追责。

【裁判结果】

山西省芮城县人民法院一审认为，被告人陈某某、董某某未经文物主管部门批准，多次伙同他人私自挖掘全国重点文物保护单位“古魏城遗址”保护范围内的古墓葬，造成原墓葬结构的毁坏和遗存文物的缺失，二被告人的行为均已构成盗掘古墓葬罪。一审法院判决被告人陈某某、董某某犯盗掘古墓葬罪，分别判处有期徒刑十三年和十二年九个月，并处罚金 20 万元，对二被告人违法所得 14 万元予以追缴。被告人冯某、黄某等 4 人的行为均构成窝藏罪，分别判处有期徒刑六个月及拘役缓刑。山西省运城市中级人民法院二审维持原判。

【典型意义】

本案为破坏遗存文物和古墓葬的刑事案件。案涉被盗墓葬位于“古魏城遗址”保护范围内，属于黄河流域文化遗址群。遗址内分布着大量的西周晚期到春秋早期的古文化遗址和古墓葬群，是黄河流域古魏国地域文化历史的见证，具有重要保护价值。本案判决结合案涉盗掘墓葬的保护等级、盗掘的次数、盗掘文物的等级，以及盗掘行为对原墓葬结构的毁坏和遗存文物缺失的危害后果，依法从严惩处，体现了人民法院严厉打击破坏古文化遗址和古墓葬行为的决心，以及推进黄河文化遗产系统保护、传承的司法导向。同时，本案严厉惩处帮助盗墓者逃避法律责任的人员，对提高社会公众的文物保护意识具有教育指引作用。

生态法治调研报告．第二辑

第18期

山西环境资源审判白皮书①

（2020. 1—2024. 6）

党的十八大以来，以习近平同志为核心的党中央大力推进生态文明理论创新、实践创新和制度创新，提出一系列新理念、新思想、新战略，形成习近平生态文明思想，指引我国生态文明体制改革全面深化、纵深推进，生态文明制度体系向更加健全、绿色、循环、低碳发展迈出坚实步伐。

习近平总书记高度关注山西生态文明建设，五年来四次莅晋考察调研，均对我省生态环境保护、黄河流域生态保护和高质量发展、文物保护利用和文化遗产保护传承等作出重要指示、提出明确要求，为全面推进美丽山西建设指明了前进方向、提供了根本遵循。全省上下牢记总书记嘱托，坚持生态优先、绿色发展战略定位，“治山、治水、治气、治城一体推进”，统筹“全生态”治理，科学施策，山清水秀、鸟鸣鱼戏、天蓝地净的山西生态画卷徐徐展开。近年来，山西法院认真贯彻落实习近平生态文明思想和习近平法治思想，紧紧围绕中心大局，全面贯彻党的十九大、二十大精神，在省委的坚强领导和最高人民法院的正确指导下，牢固树立“绿水青山就是金山银山”理念，为美丽山西建设提供有力的司法服务和保障。

一、山西省环境资源审判基本情况

山西素有“表里山河”之美誉，地貌类型复杂多样，能源矿产、动植物资源丰富，文化底蕴深厚，同时，山西地处黄土高原生态环境脆弱带，环境资源保护任务十

① 由山西省高级人民法院提供。

分艰巨。环境资源司法保护是人民法院的神圣职责，随着山西环境司法实践的不断深化，成立专门环境资源审判机构成为时代期盼。2019 年 12 月，经山西省编办批准，山西高院环境资源审判庭正式成立，山西环境资源审判工作从此展开新篇章。近年来，山西高院指导全省各级法院完善审判工作机制和模式，构建专业审判体系，持续推进系统保护，不断加大环境污染防治、生态环境保护、资源利用开发、环境资源公益诉讼、生态环境损害赔偿等案件的审判力度，全省环境资源司法保护水平持续提升。

（一）依法审理各类环境资源案件

山西法院发挥环境资源审判的价值引导和评价功能，妥善审理环境资源案件。2020 年以来，共审理涉环境污染、生态破坏和自然资源开发利用、气候变化应对、生态环境治理与服务等各类环境资源刑事、民事、行政、公益诉讼及生态环境损害赔偿案件 17952 件。其中，刑事案件 3094 件，占比 17.23%；民事案件 13944 件，占比 77.67%；行政案件 589 件，占比 3.28%；公益诉讼案件 320 件，占比 1.78%；生态环境损害赔偿案件 5 件占比 0.02%。如图 1、表 1 所示。

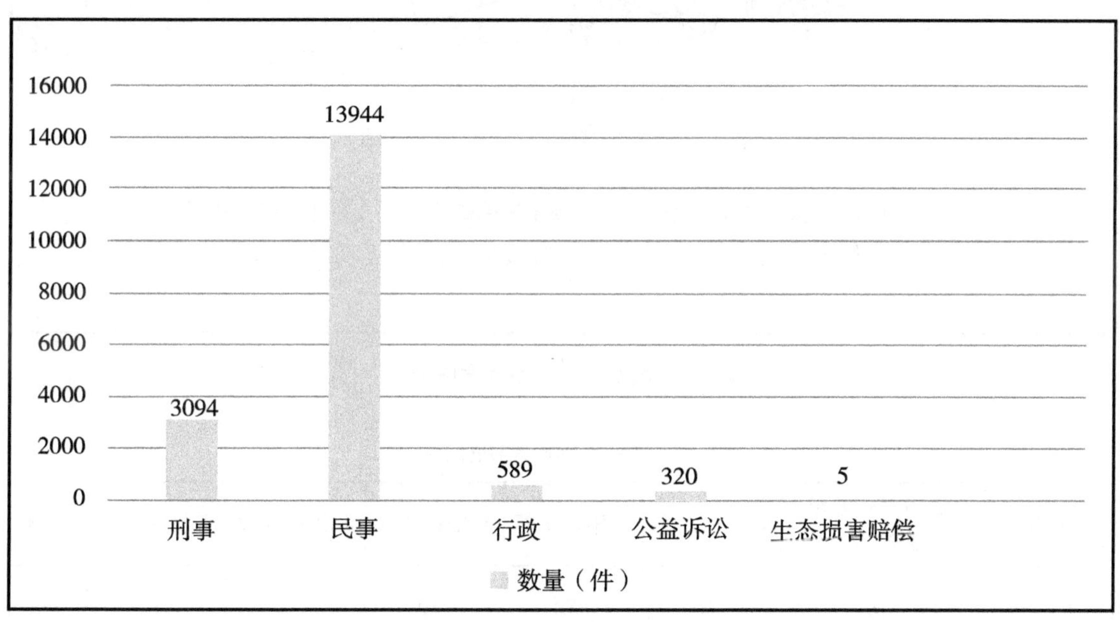

图 1　环境资源类案件数量情况

表 1　环境资源类案件数量情况

类型	刑事	民事	行政	公益诉讼	生态损害赔偿
数量（件）	3094	13944	589	320	5

1. 环境资源刑事案件

2020年以来，山西法院共审理环境资源类刑事案件3094件，其中，涉及盗掘古文化遗址、古墓葬罪918件，非法采矿罪772件，污染环境罪452件，非法狩猎罪212件，滥伐林木罪128件，盗伐林木罪120件，其他492件，如图2、表2所示。从具体案由数量分析，具有犯罪类型相对集中的特点，盗掘古文化遗址、古墓葬罪和非法采矿罪共1690件，占刑事案件总量的54.62%，这两类案件犯罪地域相对集中，盗掘古文化遗址、古墓葬罪主要集中在运城、临汾等地；非法采矿罪主要集中在吕梁、临汾等地。

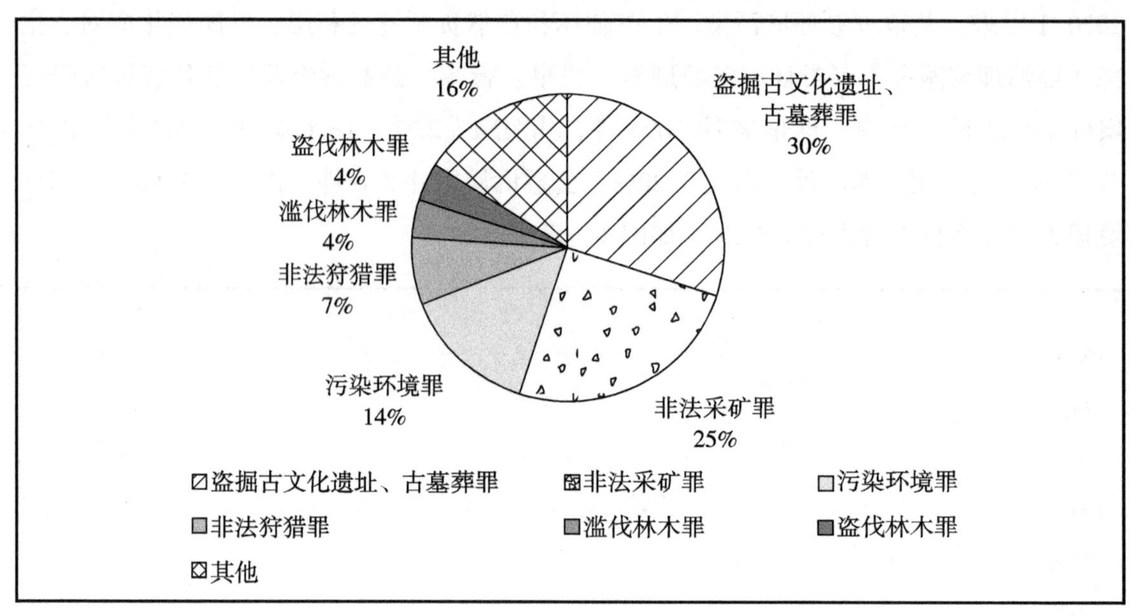

图2　环境资源刑事案件案由分布

表2　环境资源刑事案件案由分布

案由	盗掘古文化遗址、古墓葬罪	非法采矿罪	污染环境罪	非法狩猎罪	滥伐林木罪	盗伐林木罪	其他
数量（件）	918	772	452	212	128	120	492

2. 环境资源民事案件

2020年以来，山西法院共审理环境资源类民事案件13944件，从案件类型看，其中，合同纠纷案件10039件、侵权纠纷案件1613件、其他案件2292件。合同类案件包括供用热力合同纠纷8375件、供用气合同纠纷339件、林业承包合同纠纷251件、供用水合同纠纷367件、供用电合同纠纷278件、牧业承包合同纠纷366件、采矿权转让合同纠纷63件，如图3、表3所示。环境资源民事诉讼往往以人数众多或串案的形式出现，具有涉及面广、影响大、案情复杂、专业性强等特点。例如，地下采掘行为造成的土地塌陷类案件，审理时需注重因果关系、举证责任、损害后果、赔偿范围等多方面因素的考量。

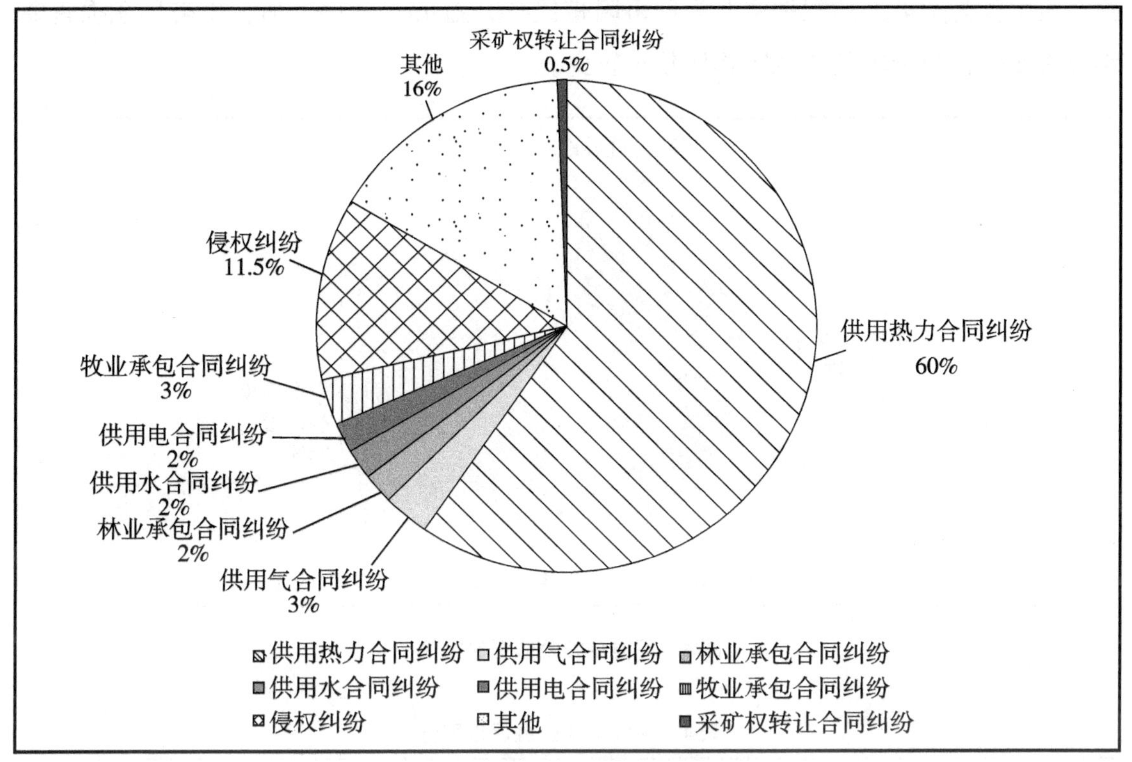

图3　环境资源民事案件案由分布

表3　环境资源民事案件案由分布

案由	合同纠纷案件							侵权纠纷	其他
	供用热力	供用水	牧业承包	供用气	供用电	林业承包	采矿权转让		
数量（件）	8375	367	366	339	278	251	63	1613	2292

3. 环境资源行政案件

2020年以来，山西法院共审理环境资源类行政案件589件，主要为土地类行政案件和其他资源类案件，共398件，占比67.57%。从案件类型看，资源行政管理类案件相对集中，尤其因煤炭资源整合引发的行政诉讼较为突出，呈现出涉案标的大、案情复杂、民行交叉、矛盾尖锐等特点。

4. 环境资源公益诉讼案件和生态损害赔偿案件

2020 年以来，山西法院共审理环境资源类公益诉讼案件 320 件，其中刑事附带民事公益诉讼 187 件，民事公益诉讼 109 件，行政公益诉讼 24 件，如图 4、表 4 所示。此类案件以保护公共利益为目的，起诉主体包括检察机关和社会组织。从我省情况看，检察机关作为起诉人的案件主要为刑事附带民事公益诉讼案件。另，生态环境损害赔偿案件 5 件，与全国其他地区相比数量较少。

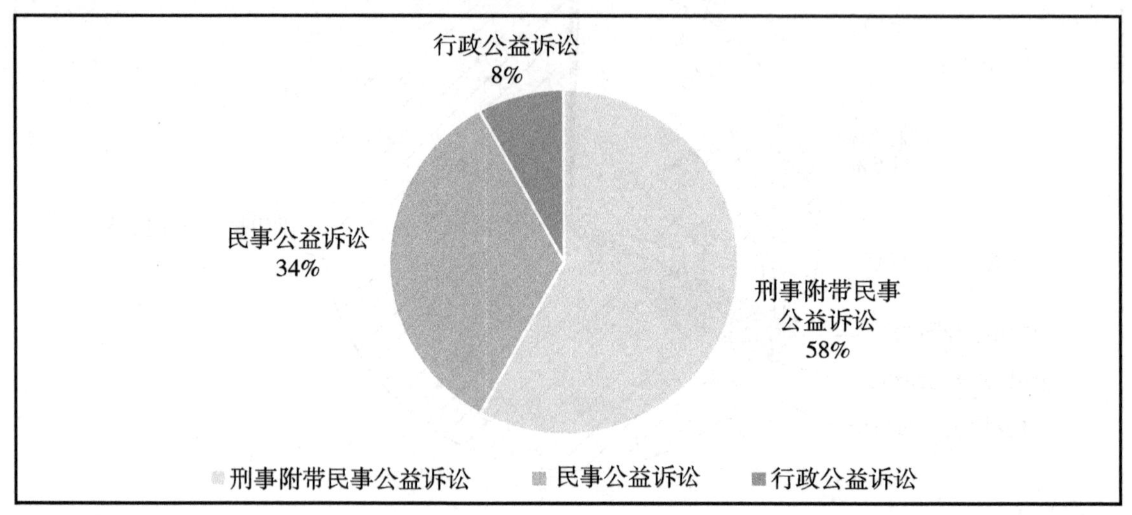

图 4　环境资源公益诉讼案件

表 4　环境资源公益诉讼案件

案由	刑事附带民事公益诉讼	民事公益诉讼	行政公益诉讼
数量（件）	187	109	24

（二）建立健全专门化审判体系

1. 持续推进环资审判归口审理

一是专门化审判机构全面覆盖。与传统领域相比，环境资源审判具有很强的专业性，对专业化审判需求更高。2019 年 12 月，山西高院环境资源审判庭成立，2020 年年底，全省 11 个中级人民法院已全部成立环境资源审判庭，117 个基层法院（除设立环境资源审判法庭的法院外）均设置了专门审判团队，在全国率先实现了环境资源审判机构（团队）全覆盖。

二是“三合一”审判模式持续深化。“三合一”审判模式适应环境法律体系发展的内在要求，既有利于提高环境资源案件的审判效率，又能够达到生态环境系统修复的目的。山西法院持续深化“三合一”审判模式：（1）明确受案范围。2020 年 12 月，山西高院制定印发了《关于加强环境资源审判工作的意见》，将 25 类刑事案由、37 类民事案由、3 类行政案由等统一为受案范围，要求环境资源审判实行刑事、民事、行政案件“三合一”归口审理模式，并对全省环境资源审判工作提出了要求。(2) 建立全省环境资源审判平台。我省环资平台自 2020 年开始建设，三级法院连成一张网，分为案件平台和管理平台两个模块，在案件平台中可针对环资案件进行案件统计、案件办理、案件查询，在管理平台中可进行环资信息发布以及环资条线人员的管理。(3) 在立案环节进行案件识别。将环资案件及其案由标识模块嵌入全省立案系统，设置为必选项，由立案庭进行识别并标注属于受案范围中的哪种案由。(4) 明确行政案件管辖法院。根据环资案件的特殊性，突破行政案件的集中管辖和交叉管辖，对于以县级人民政府以下的行政机关为被告的环境资源类行政案件实行属地管辖。

三是专业化审判队伍不断加强。山西法院环境资源审判工作队伍力量和专业性不断加强，配备环资审判人员 759 人，聘任专家 59 人，培养了一支既专于环资审判业务，又熟悉环境资源相关专业知识的复合型法官队伍。同时，注重加强专业培训，邀请最高人民法院、江西法院、江苏法院、贵州法院、武汉大学、中国政法大学等单位的审判业务和理论专家开展多次专题培训，提升了环境资源审判工作能力。

2. 创新“保护基地+专业法庭”服务保障模式

山西地处黄土高原生态环境脆弱带，水土流失严重，森林覆盖率低，生态环境保护结构性、根源性、趋势性压力还没有得到根本缓解，创新生态环境司法服务和保护模式成为必然要求。山西法院以“司法保护基地+环境资源法庭”为载体，对重点地区进行针对性的保护，对难点问题进行针对性的解决。

过去，汾河入黄口非法采砂行为频发，相关部门多次整治却难以根除，屡禁不止。针对这一问题，2021 年 3 月 22 日，山西高院联合省检察院、山西黄河河务局在运城市万荣县汾河入黄口共同设立“黄河 · 汾河生态环境司法保护基地”，万荣县法院成立环境资源法庭，集中审理了一批黄河流域的非法采砂案件，并在案发地发布典型案例以案释法。此后，该类案件急剧减少，非法采砂近乎绝迹，为加强黄河、汾河流域系统保护，为助力“一泓清水入黄河”贡献司法力量。

汾河是黄河的第二大支流，是山西的母亲河，在全省政治、历史、文化、经济中的地位举足轻重。2022 年 3 月 1 日，《山西省汾河保护条例》施行，为汾河流域的保护和修复提供了有力的制度保障。山西法院积极行动，于 3 月 18 日在汾河源头设立汾河源生态环境司法保护基地，宁武县法院成立环境资源法庭，以实际行动全面贯彻落实《山西省汾河保护条例》，形成自源头到终端首尾相应的一体化司法保护格局。

此外，山西法院还聚焦全省其他重点生态功能区、敏感区和脆弱区，先后成立恒山生态环境司法保护基地、河曲黄河湿地司法保护基地、芦芽山生物多样性司法保护基地和五台山生态环境司法保护基地等10个司法保护基地，提升了重点区域的司法保护效能。

（三）培树典型案例，强化裁判指引

习近平总书记强调"一个案例胜过一打文件"，山西法院高度重视环境资源类典型案例培育和选树工作，近年来，共有山西某生化药业有限公司、田某坡等非法处置过期药品污染环境案、被告人张某建等11人盗掘古墓葬案等9起环境资源类案件入选最高人民法院环境资源类典型案例，通过案例规范、统一裁判尺度和法律适用标准，持续提升办案质效，为全国环资审判工作发展贡献山西智慧。同时，全省各级法院共计发布环境资源类典型案例120余件，充分发挥案例示范的指导作用，以案说法、以案释法，向社会传递绿色裁判价值导向，促进社会法治意识和环保意识不断提升。

此外，山西法院还注重司法规则供给，不断强化裁判指引，结合实际工作情况，山西高院先后出台《关于加强环境资源审判工作的意见》《关于审理环境民事公益诉讼案件的指导意见（试行）》等一系列文件，为全省法院环资审判提供指导。

（四）持续打造多元共治新格局

环境资源案件往往涉及的环境要素丰富，横跨地域较广，具有特殊性和复杂性。山西法院始终秉持协同性司法理念，加强与检察、公安、司法行政、自然资源、生态环境、农业、林草、水利等单位的协作配合，密切工作联动、矛盾联排、纠纷联处，打造生态司法保护多元共治格局。

2019年7月，与省财政厅、省生态环境厅和省检察院联合制定《生态环境损害赔偿资金管理办法》，在全国率先规范环境公益诉讼及生态损害赔偿资金的管理使用，得到最高人民法院的充分肯定。

2020年6月，与山西省检察院、省林草局联合制定《关于建立林草资源行政执法与司法保护协调联动工作机制的意见》，加强工作对接与协调联动，共同打击生态环境违法犯罪行为。

2020年12月，会同山西省检察院、省公安厅、省生态环境厅等七部门联合制定《关于服务保障黄河流域生态保护和高质量发展规划纲要的意见》，助力"两山七河一流域"生态修复工作，推动我省黄河流域生态保护和高质量发展。

2022年11月，会同山西省生态环境厅、省检察院、省科学技术厅等十部门联合制定《关于建立生态环境损害赔偿工作部门联动机制的通知》，构建起权责明确、途径畅通的生态环境损害赔偿联动机制。

2023 年 6 月，会同山西省水利厅、省检察院、省公安厅、省司法厅联合制定《贯彻落实河湖安全保护专项执法行动奋力实现“一泓清水入黄河”工作方案》，联合开展全省河湖安全保护专项执法行动，推动我省黄河流域生态保护和高质量发展重要实验区建设。

2023 年，与山西省生态环境厅、省市场监督管理局、省公安厅、省检察院联合制定《生态环境社会化服务机构弄虚作假问题专项整治行动方案》和《关于深化生态环境领域检验检测机构弄虚作假问题专项整治工作的通知》，共同开展生态环境社会化服务机构弄虚作假问题专项整治行动。

二、秉持现代司法理念，护航“美丽山西”建设

目前，全省正处于推动产业结构转型和经济社会高质量发展的关键时期，山西法院牢固树立系统性司法理念，推动构建生态文明现代环境治理体系，为全方位推动我省生态文明建设和高质量发展提供司法服务与保障。

（一）坚持系统保护，服务黄河流域生态保护和高质量发展

习近平总书记在考察山西时明确要求：“扎实实施黄河流域生态保护和高质量发展国家战略，推动山西沿黄地区在保护中开发、开发中保护。”山西地处黄河中游，境内黄河全长 965 公里，流经 4 市 19 县，占总干流的 17.70%，涵盖山西 11 市 86 县，流域面积 11.46 万平方公里，占全省总面积的 73.10%，流域人口占总人口的 65%以上，保护黄河流域生态环境和资源至关重要。山西法院充分发挥审判职能作用，将贯彻实施《黄河保护法》落地落实，共同抓好大保护、协同推进大治理，努力为黄河流域生态保护和高质量发展贡献司法力量。

积极构建和参与黄河流域生态保护协作机制，形成生态环境司法保护合力，切实提升黄河流域生态环境治理效能，签署《黄河流域 9 省区高级人民法院环境资源审判协作框架协议》，推动构建跨区域司法协作常态化机制。2023 年 3 月，最高人民法院贯彻实施黄河保护法暨沿黄九省区法院黄河流域司法保护工作推进会在我省吕梁召开，会上签署并发布《司法服务黄河流域生态保护和高质量发展山西倡议》，奏响新时代司法保护“黄河大合唱”山西乐章。2024 年 5 月，在最高人民法院黄河工作推进会上，山西高院党组书记、院长冯军作为三家高级人民法院代表之一作经验交流，受到最高人民法院、与会全国人大代表、政协委员的充分肯定。山西法院认真贯彻落实习近平总书记在运城盐湖考察时的重要指示精神，运城中院建立盐湖生态和文物司法保护基地，与市检察院、市公安局等七部门联合制定《运城市盐湖生态环境、自然资

源和文物保护协作意见》，共同加强对盐湖生态环境、自然资源和传统文化的保护。忻州中院与陕西榆林中院、内蒙古自治区鄂尔多斯中院等5家中院签订《黄河中上游流域毗邻省区中级人民法院环境资源审判协作框架协议》，实行案件通报、案情会商、异地协作，推动整体保护和系统治理。晋陕豫三省三县（市）召开黄河生态保护与高质量发展座谈会，建立晋陕豫黄河“金三角”三县（市）法院之间的常态化司法协作机制。

依法打击黄河流域破坏生态资源类犯罪，加强域内水土保持和生物多样性保护。万荣县法院环境资源法庭依托“黄河·汾河生态环境司法保护基地”，集中审理黄河流域非法采砂案件，并在案发地开展巡回审判。万荣县法院审理的王某等非法采矿案，被告人王某等3人违反矿产资源法的规定，为攫取经济利益，在黄河流域生态示范区内大量非法采砂，对河床造成安全隐患，破坏了黄河流域的水土保持。万荣县法院以非法采矿罪判处王某等3人二年十个月至一年五个月不等有期徒刑，并处罚金，本案对促进黄河流域传统采砂作业认知的改变具有积极示范作用。被告人张某栓、赵某元非法捕捞水产品罪案，垣曲县法院在案件发生地黄河小浪底库区公开开庭进行巡回审判，对被告人违反保护水产资源法规、非法捕捞水产品的犯罪行为当庭宣判，既予以刑罚制裁，又采用增殖放流的生态环境损害赔偿方式，推动受损生态环境全面修复，现场巡回审判也成为山西环资审判的普遍做法。晋源区法院审理的被告人韩某宏非法狩猎珍贵鸟类刑事附带民事公益诉讼案，被告人为捕捉红点颏在太原市区汾河公园河道内架设捕鸟网，共捕捉到6只红点颏，晋源区法院在判处被告人刑罚时，一并判处其承担生态资源修复费用，并责令其参加40个小时的保护野生动物公益志愿服务，使被告人从“破坏者”身份转变为“守护者”，对当事人、社会公众均起到积极的警示教育作用。

（二）坚持最严法治，守护中华民族的“根”与“魂”

文化有根，文明有源。山西是华夏文明的重要发祥地，文化遗存从夏代到清代传承完整，全省现有不可移动文物53875处，其中全国重点文物保护单位531处，居全国第一。习近平总书记考察山西时强调：“历史文化遗产是不可再生、不可替代的宝贵资源，要始终把保护放在第一位。”山西法院牢记总书记嘱托，以高度的政治自觉和强烈的责任担当，牢固树立“最严法治”理念，大力保护传承弘扬中华文化，守护表里山河的“根”与“魂”。

2020年以来，山西法院共审理盗掘古文化遗址、古墓葬类案件918件，守牢文物安全底线。陵川县法院审理的焦某卫等14人盗窃（文物）、掩饰、隐瞒犯罪所得案入选 2023 年最高人民法院发布的“依法保护文物和文化遗产典型案例”。在扫黑除恶专项斗争中，严厉打击盗掘古墓葬涉黑涉恶犯罪，依法严惩侯氏兄弟等盗墓涉黑涉恶团伙，打出了一座“青铜博物馆”，追缴回的 3038 件文物中，大部分是商周时期青铜重器，一级文物 27 件、二级文物 61 件、三级文物 145 件，该案入选当年度人民法院十大刑事案件。兴县法院审理的我省首例盗掘古脊椎动物化石（俗称“土龙骨”）刑事案件，依法判处被告人有期徒刑，对于土龙骨的考古价值、科研价值及盗掘的严重后果进行宣传，有效遏制了当地私自盗挖土龙骨的势头，提升了人民群众的地质遗产保护意识，中央电视台《法治深壹度》栏目对该案予以报道。夏县法院审理的张某山、李某平、陈某彬等盗掘古墓葬罪、倒卖文物罪案，被告人团伙形成从勘探、盗掘到销售分赃的完整犯罪链，非法获利 270 万元，涉案文物达千余件，其中三级文物 18 件。所盗墓葬属于龙山和仰韶文化遗址，对中华文明探源研究具有重要的佐证意义。夏县法院对组织盗掘、参与倒卖、转运的被告人予以全面打击，斩断文物犯罪链，体现了人民法院加强文化遗产系统保护的决心。

为了保护山西丰富的文化资源，山西法院积极探索“司法+历史文化保护”模式。2021 年 5 月 8 日，为深入贯彻落实习近平总书记在云冈石窟考察时的重要指示精神，全省首家文化保护类法庭——“云冈文化保护法庭”在云冈石窟景区挂牌成立，找准文化保护与司法护航的结合点和发力点，助推云冈石窟保护向纵深发展。2023 年 4 月 21 日，为深入贯彻落实习近平总书记在平遥古城考察时的重要指示精神，平遥县人民法院古城文化保护法庭在平遥古城挂牌成立，开展案件审理、纠纷调解、法律咨询和法律宣传等工作，为平遥古城历史文化保护进一步筑牢法治根基。山西长城现存公里数约占全国三分之一，是中国形制最完备的长城，但个别地区保护意识缺乏，当地长城遭到损毁。针对此类问题，2022 年 6 月 30 日，山西高院牵头设立右玉长城司法保护基地，并成立右玉县人民法院环境资源法庭，以最严格的制度、最严密的法治保护长城历史文化遗产和生态环境，将审理的关于长城的典型案件制作成提示牌在长城附近进行宣传，起到了较好的警示作用。山西晋城的太行古堡群现有古堡 117 座，代表着中国乡村古堡建筑的最高成就，是研究中国北方乡村民居的“活化石”。随着经济和旅游业的发展，在古堡的保护与开发利用过程中纠纷不断，2023 年 12 月 24 日，“山西·太行古堡司法保护基地”成立。阳城县法院依托太行古堡司法保护基地和法庭，及时介入调处拆迁安置补助、旅游合作开发等纠纷，为古堡的合理开发利用保驾护航，当地旅游综合收入和各村集体经济收入不断增加。

（三）坚持能动履职，全面筑牢环境司法保护屏障

良好的生态环境是最公平的公共产品，是最普惠的民生福祉。山西法院全面树立能动履职理念，推动环境资源司法服务向诉前、诉后延伸。

坚持“预防性”司法理念，从源头遏制环境污染和生态破坏。方山县法院环境资源法庭前移司法关口，主动联合林业部门对辖区“五山一湿地”进行“生态体检”，2023 年 8 月，针对在巡查时发现的国家重点保护野生动物小艾鼬、环颈雉存在被猎杀风险等问题，向自然资源、林业等部门制发 7 份诉前司法建议，全部得到回复落实。同时，方山县法院将 12 种国家重点保护野生动物和 5 种三有保护动物的信息制作成册，并入村入企入户进行法治宣传，教育引导群众依法保护身边的珍贵物种。在林场划定专门区域对 15 种国家级、省级重点保护植物进行幼苗培育，待幼苗成长后栽种在林场周边与行政村小广场内，辅以司法标语提示，确保群众准确识别重点保护植物，推动涉森林资源犯罪“防之于未萌，治之于未发”。方山县法院的做法受到人民网、《人民法院报》专题报道，引起热烈社会反响。

牢固树立恢复性司法理念，做好做实生态修复治理的“后半篇文章”。山西法院积极探索创新恢复性司法措施，科学合理运用补植复绿、增殖放流、劳务代偿、技改抵扣、碳汇认购等多元化生态修复方式，发布补植令、修复令、禁止令，健全完善生态环境修复资金管理使用及修复效果评估机制，努力实现“预防—保护—惩罚—修复”的完整闭环。在北京市朝阳区某环境研究所诉某铝业有限公司环境污染民事公益诉讼案当中，忻州中院坚持能动履职，促使双方当事人达成赤泥库封场调解协议，并协助被告企业寻找专家攻克技术难题，历时五年投入一个多亿元的资金最终高标准完成了案涉赤泥尾矿库封场工程。同时引导被告企业调整优化产业布局，打造成绿色发展产业集群，将生态包袱转化为高科技、高效能、高质量的新质生产力。昔日沙尘滚滚的尾矿库变成集生态修复、土地再利用、新能源开发于一体的千亩草场，既遏制了生态环境破坏行为，也使涉案企业实现经济效益和环境效益的统一，具有良好示范效应。在 2024 年最高人民法院发布的司法服务黄河流域生态保护和高质量发展典型案例中，该案作为十大典型案例之首入选。沁水县法院依法严惩盗挖油松的李某某等 6 名附带民事公益诉讼被告人，责令该 6 人按照林业部门制订的补种林木实施方案进行补植补种，并在新闻媒体上公开赔礼道歉。沁水县法院将被告人生态修复责任履行情况作为酌定从宽量刑情节，把补植补种油松林设为“沁法教化林”，实现惩治违法犯罪、修复生态环境、法治宣传教育“一判三赢”的效果。

三、充分发挥审判职能，服务绿色转型发展

绿色转型发展离不开绿色司法的规范引导。山西法院围绕全省经济社会发展大局，以司法手段贯彻“生态优先、绿色发展”战略，推动山西加快形成同新质生产力更相适应的新型生产关系，助力全省绿色转型发展。

（一）助力打好污染防治攻坚战

山西法院依法加强大气污染、水污染、土壤污染等重点领域的环境资源审判工作，加大对环境污染违法犯罪行为的惩治力度，依法打击暗管偷排、跨域倾倒、环境监管失职、监测数据造假等违法犯罪行为，有效抑制了环境污染行为，使绿水青山的“生态颜值”和人民生活的“幸福指数”同步提升，引导人民群众和企事业单位不断提升生态环境保护意识。右玉县法院在审理一起环境污染民事公益诉讼案件时，判处直接排放倾倒冶炼铅锭废气、酸液的王某某等 24 人有期徒刑以上刑罚，并判处 4 名主犯赔偿土壤治理修复、生态损害惩罚性赔偿等费用共计 119 万余元，并在省级媒体上向社会公众道歉，实现环境效益和经济效益相统一。晋中中院在审理晋中市人民检察院诉山西太谷某公司环境污染纠纷民事公益诉讼案时，被告公司主动履行赔偿责任，人民法院确认公益诉讼的目的实现，审慎裁定准许撤诉。本案的快速审理体现了公益诉讼维护生态环境的高效性，同时对提高企业的环境保护意识，增强企业的社会责任，推动企业向绿色节能转型升级具有典型意义。

（二）促进经济社会绿色低碳发展

山西是资源型经济省份和碳排放大省，也是推进碳达峰、碳中和的“主战场”。山西法院深入学习贯彻习近平总书记关于碳达峰、碳中和的重要论述，统筹把握高质量发展与高水平保护间的关系，依法妥善审理涉高耗能、高排放企业相关案件，服务产业结构绿色优化升级。太原中院审理的省排交易中心与晋能某公司合同纠纷一案，双方签订《排污权购置费分期支付合同》，就晋能某公司地热煤电项目分期缴纳购买政府储备排污权交易资金达成协议，后因晋能某公司未及时缴纳约定费用，省排交易中心起诉要求支付排污权购置费，法院在查明合同合法有效的基础上，判决晋能某公司依约支付合同约定的排污权购置费。本案是排污权交易的案件，案由较为新颖，法院在支持合法民事行为的同时，对促进企业向绿色低碳生产模式的转型升级也有重要指导意义。探索技改抵扣等新型生态环境破坏责任承担方式，实现生态与社会效益并重。晋城中院审理的中华环保联合会诉万某公司污染环境纠纷案，万某公司将工业废水排放到厂区内的渗坑，通过自然沉淀的方式进行过滤，污染了周边土壤，案发后，当地环保部门责令立即停产整治。中华环保联合会针对该环境污染行为提起环境民事

公益诉讼。审理中，法院多次实地查勘，反复征询专家意见，积极组织双方洽谈，推动万某公司投入资金1700万元引入新型多重蒸馏设备，改进和完善生产工艺，使得工业废水实现了全封闭，工业废水回收率从原来的60%提升到了95%以上，法院最终因公益诉讼目的全部实现而调解结案。该案的审理既保护了生态环境，又推动了企业的绿色健康发展，取得了双赢效果。2023 年 3 月 17 日，运城中院、芮城县政府和芮城县法院在全国首个“中国零碳村镇示范村”芮城县庄上村设立“零碳村生态环境司法保护基地”和法官工作室，助力全省碳减排工作迈上新台阶。

（三）依法保障矿产资源合理开发利用

山西作为煤炭资源大省，含煤面积约占全省国土总面积的40%，煤炭资源储量位列全国第三，煤炭资源的合理开发利用对保障国家能源安全、促进经济社会可持续发展具有重要意义。山西法院依法统筹协调生态环境保护与矿产资源集约节约开发利用，严厉打击非法开采、侵占耕地、破坏山体、毁坏植被、倾倒废渣等行为，2020 年以来共审理非法采矿、破坏性采矿案件 772 件，积极适用惩罚性赔偿，加大惩罚力度，促进矿产资源的全面节约、有序开发、高效利用。五寨县法院审理的岳某明等人非法采矿案，被告人利用其公司以开采陶瓷黏土矿为名在寨立村非法开采煤炭，造成对矿产资源的极大破坏。法院以非法采矿罪判处该公司罚金人民币 3.6 亿元，岳某明犯非法采矿罪判处有期徒刑三年三个月，与其他犯罪数罪并罚执行有期徒刑十三年六个月，并处罚金。孝义市法院审理的被告人杜某军等 33 人犯非法采矿罪、重大责任事故罪、掩饰、隐瞒犯罪所得罪一案，杜某军等人受暴利驱使，雇用多人私自开凿黑煤窑出煤获利，连续无序开采不仅造成矿产资源破坏量 3 万余吨、价值 2600 余万元的资源破坏后果，更因发生透水事故造成 2 人遇难，孝义市法院严判严处，斩断利益链，判处杜某军等 33 人八年六个月至一年七个月不等的有期徒刑，并处罚金、追缴违法所得，充分体现了对该类犯罪依法严惩的坚定决心。

四、强化司法引领，推动人与自然和谐共生的现代化建设

新时代、新征程呼唤新担当、新作为。党的二十届三中全会对推动人与自然和谐共生的现代化，完善生态文明制度体系，协同推进降碳、减污、扩绿、增长，为落实“绿水青山就是金山银山”理念的体制机制作出新的重大战略部署。全省法院将继续深入贯彻习近平生态文明思想和习近平法治思想，切实解决目前环境司法中存在的重点难点问题，迎难而上、精益求精，奋力推进环境资源审判工作高质量发展，有效维护全省生态环境和资源安全，保障社会公共利益和人民群众环境权益，为加快推进美丽山西建设提供更加有力的司法服务和保障。

（一）坚持守正创新，推进审判理念现代化

在生态文明新时代，要更加深入学习领会习近平生态文明思想，将“人与自然和谐共生”“良好生态环境是最普惠的民生福祉”“绿水青山就是金山银山”等重要论断内化于心，外化于环境资源审判工作，不断提升全省环境司法的主动性、创新性、实效性。要牢固树立能动履职理念，依法延伸环境资源审判职能，积极主动融入全省生态治理全局，在法律规范的裁量范围内，寻求最佳处理方案，通过制发司法建议、多元主体磋商、畅通公众参与渠道等多元化手段，维护人民群众的环境权益，努力实现政治效果、社会效果、法律效果的有机统一。要牢固树立绿色发展理念。环境资源审判必须完整、准确、全面贯彻新发展理念特别是绿色发展理念，站在人与自然和谐共生的高度，依法审慎处理环境资源案件，通过案件审理、法治宣教等多种手段积极引导广大人民群众深刻把握新质生产力的内涵，践行绿色生产生活方式。要牢固树立系统保护理念。保护生态环境必须坚持系统观念和全局观念，不断增强司法保护措施的系统性、整体性、协同性。办理相关案件，要根据“山水林田湖草沙”一体化保护和系统治理需要，持续推进环境资源审判创新发展。注重恢复性司法，科学运用自然恢复和人工修复，积极创新生态环境修复方式，因地因时适用限期履行、劳务代偿、替代性修复等责任承担方式以及代履行等执行方式，促进生态环境及时有效恢复。坚持治罪与治理并重，充分运用宽严相济的刑事政策，积极引导被告人修复受损生态环境，促进涉案企业主动采取环保整改、技术改造等措施，避免一判了之、一罚了之，既实现对犯罪的惩罚和预防，又做实对环境的修复。要牢固树立最严法治理念。严格依法审理各类环境资源案件，坚持对环境资源违法和犯罪行为“全要素、全环节、全链条”惩治与预防，视情况依法对行为人选择或综合适用刑事、民事、行政三种责任，推动生态环境保护法律法规真正成为“长牙带电”的严规铁律。坚持底线思维，筑牢生态安全防线，加强对遗传生物资源、生物多样性、生物技术开发利用等新型案件的审理和惩处，以最严司法维护生态系统的原真性和完整性。要牢固树立协同治理理念。积极主动促进环境资源执法司法衔接配合，聚焦重点流域、自然保护区等生态区域，在统一环境资源执法司法尺度、案件线索移送、环境修复执行、追究环境损害责任、环保法治宣传等方面协同发力，实现多赢共赢。把“监督就是支持、支持就是监督”贯穿环境资源行政审判始终，主动与政府及其部门沟通，促进做好依法行政工作，共同把老百姓关心的问题解决好。推动深化政法系统协调配合，明确、规范环境资源案件管辖、证据规则、法律适用等，提高协同办案能力，在解决制约环境司法工作的重点难点堵点问题上充分凝聚共识、共商解决之道。

（二）围绕中心大局，全力保障全省生态文明建设

充分发挥环境资源审判职能作用，全面贯彻落实习近平总书记对山西生态文明建设和高质量发展的指示要求，对标现代环境治理体系新要求，依法保障黄河流域生态保护和高质量发展战略实施，全面推进“两山七河一流域”生态修复和“一泓清水入黄河”重大工程，守护好“华北水塔”，筑牢黄河中游重要绿色生态屏障。保持打击破坏生态环境犯罪的高压态势，协同推进降碳、减污、扩绿、增长，促进绿色低碳发展。严厉打击乱占耕地、破坏耕地等土地违法行为，牢牢守住耕地保护红线底线。始终保持对非法采矿、破坏矿产资源等犯罪行为的高压态势，全面促进矿产资源保护和节约集约利用。着力强化文物文化司法保护，加大对盗掘古墓葬、买卖走私文物等违法犯罪行为的打击力度，全面提升文物保护利用和文化遗产保护传承的司法保护工作水平，让中华文明根脉永远璀璨夺目。加强环境资源审判规则和政策供给，聚焦环境资源审判中的新问题、新情况，通过司法规则和政策制定、案例释法等多种形式，统一全省环境资源类案件裁判标准和尺度，促进对公共利益和个案公正的维护。

（三）突出问题导向，深化体制机制建设

全面深入贯彻中央及省委、最高人民法院决策部署，聚焦重点领域和难点问题，深入推进环境资源审判体制机制改革，破除制约我省环境资源审判发展的障碍和壁垒。优化审判专门机构布局和建设。推进环境资源审判“三合一”从“物理”聚合到“化学”融合，在实现生态环境司法保护全覆盖的同时，注重司法保护基地和环境资源法庭的实质化运行，确保真正发挥应有作用。针对山西生态环境的特点，因地制宜探索集中管辖等制度的创新发展。加强环境公益诉讼审判机制建设，充分发挥环境公益诉讼制度维护国家利益、社会公共利益、公众环境权益和督促依法行政的功能。依法审理社会组织提起的环境公益诉讼案件，畅通诉讼渠道，保障社会组织公益诉权，完善审理程序和配套机制，引导社会公众有序参与生态环境保护。推动建立公益诉讼资金的管理、使用、审计监督等制度，确保资金用于受损生态环境修复治理。平衡高水平保护和高质量发展之间的关系，实现最佳生态效果。推动环境资源审判规则不断完善。根据环境资源审判的特点，探索实施技术调查官制度，着力解决鉴定难、技术事实认定难等问题。根据赔偿义务人的主观过错、经营状况等因素推行分期赔付，探索多样化责任承担方式，研究符合生态环境损害赔偿需要的诉前证据保全、先予执行、执行监督、生态环境修复效果评估等制度，确保生态环境得到及时有效修复。完善环境资源纠纷多元共治体系。保障人民群众对生态环境保护案件的知情权和参与权，贯彻落实《人民陪审员法》，对于重大环境资源案件和公益诉讼案件依法组成七人合议

庭审理，尊重人民陪审员就事实认定问题的表决权。推动完善环境资源纠纷多元化解决机制，发挥行政调解、人民调解、行业调解、仲裁等非诉讼纠纷解决机制的作用。加强与公安机关、检察机关以及环境资源保护行政主管部门之间的证据提取、信息共享和工作协调，推动构建党委领导、政府负责、社会协同、公众参与、法治保障的现代化环境治理体系，协同打好污染防治攻坚战和生态文明建设持久战。

（四）加强业务建设，不断提升环资审判水平

要始终把政治建设摆在首位，准确把握新时代环境资源审判工作要求，进一步提升全省环资审判业务水平，打造政治强、业务精、素质高的专业化环境资源审判队伍。加大环境资源审判培训力度，学习环境资源专业知识，研究审判疑难问题，更新司法理念，提升司法能力，着力培养适应环境资源审判要求的复合型人才。吸纳具有专门业务知识的人民陪审员、环境资源领域专家或技术调查官参与环资类案件，为环境资源审判提供强有力的技术支撑。

“新征程是充满光荣和梦想的远征。”党的二十届三中全会擘画了进一步全面深化改革、以中国式现代化推进中华民族伟大复兴的战略蓝图，激发出改革激荡的磅礴之力。山西法院将坚持以习近平新时代中国特色社会主义思想为指导，深入贯彻落实习近平生态文明思想和习近平法治思想，全面贯彻党的二十届三中全会精神，围绕全省工作大局，按照最高人民法院工作要求，以更高站位、更宽视野、更大力度谋划和推进新征程生态环境司法保护工作，为中国式现代化山西实践和美丽山西建设贡献司法力量！

生态法治调研报告.第二辑

第19期

司法助力辖区经济社会发展大有作为

——关于赴山东省高密市人民法院考察开展“贴紧中心、能动履职、服务大局、依法治理、扩大司法效益”经验调研报告

中国行为法学会生态环境法治研究专业委员会调研组

一、调研背景

2024年4月30日，中共中央政治局召开会议，决定于2024年7月在北京召开中国共产党第二十届三中全会，重点研究进一步全面深化改革、推进中国式现代化问题。

2024年5月23日，习近平总书记在山东省济南市主持召开企业和专家座谈会并发表重要讲话。他强调，党的二十大擘画了全面建设社会主义现代化国家的宏伟蓝图，确立了以中国式现代化全面推进强国建设、民族复兴伟业的中心任务。进一步全面深化改革，要紧扣推进中国式现代化这个主题，突出改革重点，把牢价值取向，讲求方式方法，为完成中心任务、实现战略目标增添动力。①

2024年7月18日，中国共产党第二十届中央委员会第三次全体会议通过《中共中央关于进一步全面深化改革　推进中国式现代化的决定》。该决定指出，当前和今后一个时期是以中国式现代化全面推进强国建设、民族复兴伟业的关键时期。中国式现代化是在改革开放中不断推进的，也必将在改革开放中开辟广阔前景。面对纷繁复杂的国际国内形势，面对新一轮科技革命和产业变革，面对人民群众的新期待，必须

---

① 参见《风正好扬帆——习近平总书记考察山东并主持召开企业和专家座谈会纪实》，载求是网，http：//www.qstheory.cn/yaowen/2024-05/23/c_1130150809.htm，最后访问时间：2024年12月19日。

继续推动改革前进。

最高人民法院紧密联系审判工作实际，贯彻落实习近平总书记重要讲话精神，要求全国法院：善于从政治上看，从厚植党的执政根基的高度，切实扛起司法服务高质量发展的职责使命；精于从法治上办，充分考虑社会发展过程中出现的阶段性矛盾和问题，在法律空间内实现“三个效果”的有机统一，做深做实为大局服务、为人民司法，在落实中深化、在深化中创新、在创新中发展，以审判工作现代化服务中国式现代化。这是最高人民法院党组审时度势，对全国法院审判工作提出的新要求，需要各级人民法院强化能动履职理念，创造性地开展工作，以实现司法机关新作为，作出更大司法贡献。

高密市是山东省潍坊市代管县级市，高密市人民法院（以下简称高密法院）设有 10 个内设机构，4 处人民法庭。在党委领导和上级法院的指导下，该院围绕做新时代好法院的目标，坚持守正创新、与时俱进、能动履职，始终把工作的出发点和落脚点放在为辖区经济社会发展提供司法服务和司法保障上，取得了显著司法效益。基础工作扎实有效，审判质效持续居潍坊法院前列。创新工作亮点纷呈，探索“多元化纠纷解决机制”“分调裁审”工作经验，被上级法院誉为“高密模式”。先后被授予“全国优秀法院”“全国模范法院”等荣誉称号，两次荣记“集体一等功”。

鉴于高密法院前期工作基础，调研组确定了本次调研主题：立足高密法院范本，探索司法助力辖区经济社会发展的新经验，以期为新时代人民法院工作向深走实发展，扩大司法效益提供有益的启示和借鉴。

二、调研内容

2024 年 6 月 12 日至 13 日，中国行为法学会生态环境法治研究专业委员会会长、原最高人民法院办公厅主任王少南，首席指导专家张晓光等人组成调研组，专程到高密市开展调查研究。

（一）重点考察高密法院通过参与经济社会依法治理工作，为辖区企业、农村发展提供司法服务和司法保障的情况。

实证单位之一：某迈集团股份有限公司。调研组考察了该公司 4 个现代化工业园区的产品制造车间、高端数字设备研发中心、职工培训中心、企业文化展厅等。与公司相关负责人等就司法机关依法开展企业合规工作进行了交流。

实证单位之二：“全国文明村”阚家镇松兴屯村。调研组考察了该村种植专业合作社、文化公园、党员教育中心等，与村党支部书记和村民委员会主任商谈加强乡村生态文明和法治建设工作。

实证单位之三：山东某乡食品有限公司。调研组向企业相关负责人就加强食品安全提出建议。

（二）调研高密法院及双羊人民法庭能动履职，为辖区经济社会发展开展司法服务工作的情况。

考察“一站式”诉讼服务中心运作情况。召开法院领导、审判庭长、员额法官座谈会，听取审判工作介绍、分析诉讼案件类型、研讨案件新特点、预测发案走势，对完善审判机制建议等进行研讨。

（三）实地考察“莫言文学艺术馆”，双羊人民法庭“郑玄法律文化研学基地”等。

加深对中国优秀传统法律文化的理解，研究贯彻习近平总书记关于“两个结合”的要求，立足中国国情，在司法实践中更好地应用习近平法治思想和德法合治的中华优秀传统法律思想等。

调研期间，调研组与潍坊市中级人民法院院长、一级调研员，高密市委副书记，高密法院院长等进行工作交流。

三、调研收获①

调研组通过考察认为，高密法院“贴紧中心，能动履职，服务大局，依法治理，扩大司法效益”的经验，集中体现在以下四个方面：

（一）坚持司法调研先行，提升审判工作服务预见性。

2020年以来，受国际国内大市场波动的影响，高密市经济社会以及民生发展出现了诸多新情况，法院审判案件发生了一些新变化。高密法院党组敏锐认识到，新情况、新变化是经济社会发展趋势的“晴雨表”，是社情民意的第一信号，更是人民群众对司法工作的新期盼、新需求。

民有所呼，我有所应。为了在第一时间掌握各类矛盾纠纷的诱因、预判案件发展走向，因势利导采取针对性化解措施，为党委政府当好法律参谋，高密法院根据党中央关于大兴调查研究要求，从三个层次入手，不断地提升司法工作的预见性。

——组织全体法官和工作人员，认真学习领会习近平总书记系列重要讲话，学习把握党的二十大精神，学习吃透党中央指导工作重要意见，学习贯彻最高人民法院和省市法院司法文件，学习落实辖区党委工作部署，把广大干警思想统一到习近平总书记和党中央及上级法院的重要决策部署上来，强化大局观念，筑牢为中心工作提供司法服务的意识。

---

① 本文所涉相关数据由被调研单位提供。

——组织法官和工作人员，结合审判工作实际，常态化深入经济建设一线企业中，深入农村和社会基层，倾听人民群众呼声，广泛征求意见、收集各方面反映，经过分类研究，提出建设性建议。2023年以来，先后形成9份专题报告材料，服务辖区党委、人大、政府依法决策。向行业主管部门通报预警有价值审判信息46次，提醒其加强监管，防范和处置不稳定苗头性问题。

——加强对审判案件、司法数据统计分析，从中找出影响辖区经济社会发展和有关部门单位存在的个性化问题，提出司法建议21份，全部被采纳，回复率100%。

调研组认为：在当前经济社会发展压力加大、大量纠纷案件涌入法院的情况下，高密法院注重司法调研，善于从政治大局角度来把握经济社会的新变化，立足法院实际，顺时达变研究新对策，调整工作部署，“下好先手棋”的做法，值得效仿。

（二）着眼于辖区经济社会发展对司法的新需求，坚持把企业、农村作为司法服务重点任务来抓。

山东省政府确定将高密市建成山东半岛先进制造业基地、济青发展轴重要节点城市。高密市委、市政府实施“工业立市、产业兴市、智造强市、临港新城”战略。根据最高人民法院关于做好司法服务保障高质量发展的部署要求，高密法院先后出台《营创法治化营商环境实施意见》《服务保障现代化临港新城建设十条措施》《服务保障民营企业高质量发展的实施意见》等司法文件，助力高密加快建设现代化临港新城。

——设立“护企驿站”，强化诉前调解，促进涉企案件诉外化解。做实“从政治上看，从法治上办”，畅通涉企案件审理“绿色通道”，依法督促辖区内失信企业完成信用修复。

——与检察、司法行政、税务、工商联、生态环境、市场监管、金融监管等部门建立促进企业合规联席会议制度，整合资源，形成工作合力。与青岛某大学“企业合规研究院”协作，探索民事审判领域企业合规新做法。联合劳动人事仲裁委、律协，规范民营企业用工行为。建立与消防部门协作联动机制，帮助企业预防火灾事故。每月与环保局开展“企业环保法律服务日活动”，涉环保行政处罚案件逐年减少，助推企业绿色发展。

——发挥“府院联动”机制作用，化解企业风险。对陷入困境但具有再生能力和挽救价值的企业，积极适用预重整、预和解模式对其进行救治。指导企业科学管理，采取引进投资人、债务重组等措施，6家企业得以涅槃重生，协助安置员工1300多名，发放拖欠工资款2100余万元，避免了“一破了之”等问题的发生，取得了良好的法律效果和社会效果。

——开展“益企行动——法官进百企”活动，编制《企业法律风险提示手册》，设立“12368”企业法律服务专线，建立涉企案件台账，为企业提供法律咨询服务。

——在重点企业设立“院企对接办公室”，针对企业劳动争议案件上升问题，发出风险预警，督促企业保障职工合法权益。

“三农”工作是社会稳定的基础。高密法院落实党中央一号文件精神，借鉴浙江“千万工程”经验，弘扬新时代“枫桥经验”，全力做好依法促进乡村全面振兴工作。

——秉持“小案事不小、小案不小办”，以 4 处派出人民法庭为审判前沿阵地，对涉农诉讼案件，实行优先立案、优先审理、优先执行，及时兑现涉农案件胜诉当事人权益。根据农忙季节当事人时间不固定的特点，利用“假日法庭”“夜间法庭”，在田间地头巡回审判。人民法庭年均结案 3400 余件，约占全院审理结案总数的 26%。

——妥善审理农村土地“三权分置”案件，审结土地流转纠纷案件 108 件，保护守约方合法权益，服务农业规模化发展。依法处理涉交通、水利、电网等基础设施建设，以及农房改善引发的征地、搬迁、安置等农村社会稳定的纠纷案件 26 件。

——对环境资源案件实行“三合一”集中管辖，设立孟家沟水库水源保护地巡回法庭，依法审理涉及污染环境、生态保护、资源开发等案件 103 件，促进了辖区和美乡村建设。

——助力无讼村庄建设，在“全国文明村”松兴屯村设立“法官联系点”，派驻资深法官担任村第一书记，形成一整套依法治村模式经验。近年来，该村无一起家事或邻里纠纷诉讼，被民政部命名为“全国民主法治示范村”，为巩固基层农村政权建设提供了样本。

——构筑“法庭+”联动、“网格+N”诉源治理解纷模式。积极融入党委领导社会治理体系，搭建法庭与村镇（社区）共建、共享、共治基层司法治理平台，共建“平安小院”“德邻客厅”“和美双羊”等网格法庭 11 处。按照“一员多格”配置，法官在各村、社区、企业“定点入驻”，指导调解劳动争议、物业服务、婚姻家庭、邻里关系等矛盾纠纷 3200 余起，被中央电视台“东方时空”栏目报道。

调研组认为：审判资源是有限的，而审判作用是无限的，高密法院的经验做法告诉我们，必须将有限的审判资源投入服务和保障经济社会发展的重点领域中，才能更好地体现“为大局服务、为人民司法”的审判主旨，更好地践行“从政治上看、从法律上办”的总体要求，实现“三个效果”的有机统一。

（三）强化定分止争审判功能，有效化解影响辖区经济社会发展的“难点”“热点”“痛点”“堵点”问题。

——依法化解城投债务纠纷。针对城投公司债务“爆雷”，难以及时兑付到期债权，许多当事人情绪波动，存在矛盾激化，危及社会安定的实际，高密法院积极配合政府联动，坚持诉内诉外相结合，法律、经济和行政手段多管齐下，化解到期债权兑付困境。护航政府实施“打逃债、树诚信”专项行动，依法收回资金资产。

——妥善解决房地产纠纷。房地产是经济发展的支柱性产业。近年来，受多种因素影响，一些房地产企业出现资金链断裂问题，房地产纠纷骤然增多。高密法院认为，房地产纠纷既涉及人民群众急难愁盼的现实利益，又涉及社会稳定大局，必须全力以赴做好化解工作。在党委领导、政府负责、部门协同、法治保障、公众参与下，坚持审判与诉源治理相结合，参与处理房地产遗留问题项目47个，为4347户业主排除办理房产证法律障碍。

——做好未成年人审判工作。针对未成年人违法问题突出，侵害未成年人恶性事件时有发生，社会高度关切的现实，高密法院落实家庭、学校、社会、网络、政府、司法“六大保护”工作机制，将柏城人民法庭作为专业审理未成年人民事、行政、刑事案件审判庭，对未成年人案件进行“三合一”审理，审结涉未成年人案件297件，送达“关爱未成年人提示函”108份，督促当事人履行对未成年子女的监护责任。选派法官、法官助理担任法治副校长，组织《民法典》防欺凌、防性侵、禁毒、加强自身保护等专题普法活动25场次。与检察院、精神病医院设立“未成年被害人心理评估支持中心”，加强未成年被害人心理评估及心理救助工作。与民政、教育等部门成立“家庭教育指导站”，做好家庭教育指导工作。设立“校园安全先议办公室”，联合职业教育集团，加强校园安全，做好未成年人保护和犯罪防治工作。

——依法清理闲置和低效违规用地。土地资源紧张已经成为经济发展“瓶颈”中的突出问题。高密法院依照土地法律法规，协助政府清理城乡闲置和低效违规土地9400余亩，为县域经济“腾笼换鸟”、实现高质量发展发挥了重要作用。

——依法化解金融风险。设立金融案件速裁团队，审结商业贷款、担保等金融案件1257件，标的额约15.3亿元，维护了金融机构的合法权益，降低和预防了金融领域风险。

调研组认为：人民法院能动履职不是一句空话，而是要有实实在在的行动和效果。能动履职要在依法的前提下，既要见微知著，更要立说立行，忠实践行人民法院维护一方平安的政治担当、法治担当和为民担当。

（四）弘扬中华传统法律文化，营造德法兼治社会环境。

中华优秀传统法律文化是法治建设的精神富矿。高密地区历史悠久、文化灿烂、人杰地灵，曾诞生春秋名相晏婴、汉代经学大师郑玄、清代内阁大学士刘墉“高密三贤”，其中郑玄的律学思想、晏婴的德爱文化、刘墉的清廉政风为后人称道并影响深远。

近年来，根据习近平总书记关于“两个结合”的重要论述和习近平法治思想、习近平文化思想的重要内涵，高密法院坚持将中华优秀传统法律文化融入审判实践中，探索“德法融合、共建共治”新做法，收到显著效果，新华社《高管信息》对此作了刊载。

——推行“一法庭一贤哲一主题一基地”人民法庭品牌建设做法。双羊人民法庭的法官通过研究认识到东汉经学大师郑玄在奠定中华法系形成过程起了基础性作用，高密法院在该法庭设立“郑玄法律文化研学基地”，着重探索家事审判和诉源治理新路径。柴沟人民法庭从刘墉家族清廉传家文化中汲取营养，深化廉洁奉公、清正爱民主题教育，塑造清廉庭风、家风。柏城人民法庭借鉴晏子（晏婴）“民本、省刑、谦俭”等理念，充实丰富了少年审判和环资审判内涵。

高密法院4处人民法庭分别打造“律正乡里、廉正天平、德正百诚、气正金夏”的司法IP（Intellectual Property，直译为知识产权，特指具有长期生命力和商业价值的跨媒介内容经营），传承了中华优秀传统法律文化基因。

——营造浓厚的社会主义法治文化与中华优秀传统法律文化相融合的法庭环境。在法庭设立“亲睦园”缓冲区、“劝和堂”调解室，编制诉讼风险“六笔账”、诉前调解优势、虚假诉讼惩处等宣传册，悬挂“跪乳之恩”“姑嫂闲话”“至德为美”等本地特色扑灰年画、剪纸，提示打官司群众避免任性起诉。560余名当事人在法官的劝导下，化干戈为玉帛，修复夫妻、家庭、邻里关系。法庭工作人员结合社会主义法治理念，以及中华优秀传统法律文化，开展法治教育16场次，受教育2400余人，使法庭成为输出法治正能量的阵地。

——运用“德法融合”法律思想，实质性化解纠纷。将“和气为贵、谦让之德”理念贯穿调解过程，坚持以古喻今、辨法析理，情理法交融，总结形成听、辩、劝、让、和的“和让双祥”调解法。判决案件判后必析，力求胜败皆服、事心双结；调解案件调后必督，保障诚信履行，不留后患。4处法庭审结家事案件1813件，调解结案869件，劝和撤诉案件277件，调撤率63.2%，70%以上的调结案件在法官的督促下自动履行，收到了劝和避诉、多调少执的效果。

调研组认为：高密法院坚持以习近平法治思想和习近平文化思想为指导，深入研究和挖掘中华优秀传统法律文化思想的现代价值，结合实际，积极应用于司法服务实践的做法，开拓了“德法兼治”新空间，具有较强的引领和示范作用。

四、调研启示

通过对高密法院经验的调研，调研组认为，该院的做法具有很强的现实意义。尤其难能可贵的是，该院在司法改革实行员额法官制度、立案登记制度后，诉诸法院案件大幅度增加，办案力量高度紧张，法官超负荷工作的状态下，保持冷静心态，找准工作定位，一手抓办案，一手抓司法服务，积极作为，掌握工作主动权，实现了法院工作良性发展。高密法院的经验做法，给我们以深刻启示：

第一，必须正确认识和处理好司法改革与守正笃实的关系。毋庸置疑，司法改革在全面深化改革、全面依法治国中居于重要地位，而依法治国的基础是人民群众。人民法院要始终坚持人民性的属性，通过司法改革进一步坚定人民至上的立场，全面充分有效地发挥审判职能作用，切实解决好人民群众最关切的急难愁盼问题，努力让人民群众在每一个司法案件中都能感受到公平正义。正是基于这一认识，高密法院在司法改革实践中，不忘“为人民司法”初心使命，知行合一，积极回应人民群众的现实司法需求，实现了将人民性转化为全体法官的自觉行动。

第二，必须正确认识和处理好“显绩”与“潜绩”的关系。贴紧中心、服务大局是习近平总书记和党中央对人民法院的基本要求，人民法院全部工作必须自觉地服从服务于这个最大的政治。要跳出法院看法院，围绕党和国家的中心任务，对标党委和上级法院决策部署，找准为大局服务职责定位。跳出审判抓审判，积极能动履职，运用最佳审判方式和方法，用最小的诉讼成本，依法化解制约经济社会发展的各种矛盾纠纷，追求最好的司法效益。高密法院正是紧紧抓住了端正执法指导思想这一“牛鼻子”，解放思想、真抓实干，为辖区经济社会发展履行了人民法院的政治责任、法治责任和审判责任。

第三，必须正确认识和处理好“个案”与“类案”的关系。在诉讼案件大幅度增长的形势下，是被动应付、无所作为，还是开动脑筋，积极研究应对的新措施？高密法院为我们提供了新的思路：跳出个案解类案，将个案作为类案研究的切入点，善于从个案中发现经济发展、社会治理、司法实践中的共性问题，通过研判发案规律，促进“个案智慧”转化为“类案经验”，为辖区社会发展提供良法善治的“司法对策”，发挥司法案例的引领作用，将社会主义核心价值观和中华优秀传统法律文化融入审判实践之中，进而提升人民群众的法治意识、文明意识。

第四，必须正确认识和处理好法庭审判与巡回审判的关系。广大基层农村是依法治理的难点，而大量矛盾纠纷具有抓早抓小的规律性特点，如何实现司法服务触角的全覆盖，落实最高人民法院“抓前端、治未病”的工作要求？高密法院坚持人民司法工作光荣传统不动摇，完善人民法庭驻庭与巡回审判工作机制。坚持治标与治本相结合，向前向内向外延伸司法职能，拓展依法治理联动机制，汇聚更多解纷力量，有力地推动形成了辖区少讼乃至无讼的法治局面。

五、调研建议

调研组建议：

（一）加深对习近平生态文明思想、习近平法治思想、习近平文化思想深刻内涵的学习理解，学习贯彻党的二十届三中全会精神，围绕党委和上级法院工作部署，联系自身工作实际，进一步探索人民法院能动履职、为辖区全面深化改革提供司法服务的新举措，作出更多的司法新贡献。

（二）加强对已有成功经验做法的提炼深化，从创新决策机制、参与依法治理、完善制度规范、注重文化赋能、检验落实实效等各方面，形成一整套行之有效的工作流程，为助力高质量发展提供司法新方案。

（三）加强对法院“领军人才”和“全科”审判法官的培养，通过深学、细悟、笃行，建设一支“懂全局、管本行”，适应服务大局、公正司法、善做群众工作的审判队伍，交出让上级放心、让人民满意的司法答卷。

第20期

关于做好生态环境法治“实证、实用、实操”研究课题工作实施意见

生态文明建设离不开法治保障。中国行为法学会生态环境法治研究专业委员会（以下简称生态法治研究专委会）是专门服务于生态法治建设的智库组织，在生态文明建设和法治建设中，肩负着重要职责使命。

根据党中央关于大力开展调查研究工作的部署，中办、国办《关于加强新时代法学教育和法学理论研究的意见》“立足建立健全国家治理急需、满足人民日益增长的美好生活需要必备的法律制度，围绕法治建设重大规划、重点改革、重要举措等，开展前瞻性、针对性、储备性法律政策研究，充分运用法治力量服务中国式现代化”的要求，中国行为法学会《课题管理办法》，为增强生态法治研究专委会工作的实效性，经研究，特制定生态环境法治“实证、实用、实操”研究课题的实施意见。

一、课题的主旨

以习近平生态文明思想和习近平法治思想为指导，紧密围绕党的十八大以来我国生态文明法治建设的重要理论决策、重大实践活动，坚持理论与实践相结合，将生态法治的理论智力成果、工作建设成果、管理创新成果、科学技术成果、服务保障成果等，根据轻重缓急的程度和自身的特点能力，细化分解为若干课题，通过实证研究、专项调研、交流总结、服务提升、成果转化等途径，来服务、完善、支持生态环境法治建设相关领域、行业、部门的发展，进而不断提升生态法治研究专委会的工作能力和水平。

二、课题的范围

要围绕“生态行为法学”生态法治研究专委会的工作定位，立足于“实证、实用、实操”的研究要求，提出和确立研究课题。

“实证”性研究课题，要通过实地调研，针对普遍性共性问题、有代表意义的个性化问题，组织专家团队和实务部门人员联合攻关，形成有实质性内容的研究成果。

“实用”性研究课题，提炼总结对生态环境行业管用的法治制度体系（包括流程、规范、标准等）研究成果。

“实操”性研究课题，协助相关生态环境部门和单位，完善运作方式方法，有效解决紧急问题。

三、课题的内容

课题内容坚持宏观与微观相结合、长线与短线相融合，既可以是党和国家生态环境立法、政策层面的问题，也可以是生态环境法治领域范畴的问题，还可以是相关行业组织和部门的问题。

2024 年学会将集中力量，联合其他研究机构和实务部门，研究以下重点课题和专项课题：

1. 新时代（黄河流域）（赤水河流域）生态保护和高质量发展法治化建设实证（分解若干问题）研究课题；

2. 中国电商产业生态建设与法治化实证研究课题；

3. 生态环境典型事例、指导案例研究课题；

4. 开展生态司法工作的新经验、新模式、新典型实证研究课题；

5. 破坏生态环境犯罪问题实证研究课题；

6. 其他研究课题。

四、课题研究的方法

1. 建立工作联系点。根据课题需要，选择其中有典型意义的研究对象，建立联系点，掌握第一手情况，使课题内容符合实际，有更强的针对性。

2. 开展专项调研活动。对于综合性课题，有计划地组织课题组成员进行实地考察，开阔视野，丰富课题的专业化内容。

3. 发挥专家学者的作用。专家学者站位高，掌握资源多，在课题研究过程中，要注重吸纳听取他们的意见，丰富课题的多样性，提高课题研究质量。

4. 坚持定性与定量的研究方法。充分运用数据分析、抽样演草、比较论证、AI 技术等手段，不断增强课题的科学性。

五、关于课题研究的要求

1. 牢牢把握课题研究的正确政治方向，确保课题符合党和国家生态环境政策和法律法规。

2. 坚持课题研究质量至上的标准，为国家立法、执法机关决策服务，为相关行业和单位的需求服务，力求达到用户满意。

3. 课题研究要从中国生态环境法治建设实际出发，不追求数量，不搞形式主义，不与国外组织和人员进行合作。课题研究在生态法治研究专委会可控范围内开展。学会负责人、理事、工作人员以及广大会员，都要结合自己熟悉的领域和专长，积极参与课题研究。

4. 严格规范研究课题的工作程序。重要研究课题，向中国行为法学会申报；专项研究课题，由生态法治研究专委会研究确定。课题人员，按照统一格式向生态法治研究专委会办公室提交申请。收到申请，学会组织相关人员研究，同意立项后，即可组织实施。

六、关于课题成果的转化

课题的生命在于付诸实施，并且取得实实在在的成效。要高度重视课题成果的应用，通过为有关机关、行业部门、具体用户，提供智力服务，加快课题成果转化。

开展优秀研究课题评选，对高质量的课题，给予奖励，编辑出版。生态法治研究专委会办事机构要加强与课题主持人的联系，掌控课题研究进度，及时督促课题结项，相关材料做好归档保存。

生态法治调研报告.第二辑

第21期

将领导鼓励转化为工作动力

——中国行为法学会领导听取生态法治研究专委会2024年上半年工作情况汇报，董治良会长提出要求

一、总会领导意见和工作要求

2024年7月3日下午，中国行为法学会会长董治良，总监事李文燕，副会长兼学术委员会主任张恒山，副会长兼秘书长宋朝武，副书记吴高盛和办公室主任耿新生、副主任杜帅等，听取了中国行为法学会生态环境法治研究专业委员会（以下简称生态法治研究专委会）会长王少南关于2024年上半年工作情况及下步重点工作打算的汇报。

听取工作汇报后，董治良会长和各位领导交换了意见，一致认为：2024年上半年，生态法治研究专委会紧密围绕总会工作部署和中国行为法学工作定位，结合自身实际，卓有成效地开展工作，取得了积极成效。一是工作方向端正。坚持以习近平生态文明思想和习近平法治思想为指导，始终锁定建设新时代生态法治实务智库的工作目标。二是工作重点突出。确立“政产学研用”工作模式，通过实证研究、专项调研、总结提升、成果转化等途径，来服务、完善和支持国家及行业生态法治建设。三是工作成果显现。形成的一批调研成果，有的被国家级司法机关主要负责人批示，这是很大的褒奖和认可。四是内部管理规范有序。总会对生态法治研究专委会上半年的工作予以肯定，认为其开展工作的方式方法值得在学会内部相互借鉴。

董治良会长代表中国行为法学会，对做好下一步工作提出了要求：

第一，要按照习近平生态文明思想、习近平法治思想及习近平总书记关于加强法学研究工作的系列重要指示，进一步坚定学会的工作方向和工作任务。要明确新时代

中国行为法学会的宗旨任务是什么？工作理念的内涵是怎样？其功能作用如何发挥？行为法学会要举全会之力，通过自己的实务研究工作，了解情况、总结经验、发现问题、研究对策、提供咨询建议等，以充分发挥中国行为法学的应有作用，为中国法学理论研究工作作出积极的智力贡献。

第二，要围绕着习近平总书记关于全面深化改革、加快中国式现代化建设、实现经济高质量发展等重要讲话精神，充分发挥行为法学会的优势，加强重大研究课题的谋划、立项、招标、验收和成果转化工作。要进一步转变工作作风，走出“书斋”，开展社会实践和“田园”调研工作，深入改革第一线，深入基层组织，深入广大人民群众，研究影响经济社会发展的涉及法治的一些热点、难点和痛点问题，从构建的角度出发，提出建设性意见建议。

第三，要充分发挥行为法学会各分会的积极性和创造性，鼓励支持其立足不同研究领域，加强重点攻关，形成多出成果、出好成果的局面。生态法治研究专委会要切实搞好黄河流域法治建设重大课题的研究，以黄河流域各相关部门为依托，整合资源，为国家黄河重大战略和《黄河保护法》的落实提供有效的服务和智力支持。

二、关于生态法治研究专委会 2024 年上半年主要工作情况

2024 年上半年以来，生态法治研究专委会在中国行为法学会领导下，主要开展了以下工作：

（一）集思广益确定了 2024 年重点工作

1. 聚焦工作目标。举全会之力，将生态法治研究专委会打造成中国生态法治实务领域的特色智库。

2. 突出抓好三项重点任务。一是办好一个论坛。持续办好“新时代黄河流域法治化建设论坛”（以下简称黄河生态法治建设论坛）。该论坛坚持目标导向、问题导向、成果导向为出发点和落脚点。着眼于黄河流域法治化建设“最初一公里”的重心，围绕执行《黄河保护法》“最后一公里”的难点问题，会同国家主管机关、实务部门、智库组织、专家学者和基层单位等，开展有成效的研讨交流活动，注重论坛成果的转化利用，将黄河生态法治建设论坛打造成为国内有影响力的实务研究平台。二是开展一项大型调研活动。继续联合相关部门和单位，精心组织好“新时代（黄河流域）生态保护和高质量发展法治化建设大型调研行”活动，并取得良好效果。三是实施一批“实证、实用、实操”为内容的课题研究。坚持胸怀“国之大者”，立足国情，围绕人民群众对法治建设的新需求，结合生态法治智库的职责范围，实施“三实”课题研究。(1) 以习近平总书记“两山”理论为指导，借鉴浙江“千万工程”经验，开展推进新型城镇化、乡村振兴生态法治建设实证课题研究。(2) 围绕习近平总书记关于全面深化改革和“发展新质生产力”，党中央推进中国式现代化建设的新要求，以ESG（环境、社会、治理）为内容，促进“专精特”企业生态法治建设实证课题研究。(3) 贯彻《黄河保护法》，探索黄河流域城市、企业、乡村加强生态保护和循环经济发展的新经验新模式实证课题研究。(4) 对实施《黄河保护法》过程中需要进一步完善法律法规的内容，责任主体、执法主体、执法相对人遇到的新情况、新经验、新问题、新对策的实证课题研究。(5) 其他生态法治热点问题实证课题研究。

3. 落实三项保障措施。一是坚定政治方向。坚持以习近平生态文明思想和习近平法治思想为指导，贯彻中国行为法学会2023年年会暨第六届三次理事会精神，坚定“两个确立”，增强“四个意识”“四个自信”，做到“两个维护”，坚定不移走中国特色社会主义法治道路。二是坚持党的领导原则。生态法治研究专委会的重要工作、重要活动、重要事项及时向总会请示报告。三是规范内部管理，提高能力素质。

（二）开展“新时代黄河流域生态保护和高质量发展法治化建设大型调研行”活动

在中国行为法学会、中华环保联合会和国家相关部委以及黄河流域地方党委政府、司法机关的大力支持下，生态法治研究专委会于2023年8月与中华环保联合会环境与法制专业委员会组成调研组，到沿黄省份中的河南省、山东省的部分地区，开展了调研行活动，取得了初步成效。2023年10月，在北京举行的黄河生态法治建设论坛上，最高人民法院、最高人民检察院、生态环境部、水利部、中国行为法学会、中华环保联合会、《法治日报》社有关负责同志启动“新时代黄河流域生态保护和高质量发展法治化建设大型调研行”活动仪式。2024年4月15日至20日，调研组专程到山西考察生态司法工作。先后到山西高院、沿黄河流域忻州中院等11个法院进行调研，实地参访了7个生态法治建设典型事（案）例，与相关检察院、公安、生态环境、水利、黄河河务人员交流工作，在此基础上形成了《关于赴山西法院学习考察生态司法工作专题调研报告》（以下简称《调研报告》）。最高人民法院院长张军、副院长杨临萍，董治良会长，中华环保联合会主席孙晓华，山西高院院长冯军分别对《调研报告》作出批示；山西高院向生态法治研究专委会专门致《感谢函》。

（三）出版《生态法治调研报告．第一辑》

《生态法治调研报告．第一辑》，汇集各类调研报告21篇及黄河生态法治建设论坛相关材料，共计20余万字。董治良会长为本书作序，认为本书有4个鲜明特点：一是生态法治研究专委会响应党中央关于大兴调查研究之风的号召，深入火热的改革开放一线，深入基层干部群众，开展实地调研活动，所形成的一批最新调查研究成果，体现了应有的政治站位。二是专著内容，如《“两山”理论乡村生态（法治）建设实证研究课题》《粤港澳大湾区生态法治建设实证研究课题》《黄河流域生态保护和高质量发展法治化建设实证研究课题》《黄河三角洲生态保护和高质量发展法治化建设实证研究课题》等，完全符合中办、国办《关于加强新时代法学教育和法学理论研究的意见》的总体要求，显示了学会的服务意识和责任担当。三是研究成果紧紧围绕国家法治建设突出的工作重点、亟待解决的难点问题来展开。通过实地调研（微观调研和宏观调研相结合）—综合分析（定性分析和定量分析相结合）—提出对策（研究问题和解决问题相结合）—成果转化（责任清单和任务清单相结合）的方式方法，既做好调查研究前半篇的文章，更注重做实调查研究后半篇的文章，下功夫真研究问题、研究真问题，促进了调查研究的有效性。四是该书的出版，是生态法治研究专委会对中国行为法学建设实用型智库的有益探索和尝试，值得肯定。

（四）深入基层一线单位，开展实证调查研究

1. 围绕落实习近平总书记关于“发展新质生产力是推动高质量发展”的新要求，开展实证课题研究。2024 年 1 月 12 日至 14 日，生态法治研究专委会组成“赤水河流域生态保护和高质量发展法治化建设课题”调研组，专程到贵州省遵义市法院及所辖的习酒环境保护法庭、茅台特殊环保法庭实地调研，形成《关于对遵义市法院为赤水河流域生态保护和高质量发展提供司法服务考察调研报告》。针对赤水河流域酒产业一枝独秀的局面、面临的经济结构性调整问题，提出对策建议。

2. 根据习近平总书记关于全面深化改革的要求和党中央将要召开党的二十届三中全会的关键节点，适时开展了司法机关为辖区经济社会发展提供司法服务的专题实证调研活动。2024 年 6 月 12 日至 13 日，生态法治研究专委会调研组到山东省高密市人民法院就司法机关助力辖区经济社会发展问题进行调查研究。调研组形成了《司法助力辖区经济社会发展大有作为——关于赴山东省高密市人民法院考察开展“贴紧中心、能动履职、服务大局、依法治理、扩大司法效益”经验调研报告》。

三、根据总领导工作要求，研究贯彻意见

生态法治研究专委会传达学习了总会领导的讲话精神，决心不辜负领导的期望，再接再厉做好全年工作：

一是认真学习二十届三中全会精神，结合实际，进一步完善工作重点任务；

二是筹备举办“（2024）新时代黄河流域法治化建设暨深化山西生态司法模式论坛”；

三是于 2024 年 7 月至 9 月，到宁夏、内蒙古和江苏司法机关开展调查研究工作。

生态法治调研报告．第二辑

第22期

立足宁夏“区情”实际 探索具有中国特色的生态司法新路子

——关于赴宁夏法院考察落实习近平总书记建设黄河流域生态保护和高质量发展先行区要求，开展司法服务的调研报告

新时代黄河流域生态保护和高质量发展法治化建设调研组

一、专项调研概要——赴宁夏法院调研动因和过程①

2024年6月，习近平总书记在宁夏考察工作时强调，宁夏要深入贯彻新发展理念，坚持稳中求进工作总基调，以铸牢中华民族共同体意识为主线，以黄河流域生态保护和高质量发展先行区建设为牵引，统筹推进高质量发展和高水平保护，全面深化改革和扩大开放、新型城镇化和乡村振兴、民族团结和共同富裕等工作，加快建设经济繁荣、民族团结、环境优美、人民富裕的美丽新宁夏，奋力谱写中国式现代化宁夏新篇章。

习近平总书记的重要讲话，深刻阐述了关乎宁夏高质量发展的一系列方向性根本性战略性问题，为建设美丽新宁夏指明了前进方向、提供了根本遵循。

人民法院高度重视黄河流域的司法保护工作。2024年5月29日，在最高人民法院贯彻黄河保护法暨司法服务黄河流域生态保护和高质量发展工作推进会上，张军院长在讲话中明确要求，司法服务于黄河流域生态保护和高质量发展，是践行“两个维

① 本文所涉相关数据由被调研单位提供。

护”的政治责任，也是促进良法善治的法治责任，更是严格公正司法的审判责任。要坚持能动履职，找准统筹高水平保护与高质量发展的平衡点，能动做好保护、发展、文化、治理四篇“大文章”，做实“抓前端、治未病”，通过诉源治理、企业合规等工作，促推落实黄河保护法关于“综合治理、系统治理、源头治理”的要求。

宁夏回族自治区与黄河渊源深厚，黄河在宁夏境内全长 397 公里，是沿黄九省区中唯一全境属于黄河流域的省区。宁夏近 90%的水资源来自黄河，60%的耕地用的是黄河水，78%的饮用水源自黄河水。宁夏因“黄”而生，因“黄”而兴。宁夏“一河二漠三山”的独特区位，在国家生态发展大格局中处于重要地位。

近几年来，宁夏法院生态司法工作，在吃透“上情”、把握“区情”、结合“院情”的基础上，造就后发优势，积极创新，逆势而上，形成了自己特色经验做法，为司法实务界所瞩目，得到了上级机关的首肯。

根据习近平总书记对宁夏总体工作提出的新要求、最高人民法院关于做好生态司法工作的新部署，为了学习总结宁夏法院开展生态司法工作、为黄河流域生态保护和高质量发展提供司法服务的经验做法，2024 年 7 月 8 日至 12 日，中国行为法学会生态环境法治研究专业委员会会长王少南，特邀指导专家张晓光、副秘书长尚龙，与中华环保联合会环境与法制专业委员会副主任兼秘书长常静元、委员李鹏鹏等人组成调研组，专门到宁夏法院和相关单位进行调查研究。

宁夏高院副院长贺耀、环资庭长李风英，中卫中院院长张晓霞，固原中院院长董军，石嘴山中院院长朱德蓉，银川铁路运输法院院长马立新等全程或部分参与调研。

调研组先后到宁夏回族自治区高级人民法院、银川铁路运输法院、银川市西夏区人民法院、固原市中级人民法院、泾源县人民法院及六盘山人民法庭、中卫市中级人民法院、沙坡头区人民法院、石嘴山市中级人民法院等 9 个法院（法庭），与法院领导、法官面对面座谈；与固原市委、西夏区委领导交流工作；实地考察银川西夏区北堡昊苑村生态环境法治教育宣传与修复示范点、贺兰山东麓沙石矿区生态修复基地（石源酒庄葡萄种植区）、固原六盘山三关口生态环境资源修复法治教育基地、石嘴山市大磴沟生态环境法治宣传教育及修复示范基地、吴忠市黄河古城湾生态环境保护法治教育与宣传基地；参观六盘山红军长征纪念馆、黑山峡水利工程项目（待建）、石炭井工业文旅小镇展示馆等。

调研考察行程覆盖宁夏黄河流域全境，调研内容既聚焦于生态司法，又涉及生态经济、生态农业、生态工程、生态文化等，仔细研究法院审理和参与治理的一些典型生态事（案）例，阅读相关文字材料，对有价值的司法数据进行了分析，集思广益撰写了《立足宁夏“区情”实际、探索具有中国特色生态司法新路子——关于赴宁夏法院考察落实习近平总书记建设黄河流域生态保护和高质量发展先行区要求，开展司法服务的调研报告》。

二、调查研究成果——对宁夏法院生态司法特色经验的总结提炼

通过调查研究，调研组认为，根据习近平总书记“宁夏地理环境和资源禀赋独特，要走特色化、差异化的产业发展路子”的要求，按照宁夏回族自治区党委和最高人民法院的工作部署，经过实践探索发现，宁夏法院生态司法工作经验具有“政治站位高、形式内容实、‘三个效果好’”的鲜明特色，值得认真地总结和推介。

（一）始终将“为大局服务、为人民司法”的执法指导思想贯穿于生态司法的全过程，是宁夏法院环境资源审判工作特色之一。

宁夏高院认为，环境资源审判是践行习近平生态文明思想和习近平法治思想最为直接的一项审判工作，其肩负着落实国家黄河流域重大战略、《黄河保护法》和促进辖区高质量发展的政治、法治和审判责任，环境资源审判部门和环资审判法官必须有更高的自觉性和更强的坚定性。

——围绕自治区党委政府工作重心，将“一河（黄河流域）、二沙（腾格里沙漠、毛乌素沙漠）、三山（贺兰山、六盘山、罗山）”作为宁夏法院司法（生态）保障任务的重中之重。将自治区高质量发展“十大支柱产业（现代枸杞产业、葡萄酒产业、奶产业、肉牛和滩羊产业、电子信息产业、新型材料产业、清洁能源产业、装备制造产业、数字信息产业、现代化工产业）”作为司法（生态）服务的重点内容；将九大国家级自然保护区作为环境资源司法保护的重点对象。

——制定下发了宁夏回族自治区高级人民法院《关于服务保障黄河流域生态保护和高质量发展先行区建设的意见》《关于进一步完善多元纠纷解决机制加强诉源治理的实施意见》《关于进一步加强和改进环境资源审判工作的实施方案》。与相关部门制定《关于健全自然资源司法审判与行政执法联动机制的意见》《关于建立部门间联合打击破坏自然资源违法犯罪工作机制的意见》等指导性文件。

——结合辖区生态司法工作特点，坚持从提高生态环境案件质效、减少地方保护主义出发，实行“3+3”管辖模式。经最高人民法院和自治区相关部门批准，由银川铁路运输法院集中管辖银川市、石嘴山市、吴忠市一审环境资源案件；泾源县法院管辖固原市一审环境资源案件；沙坡头区法院管辖中卫市一审环境资源案件；银川中院、固原中院、中卫中院分别管辖相对应的环境资源上诉、再审案件；等等，实现了全区生态司法的全覆盖。

（二）充分发挥审判职能，公正合法有效地审理了一批社会影响大、舆论关注度高、人民群众关心关切、有重大典型意义的污染环境、破坏资源案件，实现“三个效果”有机统一，是宁夏法院环境资源审判工作又一鲜明特色。

2021 年 1 月至 2024 年 6 月底，宁夏全区法院受理各类一审环境资源案件 9519 件，审结 9412 件。其中，审结非法采矿、污染环境等刑事案件 155 件，判处刑罚 160 人；判处罚金 7291 万元，生态修复金 2793 万元。审结涉土地承包、供热合同等民事案件 7209 件；审结涉资源、林草等行政案件 2048 件；审结检察机关、社会公益组织提起的行政、民事环境公益诉讼案件 63 件。《黄河保护法》施行一年多来，宁夏全区法院审结黄河流域涉生态环境资源案件 2572 件。通过上述案件审理，努力让人民群众在每一个司法案件中都能感受到公平正义。

宁夏法院坚持领导重心下移、安排优质审判资源，精心审理了一批有重大影响的环境资源案件，“做到审理一案、警示一方、教育一片，举一反三、重在治理、造福社会”。

——因案制宜，因案施策。宁夏是全国唯一的省级防沙治沙综合示范区，3 万多平方公里的腾格里沙漠被宁夏、内蒙古和甘肃 3 省区所围。2014 年 9 月，这里曾发生因企业排污严重污染腾格里沙漠而被媒体曝光的事件，引起社会高度关注，中央领导也对此作出重要批示。2015 年中国环境保护与绿色发展基金会向宁夏中卫市中级人民法院提起对宁夏某科技股份有限公司等 8 家企业违法排污公益诉讼。中卫市中级人民法院坚持“三个效果”相统一，通过案内案外的大量工作，以调解方式结案，确认 8 家企业存在严重污染沙漠环境的违法行为，由其自愿承担 5.96 亿元用于修复和预防土壤污染，并向社会公开赔礼道歉。坚持案件回访制度，督促涉案企业落实修复方案，确保“实物工作量”。腾格里沙漠系列公益诉讼案修复效果显现，地下水污染范围得到控制，被污染的黑色深坑显著改观，沙漠生态逐渐恢复。宁夏高院将该系列案件的成功经验做法，复制应用于类似案件的审判，以个案力量撬动了生态修复产业，支持和促进了宁夏荒漠化土地和沙化土地治理后面积持续“双缩减”，经与第五次监测结果对比，分别减少了 230.9 万亩和 182.1 万亩。宁夏回族自治区被联合国授予“全球环保 500 佳”荣誉。

——因地制宜，因需施策。贺兰山被称为宁夏的“父亲山”，接近南北走向的贺兰山位于银川平原西侧，阻挡着腾格里风沙和西伯利亚寒流东进，也保护着“母亲河”黄河。但是从 20 世纪 50 年代开始，因富藏煤炭、硅石等资源，人们在贺兰山开始大规模开采活动，生态环境质量和功能遭到严重损害。2017 年，贺兰山开启生态保卫战。2018年，宁夏法院设立贺兰山环境资源保护法庭。2020年10月，确定由银川铁路运输法院集中管辖相关地市的4类37种罪名涉环境资源刑事案件、3类30种涉环境资源民事案件、5类涉环境资源的行政案件和公益诉讼案件。针对贺兰山非法开采、矿产资源破坏严重问题，加大对环境资源刑事犯罪惩治力度，从严把握定罪及量刑标准，正确适用"行为罚""金钱罚"，依法审判了宁夏某农业公司、杨某某等人非法采矿案和宁夏某工贸有限公司、王某某等人非法采矿案，涉案金额达3.8亿元等一批在当地有影响案件。为配合贺兰山生态恢复治理，宁夏法院共审结非法采矿、污染环境等刑事案件113件，判处刑罚304人，判处罚金7000余万元，生态修复金1600余万元，收到了积极的社会效果。经过依法治理，贺兰山保护区内，169处整治点完成环境整治和生态修复，所有露天煤矿关闭退出，影响生态环境的45个点位完成基础治理。2021年，宁夏贺兰山成为全国生态修复的十大典型案例之一，被自然资源部和世界自然保护联盟公布推广。

——因时制宜，因计施策。位于宁夏最南端的六盘山腹地三关口，历史上是"秦风咽喉，关陇要地"，这里山体石优良，交通便利，一度成为固原石料野蛮开采的矿区。2017年，三关口矿区展开"绿盾2017"专项整治行动。宁夏泾源县法院选择2起典型案件公开宣判，对某矿业公司及其法定代表人黄某惠非法占用农用地刑事附带民事公益诉讼案和吴某素非法占用农用地刑事附带民事公益诉讼案，结合当事人认罪悔罪态度和对被毁坏植被及林地恢复治理各异情况，作出宽严相济处理，收到了"办理一案、治理一片、惠及一方"的效果。党委政府亦采取了"一企一案、一案一策、一事一档"方式方法，到2019年年底，泾源县境内非法工矿企业全部清零。对被破坏山体植被修复采用挂网喷播技术，将苜蓿、红豆草、柠条、沙棘、榆树、紫穗槐等林草种子混入土壤挂在网上，固定到山坡上，挂网喷播面积27万平方米，覆盖崖面能达到80%以上。目前，六盘山三关口生态环境经过整治和科学修复，地貌景观得到恢复，保护区内植物和动物得以生存，周边环境有了明显改善。

（三）创新生态司法服务模式，做好向前向后（向内）向外延伸工作，努力扩大司法效益，是宁夏法院环境资源审判工作的亮点特色。

——向前延伸生态司法工作，打造载体，扩大司法宣传效果。为系统宣传习近平生态文明思想和习近平法治思想，让人民群众直观地了解和体验生态司法工作，宁夏法院先后在有代表性的生态地区建设了5处生态法治宣传教育基地（点）。例如，在吴忠市黄河段滨河大道建设了"古城湾生态保护司法宣传基地"，在固原市泾源县建立了"六盘山三关口环境资源修复法治教育基地"，在灵武市建成了"白及滩生态法治教育及修复示范点”，在银川市西夏区镇北堡建设“昊源村生态法治宣传教育与修复示范点”，在石嘴山市贺兰山建成了“大磴沟生态法治宣传教育及修复示范基地”。这些生态法治宣传基地（点），各具特色，内容及时更新、喜闻乐见，成为集宣传教育、补植复绿、群众体验、社会参与的生态法治园区，是当地网红打卡地，使生态法治观念深入人心。

——向后（向内）延伸生态司法工作，拾遗补阙，发挥司法建议作用。宁夏法院坚持把做实司法建议工作作为环境资源审判的重要抓手，既注重从宏观上向党委政府提出综合性司法建议，促进各级各部门提高生态环境保护意识和依法治理能力，又善于从微观角度办理个案，发现问题，提出对策。如银川铁路运输法院在审理罗某福、李某楠等 5 人危害珍贵、濒危野生动物及非法狩猎、掩饰隐瞒犯罪所得刑事附带民事公益诉讼一案时发现，被告人猎获的野生苍鹭蛋卵孵化出的苍鹭幼鸟，由于无人照料，面临饥饿、冻病等死亡风险，法院没有撒手不管，而是认真负责地提出司法建议，宁夏高院院长安长海亲自出面，经过法院协调相关部门，筹措养护资金，落实救助工作。经过 4 个多月的专业喂养，最终将苍鹭放归自然。宁夏法院以此案为契机，积极向有关部门提出意见建议，推动相关部门建立涉案野生动物及其物品移送、保管及救助制度。经过回访，宁夏法院提出的 30 余件涉环境资源司法建议，全部被有关部门或单位采纳。同时，宁夏法院把坚持向内延伸生态司法工作作为向后延伸的重要内容，注重总结经验，不断扩大工作成效。为了将涉案的生态修复补偿工作系统化、规范化，宁夏法院对成功的依法治理案（事）例进行认真研判总结，形成了“审理案件+生态修复+回访督查”“案件审理+法治教育+依法治理+建立规范”等模式，有力地提升了环境资源审判工作的司法效益和社会影响力。

——向外延伸生态司法工作，加强与检察、行政执法机关等部门的协作配合，不断健全制度，为依法治理生态环境提供司法方案。与公安、检察等部门共同签署《环境污染犯罪案件提级侦办和联合挂牌督办的实施意见》，进一步完善生态环境司法协同配合，为大要案提级办理提供制度遵循。依托司法行政部门“一站式”多元纠纷化解平台，将环境资源民事和行政诉讼纳入诉源治理范围，推动涉环境资源矛盾纠纷化解。与水利、生态环境、自然资源等部门共同签署《自治区河湖安全保护专项执法行动实施方案》，加强行政执法与司法审判之间的衔接和协作，形成强有力的保护合力。

三、调研成果转化——对深化宁夏法院生态司法特色经验的建议

（一）进一步深入学习领会习近平生态文明思想、习近平法治思想、习近平经济思想，学习贯彻党的二十届三中全会《关于进一步全面深化改革　推进中国式现代化的决定》，围绕最高人民法院的工作部署和自治区党委的中心工作，全面充分有效地发挥审判职能作用，为实现宁夏高质量发展提供优质司法服务和法律保障。

（二）进一步贯彻实施《黄河保护法》，正确把握执法尺度，坚持利益平衡，妥善处理好生态保护与高质量发展、审理案件与参与依法治理、打击制裁与修复补偿、案件集中管辖与辖区法院司法服务、依法保护生态资源与依法保护文化资源并重的关系，力争使审结调处的每一起案件达到法律、经济和社会效果的有机统一，在更大的范围内、更高的程度上，提高生态司法的“审判力”和公信力。

（三）进一步深化宁夏生态司法的特色经验，通过积极创新、大胆实践，实现在审判实务理论研究方面上有新高度，在审判经验模式上求新提升，在环资审判人才培养上有新作为，为中国法院生态司法工作提供宁夏方案、宁夏经验。

生态法治调研报告．第二辑

第23期

宁夏法院施行《黄河保护法》成绩单

宁夏作为全国唯一全境属于黄河流域的省区，肩负着“黄河流域生态保护和高质量发展先行区”的重大使命和时代重任，《黄河保护法》施行一年多来，宁夏法院自觉融入先行区建设，在最高人民法院指导和自治区党委领导下，深入贯彻习近平生态文明思想和习近平法治思想，切实履行人民法院推动生态文明建设职责，充分发挥人民法院审判职能作用，坚持用最严格的制度、最严密的法治护佑黄河安澜，以高质量司法服务保障黄河流域生态保护和高质量发展，全面推进美丽中国、美丽新宁夏建设。

一、聚焦主责主业，充分发挥环境资源审判职能作用①

宁夏全区法院紧紧围绕“建设黄河流域生态保护和高质量发展先行区”使命任务，狠抓环资审判各项工作。一是不断加大环境资源领域刑事犯罪惩治力度，从严把握定罪及量刑标准，有力打击震慑违法犯罪活动。审结非法采矿、污染环境等刑事案件43件，判处刑罚119人，判处罚金3896.3余万元、生态修复金1316.83余万元。二是统筹生态环境保护与经济社会发展，以司法手段着力解决突出的环境问题，持续改善生态环境，满足人民群众日益增长的优美生态环境需要。审结涉土地承包、供热合同等民事案件1948件。三是支持环境资源公益诉讼，积极与检察机关、社会公益组织沟通协调和促成诉争事项和解，切实履行维护生态环境公共利益的司法责任。审结检察机关、社会公益组织提起的行政、民事环境公益诉讼案件22件。四是助推行政部门在生态环境前端治理中规范执法、依法行政，实现行政与司法协同共治。审结涉资源、林草等行政案件581件，审理中依托个案监督督促行政部门依法履行污染防治和生态

① 本文所涉相关数据由被调研单位提供。

保护职责，制发司法建议5份，规范行政执法，助力法治政府建设。

二、深化环境资源审判专业化建设，不断推动审判执行机制创新

环资案件集中管辖法院，坚持将审判全过程融入“两山”理念，注重审判结果体现法律价值和社会价值，促进司法理念和裁判标准相统一。2023年，宁夏高院建立了全区法院环资审判技术咨询专家库，同时出台了相应管理办法，为专业性强、疑难复杂案件提供专业技术支撑。中卫中院制定《关于贯彻落实〈中卫市生态环境资源联合执法执纪工作机制（试行）〉的分工方案》，细化具体举措，依法监督企业全面落实生态环境修复责任，服务当地经济社会建设。

三、深入开展调查研究，着力提升审判团队能力水平

一是宁夏全区法院以问题为导向，深入开展调查研究，制定《关于服务保障黄河流域生态保护和高质量发展先行区建设的意见》，作出“六权”改革等多篇调研报告供自治区党委决策参考。固原中院制定《固原法院关于服务保障副中心城市固原市高质量发展的意见》，服务保障“红色固原，绿色发展”的战略需求。二是根据宁夏回族自治区十三届人大常委会对环境资源审判工作的审议意见，出台《关于进一步加强和改进环境资源审判工作的实施方案》，提出7条具体举措意见，着力提升环资审判工作质效。三是紧扣自治区高院开展主题教育活动，注重《推动建设协同共治生态环境司法保护新格局》等调研成果转化，构建生态保护多元共治大格局。四是针对环资案件中发现的执法部门“以罚代刑”、履职不到位、源头保护薄弱等问题，以司法建议为切入点，有针对性地提出监督管理意见和建议，助推依法行政。五是注重交流学习考察，2023年8月到甘肃、青海法院学习交流环境资源审判先进经验，总结出提高环境资源审判工作水平的八个方面的经验。

四、培育典型案例，助推司法办案提质增效

宁夏全区法院注重典型案例培育意识、发现意识、协作意识，将典型案例培育工作作为提质增效的重要抓手。审理的某环境研究所诉某能源公司、某环境研究院生态环境保护民事公益诉讼案，首批入选人民法院案例库。审理的某能源化工有限公司、被告人李某等人污染环境刑事附带民事公益诉讼案与被告人郭某等人非法占用农用地案，分别在中国法学会环境资源法学研究会、中国法学会案例法学研究会、内蒙古自治区高级人民法院联合举办的“强化环境资源司法保护研讨会”上公布的优秀案例中获得环境资源司法保护优秀案例一等奖和三等奖。审理的被告人马某、罗某污染环境刑事附带民事公益诉讼案裁判文书，获得全国法院环境公益诉讼裁判文书三等奖。审理的固原市检察院诉王某生态破坏民事公益诉讼案，作为典型案例在《宁夏法治报专刊》报道，案件庭审获得第四届全国法院“百场优秀庭审”奖。

五、优化专业队伍建设，全面加强环境资源审判力量

合理调整环境资源审判庭职责，减少非主业任务量。宁夏高院根据集中管辖法院环境资源审判庭除审理环境资源案件和承担非审判任务外，还需承担其他审判业务而分散了审判力量的现状，合理调整环境资源审判庭业务量，将部分非环境资源审判工作调整至其他审判庭承担，为环资审判人员减负，使之腾出更多精力投入环资审判经验总结和审判规则研究及外部单位协作，聚焦打造符合宁夏特色的环境资源审判模式。同时，宁夏高院将单独设置环资庭列入 2024 年度工作日程，实现环境资源审判专门化。

通过强化措施，贯彻执行《黄河保护法》，取得了明显的成效：

第一，“抓前端、治未病”，充分发挥诉源治理机制的作用。一是环资案件集中管辖法院坚决突破环境资源审判“就案办案”思维局限，在个案审理中充分发挥生态司法的价值引领和导向作用，以高质量司法审判服务保障政府涉生态环境领域重大决策部署。例如，相关环资案件集中管辖法院以宁东化工能源基地、黑山峡水利工程、六盘山生态保护修复等项目为重点，先期对接提供法律保障，提前制订预案，坚定有力服务工作大局。二是创新发展“枫桥经验”，坚持把非诉纠纷解决机制挺在前面，加强环资类案件源头预防、前端化解、关口把控。审理的固原市人民检察院与被告朱某生态环境保护民事公益诉讼一案，积极督促履行修复责任后撤诉，取得良好社会效果。三是以诉源治理为契机，积极协调自治区司法厅出台《关于充分发挥人民调解基础性作用 推进诉源治理的实施意见》，将环境资源民事、行政纠纷纳入“一站式”多元纠纷化解平台，推动涉环境资源矛盾纠纷有效化解。青铜峡法院以司法建议方式，力促司法局加强引导法律顾问参与土地流转纠纷化解和诉源治理，共同助力基层社会治理大局。

第二，坚持流域保护整体意识，强化司法协作，形成流域环资生态保护多元共治机制。一是联合自治区检察院、公安厅签订《环境污染犯罪案件提级侦办和联合挂牌督办的实施意见》，为环境资源领域大案要案提级办理、协同处置提供了依据，进一步完善了生态环境司法保护协同制度。二是畅通信息沟通和执法协同方式，共同解决环资审判中发现的生态环境保护问题。例如，利用司法大数据收集分析青铜峡地区非法采矿类案件信息，研判预防生态环境资源领域多发或可能出现的违法犯罪活动，分类对接青铜峡自然资源局等部门，提示警示采取证据采集保全、加强监管、健全机制等措施提升打击合力效果。三是坚持多方协调联动，形成流域野生动植物保护合力。

例如，在审理罗某危害珍贵、濒危野生动物刑事附带民事公益诉讼案时，法院主动协调林草、水利等相关部门做好案涉扣押野生鸟类及蛋卵的救助工作，经过4个月的喂养，最终将1100余只野生鸟类放归自然，同时促成政府相关部门建立了互助配合协作机制，形成了多部门联合保护黄河流域野生动植物的强大合力。

第三，加强宣传示范点引领，提升生态保护治理宣传效果。环资案件集中管辖法院利用已建成的黄河吴忠滨河大道古城湾砌护段、贺兰山石嘴山大磴沟段、灵武市白芨滩、银川市镇北堡镇移民村四个法治宣传教育与修复示范点，与自然资源厅、市生态环境局等部门分别签订了《生态环境法治宣传教育及修复示范点协作共建框架协议》，促进环资案件中修复责任转移和劳务代偿、异地补植、增殖放流等替代性修复的履行，同时利用基地直观载体传播生态修复和绿色发展理念。中卫中院高质量打造环境资源警示教育示范点，精心设计图文和视频内容，先后向最高人民法院咨询委员会第六调研组、其他省市交流学习的法院干警、辖区师生等百余人次宣传宁夏生态环境司法保护的特点和成效。

生态法治调研报告．第二辑

第24期

宁夏中卫市法院创新环境资源审判机制为辖区高质量发展提供法律服务[①]

近年来，宁夏中卫市两级法院坚持以习近平新时代中国特色社会主义思想为指导，深入践行习近平生态文明思想和习近平法治思想，坚决贯彻落实习近平总书记在黄河流域生态保护和高质量发展座谈会及考察宁夏重要讲话精神，认真落实自治区党委、中卫市委关于建设先行区、生态环境保护示范市的工作部署，全面践行“绿水青山就是金山银山”的理念，充分发挥环境资源审判职能作用，全力加强生态环境司法保护，为辖区生态文明建设和经济社会高质量发展提供了有力的司法服务和保障。

一、坚持绿色原则，服务保障发展大局积极有为

中卫市两级法院深入学习贯彻习近平生态文明思想，深刻学习领会全国法院深入贯彻“两山”理念、全面加强生态环境司法保护工作座谈会以及张军院长讲话精神，自觉树立“像对待生命一样对待生态环境”的生态文明观、“绿水青山就是金山银山”的绿色发展观。树牢“人民法院首先是政治机关”理念，始终坚持党对法院工作的绝对领导，聚焦服务保障黄河流域生态保护和高质量发展，秉持“谁破坏、谁修复、重在保护与修复”的恢复性司法审判理念，坚持围绕中心大局履职尽责、执法办案，依法审理各类环境资源案件，精心呵护碧水蓝天净土。连续三年将环境资源审判工作作为全市法院重点工作，制订工作方案，从审判工作机制建设、审判能力提升、推动经济社会高质量发展等方面分解出20余项具体举措，进一步找准工作着力点、结合点，

① 本文所涉相关数据由被调研单位提供。

努力为建设美丽新宁夏、服务经济社会发展大局、“十四五”规划和 2035 年远景目标提供有力的司法服务和保障。

二、充分发挥职能，环境资源案件审理公正高效

依法严厉惩治环境资源刑事犯罪。严格执行最高人民法院、最高人民检察院《关于办理环境污染刑事案件适用法律若干问题的解释》及相关会议纪要，对环境污染犯罪坚持“从严、从重、从快”，形成强大震慑。2021 年至 2023 年，依法审理非法占用农用地案 1 件 1 人；非法采矿案件 18 件 31 人，被告单位 8 家；污染环境案 1 件 1 人；危害珍贵、濒危野生动物案 6 件 27 人；盗伐林木案 1 件 1 人；非法狩猎案 1 件 1 人；失火案 2 件 2 人。坚持打击和治理相结合，加大财产刑适用力度，注重环境有效修复，不断提升环境资源刑事案件的办案效果。沙坡头区人民法院审理的被告单位宁夏某染化有限公司、被告人廉某中污染环境罪一案，对涉案污染企业采取刑事处罚“双罚制”，在对涉案企业的法定代表人、污染行为直接负责的企业主管人员判处相应刑罚的同时，对涉案企业处以高额罚金，极具典型性与警示性。

切实保障人民群众民事权益。依法审理涉及大气、水源、土壤保护及森林、河流、湖泊、湿地、沙漠等自然资源保护、开发、利用等环境资源民事案件，促进生态环境恢复改善和自然资源合理开发利用，实现案件办理的法律效果与经济效益、社会效益、生态效益同步提升。2021 年至 2023 年，共审理环境资源民事案件 224 件，其中，环境污染责任纠纷案件 13 件，生态环境损害赔偿诉讼案件 4 件，生态破坏责任纠纷案件 2 件，民事公益诉讼案件 2 件，生态损害赔偿确认案件 2 件。

中卫中院审理的中国生物多样性保护与绿色发展基金会诉宁夏某化工有限公司等 8 家企业腾格里沙漠土壤污染责任纠纷公益诉讼系列案件，责令 8 家企业投入 5. 69 亿元修复受损生态环境，并承担环境功能损失费 600 万元，为宁夏乃至全国环境治理工作积累了有益的法治经验，取得了良好的政治、社会和法律效果，得到了最高人民法院、自治区高院等上级机关的高度认可和社会各界的广泛赞誉。

监督支持行政机关依法行政。充分发挥预防功能，督促行政机关及时履行职责，支持行政机关依法管理和执法活动，从源头上预防、减少环境损害和资源破坏行为的发生。五年来，全市两级法院共审理环境资源行政案件 147 件，涉及破坏水源地保护、影响河道清淤、违法占地、超标排放污染物等行为。在坚持合法性审查的基础上，依法支持行政机关对污染水源地、擅自改变土地用途、非法搭建大棚房、违法占地、超标排放大气污染物等违法行为采取罚款、进行环境修复等行政处罚措施。

三、深化改革创新，环境资源审判机制日益完善

深化集中管辖改革。积极落实自治区高院《关于实行环境资源案件跨区域集中管辖的通知》的要求，自 2021 年 1 月 1 日起，沙坡头区法院在刑事审判庭加挂环境资源审判庭牌子，集中管辖中卫市辖区由基层人民法院受理的第一审环境资源刑事、民事、行政案件。

推进审判组织建设。中卫中院、沙坡头区法院分别从刑事、民事、行政审判团队中抽调综合素质高、办案经验丰富的法官，按照“6+3+3”“5+5”模式组成环境资源案件审判团队，出台《环境资源案件“三合一”审判团队审判规范》，推进环境资源审判专业化、规范化、高效化。

健全审判工作机制。先后制定印发《关于加强和规范登记立案工作若干问题的意见》《诉讼服务中心工作规范》《环境资源案件专业法官会议工作规则》《关于加强全市法院环境资源案件执行工作的意见》《环境资源案件执行回访工作制度》等 10 项制度。推行人民陪审员参与环境资源案件审理机制，主动邀请人大代表、政协委员旁听庭审，现场见证执行，进一步提升环境资源审判司法能力与水平。

创新多元损害赔偿。根据赔偿义务人的主观过错、经营状况，损害后果等因素，探索生态损害赔偿多元修复方式，努力从单一的“金钱罚”向“行为罚”、从“简单惩罚”向“替代恢复补偿”转变。

中卫中院审理的原告北京某环境研究所诉被告宁夏某冶金公司、某余热公司环境污染责任纠纷一案，申请人中卫市人民政府、内蒙古自治区阿拉善盟行政公署与申请人宁夏某纸业集团环保节能有限公司司法确认案，创新实施以污染企业技改投资、生态效益折抵补偿方式修复环境损害，为建立多元化生态环境损害赔偿方式作出了有益实践探索。

持续跟进执行回访。按照环境资源案件执行回访制度的要求，中卫中院多次对环保组织提起的环境民事公益诉讼案件和社会关注度高、影响力大的环境资源案件进行回访，重点对腾格里沙漠污染案企业、美利林区污染案企业进行了回访，通过现场勘查、走访调查等形式了解案件办结后的生态修复进度，督促涉案企业及时履行生态修复义务。

四、注重内外联动，环境资源保护合力正在形成

建立内部协同审判机制。制定《关于建立立审执协调配合机制的意见》，根据环境资源案件点多面广、诉讼类型多元、责任方式复合等特点，进一步加强环境资源审判团队与立案、执行业务分工配合的工作机制，建立查询、冻结、查封、调查、送达

以及案例研讨、司法宣传等方面的常态化协作机制。

建立跨区域司法协作机制。树立黄河流域保护整体协作意识，中卫中院与甘肃矿区人民法院、内蒙古自治区乌海市中级人民法院，沙坡头区法院与甘肃省白银市白银区人民法院、内蒙古自治区乌海市海南区人民法院分别签署《黄河流域（甘肃—宁夏—内蒙古段）保护环境资源审判协作框架协议》，就跨区域重大、敏感案件建立要案会商和交流研讨机制等多项工作达成共识，形成协同共治的生态环境司法保护新格局。

建立行政执法与司法联动机制。积极探索与检察机关、公安机关、环境资源保护行政执法机关等部门之间的联动工作机制，根据各成员单位的职能职责，在沟通协调、信息共享、执法司法联动等方面加强工作衔接，合力做好辖区大气、土壤、水污染等环境污染及森林、草原、矿产等资源破坏问题的行政执法、司法、环境修复衔接工作。

建立多元化环境资源纠纷解决机制。坚持和发展新时代“枫桥经验”，持续深化一站式多元解纷和诉源治理工作，推动成立市行政争议协调化解中心，与市政府签署《预防和化解行政争议府院联席会议制度》《依法推进行政争议协调化解工作实施方案》，召开全市预防和化解行政争议府院联席会议，加强诉讼与调解、仲裁、公证等多元化非诉讼纠纷解决方式的衔接，完善司法调解、人民调解、行业调解、律师调解等社会联动机制，广泛整合资源、力量化解矛盾纠纷。

五、强化自身建设，环境资源审判队伍素质不断提升

加强思想政治建设。坚持把政治建设摆在首位，深入学习习近平新时代中国特色社会主义思想，全面践行习近平生态文明思想和习近平法治思想，认真学习贯彻党的十九届六中全会和习近平总书记考察宁夏重要讲话精神，扎实开展党史学习教育和政法队伍教育整顿，全体环境资源审判人员政治判断力、政治领悟力、政治执行力不断提升。

加强司法能力建设。深入开展“司法能力提升工程”，举办全市法院《民法典》大讲堂、“法官讲堂”共 26 期，组织参加最高人民法院、自治区高院的环境资源审判业务培训，开展优秀裁判文书评选、庭审观摩等岗位大练兵活动，着力提高环境资源审判人员驾驭庭审、制作裁判文书、沟通协调、化解矛盾的能力。

加强司法作风建设。深化党风廉政建设和反腐败斗争，坚持全面从严治党、从严治院、从严管理。制定《严密防范干警违规营利的实施办法》《法院工作人员“八小时以外”监督管理实施办法》等制度，做到敢管敢严、长管长严。严格落实防止干预司法“三个规定”，常态化开展司法巡查和审务督察，认真开展司法作风突出问题集中整治，扎实开展警示教育，驰而不息正风肃纪。

一分耕耘，一分收获；一分努力，一分成果。近年来，中卫市两级法院认真落实中央、自治区党委和市委的决策部署，狠抓执法办案主责主业，全面加强和创新环境资源审判工作，审判职能作用充分发挥，专业化水平明显提升，工作机制体制不断完善，司法协同联动日趋紧密，生态损害赔偿修复方式逐步多元，环境资源审判工作成效明显、特色突出，审理的腾格里沙漠土壤污染责任纠纷公益诉讼系列案件入选 2017 年度宁夏“十大法治新闻”“2017 年人民法院十大民事行政案件”，被写入 2018 年最高人民法院工作报告；审理的全国首起跨省联合磋商美利林区生态环境损害赔偿司法确认案件，入选生态环境部典型案例；审理的某环境研究所诉某新能源公司等生态环境保护民事公益诉讼案入选 2023 年度环境资源审判十件典型案例。

生态法治调研报告．第二辑

第25期

深入学习贯彻习近平生态文明思想
切实以司法之力扛起治黄护黄使命担当

——石嘴山市中级人民法院环境资源审判工作纪实

良好的生态环境是最普惠的民生福祉。《黄河保护法》施行一年以来，石嘴山市两级法院切实以司法之力扛起治黄护黄的使命担当、筑牢黄河秀美安澜的法治堤坝，充分发挥审判职能作用，主动担当作为，狠抓落实，为黄河流域高水平保护和高质量发展提供了有力的司法服务与保障。

党的十八大以来，习近平总书记先后三次来到宁夏考察调研，2016年寄语全区各族人民建设经济繁荣、民族团结、环境优美、人民富裕的美丽新宁夏。2020年赋予宁夏努力建设黄河流域生态保护和高质量发展先行区的时代重任。2024年勉励全区上下“建设黄河流域生态保护和高质量发展先行区，在中国式现代化建设中谱写好宁夏篇章”。

石嘴山市两级法院深入贯彻落实习近平生态文明思想和习近平总书记考察宁夏重要讲话和重要指示批示精神，深刻领悟“两个确立”的决定性意义，增强“四个意识”、坚定“四个自信”、做到“两个维护”，切实把思想和行动统一到党中央决策部署和区市党委工作要求上来，不断提升生态环境法治保障意识，自觉把环境资源审判融入国家环境治理体系，守正创新、担当作为，严格执法办案，深入推进全方位司法服务、一体化法治保障，坚决维护黄河流域生态环境安全和人民群众环境权益。2023年10月19日，石嘴山市法检两院在贺兰山（大磴沟）生态环境法治宣传教育及修复示范点共同举办了“法检共治——保护生态环境 共筑法治长城”主题实践活动并签订倡议书，推进黄河流域生态环境一体化整体保护。

黄河在宁夏境内全长 397 公里，流经石嘴山 108 公里，石嘴山近 90%的水资源来自黄河。

一、与检察机关合力清“四乱”，保护“母亲河”

2019 年年初，受理宁夏首例行政公益诉讼案件，经审理查明，自 2006 年起，案外人王某某、廖某某、马某先后在惠农区良种场滨河大道（黄河惠农段标准化堤防）以东黄河河道的河滩上建设了三家狐狸养殖场，均未经相关行政部门审批，属于在河道管理范围内修建阻碍行洪建筑物、构筑物的乱建行为。三家养殖场占地共计 50 亩，面积 3.3 万余平方米，距离黄河河道仅 1 公里左右，动物防疫措施不到位，违规处理养殖废弃物，造成黄河河道排洪受阻，产生的生活污水及养殖废弃物对黄河水域及周围环境造成污染，不仅违反国家河道管理规定，还严重影响行洪、防洪安全和生态环境。故，于 2020 年 6 月 19 日作出行政判决，确认被告石嘴山市惠农区农业农村和水务局未依法履行责令王某某、廖某某、马某拆除在惠农区黄河河道管理范围内的养殖场（违法建筑）的河道监管职责行为违法，受到市委、市政府高度重视。该案入选最高人民法院黄河流域生态环境司法保护十大典型案例。

二、稳妥处理涉水源地整治行政案件，护航“污染防治攻坚战”

2021 年，石嘴山市中院妥善化解石嘴山市大武口区人民政府开展水源地环境整治土地征收引发的 7 件行政争议。2022 年，大武口区法院妥善处理孙某等 4 人起诉确认水源地整治补偿协议部分无效及行政赔偿系列案件。

三、聚焦生态环境资源保护，倾力服务贺兰山国家级自然保护区建设

妥善解决行政争议，支持行政机关依法关闭贺兰山东麓煤矿、非煤矿山、洗煤企业 97 家。

生态法治调研报告．第二辑

第26期

宁夏泾源县法院环境资源审判成绩单

宁夏泾源县法院是自治区高院确定的集中管辖固原市辖区一审环境资源类案件的法院。自2020年12月以来，该院深入贯彻党的二十大精神和习近平生态文明思想及宁夏回族自治区党委十三届五次全会精神，探索推进环境资源审判专业化建设，依法审理环境资源类案件，充分发挥环境资源审判职能作用，拓展司法参与生态环境保护治理的科学路径，依法惩治污染环境、破坏生态犯罪，履行人民法院维护生态环境公共利益的司法责任。积极回应人民群众对环境资源司法的新期待、新要求，聚焦人民群众反映强烈的生态环境问题，依法公正高效审理涉环境资源案件。贯彻恢复性司法理念，坚持发展和保护并重、打击犯罪与修复生态并举，为促进生态产业化、产业生态化建设，保护生态环境、助力绿色发展、建设美丽固原提供了有力的司法保障。

一、制定完善相关制度

根据环境资源类案件的特点和现状，结合上级法院的相关规定和法院实际，制定完善了《泾源县人民法院重大涉环境资源刑事案件会商制度》《泾源县人民法院关于进一步加强生态环境和资源保护行政执法与司法协作配合的实施办法》等相关制度。

二、组建专业化审判团队

组建了环境资源审判团队，并根据专业化分工确定由刑事审判庭审理刑事涉资源环境案件、综合审判庭审理民事涉环境资源案件，提高案件专业化水平。

三、妥善审理相关案件

2021年以来，受理环境资源类案件40件，其中刑事案件34件、民事案件1件、行政非诉审查案件5件，上述案件已审结38件。

四、加强业务学习

选派干警参加国家法官学院组织的专题培训班，组织干警认真学习环境资源相关法律、法规及司法解释、指导性案例，夯实理论基础；以“走出去、请进来”的方式加强沟通交流，选派业务骨干赴铁路法院、中卫中院等兄弟法院，学习他们的先进经验，不断提升庭审驾驭、裁判文书撰写能力，提高环资案件业务能力。

五、大力开展宣传工作

积极开展《黄河保护法》“8·15 全国生态日”“人与自然和谐共生”等专项法治宣传活动，组织干警在案件应诉、审理、宣判中同步开展普法宣传工作，取得良好成效。

基本经验：

第一，抓前端，强化案件诉源治理和审判联动。通过与县自然资源局、农业农村局等相关政府单位建立联席会议制度，就环境资源类案件诉前化解、裁判执行达成备忘录；强化与行政执法单位沟通协作，对行政非诉审查案件中发现的行政执法问题进行总结，通过联席会议、司法建议的方式反馈，提升行政执法的合法性和规范性，依法支持行政机关履行职务。建立重大涉环境案件资源刑事案件提前介入制度，明确介入时间、介入案件类型、介入范围及介入方式等，对侦查机关开展业务指导，引导其规范侦查流程，提升案件质效。搭建覆盖诉讼全过程及诉讼外沟通协作联动的环境资源案件诉源治理和执行联动机制平台，为进一步做好司法保护环境资源工作奠定基础。

第二，精审判，充分发挥环境资源审判职能作用。一是加大对涉及环境资源刑事案件的审判力度，依法严惩乱砍滥伐、滥捕野生动物、乱采滥挖矿产资源、非法占用农用地、制污排污等污染环境和破坏资源的违法犯罪行为。灵活运用强制措施和酌定量刑情节，将环境修复治理情况作为评价涉环境资源类案件的重要质效指标，将被告人在判决作出前是否对其损坏的环境进行修复作为被告人量刑的重要参考依据，对积极配合相关环保部门进行环境治理效果明显的，或者对积极赔偿经济损失、退赔违法所得及主动恢复生态环境效果明显的被告人，在裁判时予以考虑并从轻处罚。例如，在审理某矿业有限责任公司非法占用农用地刑事附带民事公益诉讼一案时，在一审环节，某矿业有限责任公司法定代表人黄某惠既不认罪，也拒不同意承担恢复被毁坏的植被及林地所需费用，法院经审委会研究决定对某矿业有限责任公司犯非法占用农用地罪判处罚金 20 万元，承担恢复被毁坏的植被及林地所需费用 379.626 万元，对该公司法定代表人黄某惠判处有期徒刑并果断变更强制措施决定逮捕。在法律的威慑下，黄某惠边提出上诉边安排其家属对被毁坏的案涉现场植被及林地进行恢复治理，在二审期间已恢复大部分林地植被。二审根据新的情况和证据发回重审，在重审开庭前经调查核实，现场恢复率达到95%，在重审时根据实际情况判决对某矿业有限责任公司犯非法占用农用地罪判处罚金10万元，承担恢复被毁坏的植被及林地所需的费用5%即189813元，对该公司法定代表人黄某惠判处有期徒刑宣告缓刑。又如，在审理被告人吴某素非法占用农用地刑事附带民事公益诉讼一案时，通过对被告人吴某素做大量的思想工作和释法说理，使其认罪、悔罪，在开庭前达成调解协议，由吴某素承担恢复被毁坏的植被及林地所需费用113.88万元并于开庭前实际履行完毕。本院组织观摩庭，邀请部分矿山企业负责人和人大代表、政协委员现场观摩，当庭判处被告人吴某素有期徒刑两年，宣告缓刑三年，并处罚金10万元。该案的成功办理，实现了涉环境资源案件"办理一案，治理一片，惠及一方"的工作效果，以及法律效果、政治效果和社会效果有机统一。再如，被告人王某军失火罪一案中，被告人王某军案发后补植了部分云杉苗木，对其酌情从轻予以处罚。同时对于泾源县人民检察院提起的附带民事公益诉讼案件，对积极赔偿经济损失、退赔违法所得及主动恢复生态环境效果明显的被告人，给予依法从轻处罚。二是依法审理环境资源民事案件。畅通司法救济渠道，完善司法便民措施，妥善审理涉及土地、矿产、林场等环境资源类民事案件。三是依法审理环境资源行政案件。做到既从程序上审查行政机关的执法程序是否合法，也从实体上审查行政许可、行政处罚等行为是否符合法定标准，最大限度保护行政相对人的合法权益以及社会公众的环境健康与安全。在原州区、西吉县、隆德县、彭阳县法院设立涉环境资源类案件巡回审理点，对案发地环境资源案件就近办理，便利当事人的同时有力提升案件的宣传、震慑效果。四是加大执行力度，竭力修复受损生态环境。在涉环境资源类执行案件办理过程中，组织精干力量，通过补种复绿、增殖放流、巡山护林等方式，努力确保生效法律文书确定的义务得到履行，竭力使受损的环境资源得到最大限度的修复，减少违法犯罪行为对环境带来的破坏。

第三，重宣传，营造全民环保氛围。充分利用"6·5世界环境日""8·15全国生态日"等重点宣传日，定期开展专项法治宣传活动；对于具有典型意义的环境资源案件，及时邀请县人大代表、政协委员等社会各界人士参加庭审旁听并在互联网上进行直播；案件生效后及时通过微信公众号等平台发布信息简报或典型案例；在六盘山镇塔湾村三关口打造"生态修复警示教育点"，定期邀请企业代表、个体户代表参观，通过上述宣传引导和警示教育举措，增强干部群众的环保意识，让全社会树立"绿水青山就是金山银山"的生态保护观念。例如，在审理被告人王某军失火罪、黄某得失火罪两案时，审判人员发现，这两起失火案件均是因被告人上坟引起，具有一定的典型性，案件审判后及时在微信公众平台进行普法宣传，提醒广大群众文明祭扫，提高人民群众环境保护意识。在审理马某明等人非法采矿罪一案时，本院组织全院干警赴被告人所在村进行点对点宣传，在当地发挥了很好的警示教育作用。

生态法治调研报告．第二辑

第 27 期

宁夏银川铁路运输法院生态司法工作有特色①

经宁夏回族自治区党委全面深化改革委员会同意、最高人民法院批复，自 2021 年 1 月 1 日起，银川铁路运输法院开始跨行政区划集中管辖银川、石嘴山、吴忠三市由基层法院管辖的第一审环境资源类案件，设立环境资源审判庭，实行民事、行政、刑事“三合一”归口审理机制。集中管辖以来，银川铁路运输法院高度重视环境资源审判工作，坚持以习近平新时代中国特色社会主义思想为指导，深入贯彻习近平生态文明思想和习近平法治思想，紧紧围绕党中央关于生态文明建设的决策部署，坚持以人民为中心，牢固树立和践行“绿水青山就是金山银山”理念，以高度的政治自觉、法治自觉、审判自觉，充分发挥审判职能作用，用心用力用情守护良好生态环境这一最普惠的民生福祉，努力为建设人与自然和谐共生的现代化提供司法服务和保障。

一、聚焦审判职能，以优质司法服务保障先行区建设

依法审理环境资源案件是人民法院推进生态环境司法保护的直接抓手，银川铁路运输法院立足执法办案第一要务，充分发挥环境资源刑事、民事、行政诉讼“三合一”审理优势，依法严厉惩处破坏环境资源刑事犯罪，有力震慑环境资源领域违法犯罪活动；依法审理环境资源民事案件，充分保障人民群众的合法环境权益；依法审理环境资源行政案件，支持监督行政机关依法行政；依法审理环境公益诉讼案件，全面维护国家、社会公共利益。通过优质高效审理各类案件，让行为人承担不同类型的法律责任，实现对环境资源全方位、立体性的司法保护，为宁夏建设黄河流域生态保护和高质量发展先行区提供司法服务和保障。

---

① 本文所涉相关数据由被调研单位提供。

（一）环境资源案件基本情况

2021 年 1 月 1 日至 2023 年 12 月 31 日，银川铁路运输法院共计受理环境资源类案件 74 件，其中，环境资源刑事案件 45 件 114 人 5 单位（刑事附带民事公益诉讼 14 件），占全部案件数的 60.81%；环境资源行政案件 28 件，占全部案件数的 37.84%；环境资源民事案件 1 件，占全部案件数的 1.35%。审结各类环境资源案件 72 件，结案率 97.30%。已审结的环境资源案件中，上诉案件 22 件（环资刑事 9 件、行政 12 件、民事 1 件），上诉率 30.50%；无改判发回案件。已审结的环资刑事案件中，判处实刑 47 人，缓刑 66 人，免予刑事处罚 1 人；单位判处罚金共计 5352 万元，个人判处罚金共计 1005.2 万元；判决或被告人主动缴纳生态修复费用共计 3891 万余元，已到位生态修复费用 832 万元。

已审结的环资行政案件中，撤诉 9 件，驳回诉讼请求 7 件，驳回起诉 7 件，确认违法 2 件，撤销行政行为 3 件，责令法定期限内支付补偿款 1 件。已审结的环资民事案件 1 件，判决被告赔偿相应经济损失。

（二）环境资源案件分布及特点

1. 案由分布。45 件环资刑事案件中，涉非法采矿罪案件 20 件，涉污染环境罪案件 9 件，涉非法占用农用地罪案件 8 件，涉掩饰、隐瞒犯罪所得罪案件 6 件，涉危害珍贵、濒危野生动物罪案件 4 件，涉非法狩猎罪案件 3 件，涉盗伐林木罪案件 2 件，涉危害国家重点保护植物罪案件 1 件。上述部分案件系同一案件涉及多个不同罪名。28 件环资行政案件中，行政处罚类案件 11 件，行政强制类案件 9 件，行政许可类案件 4 件，不履行法定职责类案件 3 件，行政协议类案件 1 件。环资民事案件 1 件，案由为固体废物污染责任纠纷。

2. 地域分布。受理的 74 件环境资源案件中，银川地区 23 件（刑事案件 8 件，行政案件 15 件），占比为 31.08%；石嘴山地区 23 件（刑事案件 12 件，行政案件 11 件），占比为 31.08%；吴忠地区 28 件（刑事案件 25 件、民事案件 1 件、行政案件 2 件），占比为 37.84%。

3. 案件特点。辖区内环境资源案件呈现以下特点和态势：一是环境资源类刑事案件发案多集中于矿产、土地、林木、野生动物等资源开发利用和环境污染领域。二是环境资源类行政案件中，因环保问题被处罚不服提起诉讼的情况最为突出，行政强制类案件数量虽仅次于行政处罚类案件，但存在同一原告因数个关联的行政强制行为，针对不同行政机关提起多个诉讼的情况。三是民事案件数量很少，可能存在部分法院因环境资源类案件范围划分不明确或未完全按照文件精神移送集中管辖的情况。

（三）环境资源案件反映出的主要问题

1. 环境资源刑事案件

（1）盗采矿产资源犯罪多发，造成国家矿产资源流失，生态环境严重破坏。

2021年至2023年，银川铁路运输法院受理的45件环境资源刑事案件中，涉非法采矿罪案件20件，占比为44.40%。该20件案件中，吴忠地区13件，矿产品种类全部为砂石，矿产品价值总计3.9亿余元；石嘴山地区6件，其中5件矿产品种类为砂石，1件为煤炭，矿产品价值共计942万余元；银川地区1件，矿产品种类为砂石，矿产品价值13万余元。

上述地区案件数量及非法采矿的矿产品价值的差距反映出，非法采矿案件的发生通常与该地区的建设工程开展情况息息相关。比如，非法采矿案件数量最多的吴忠地区，近年来伴随着京藏高速、乌玛高速、城际铁路等项目的建设，砂石需求大量增加，合法的矿场产出的砂石供不应求。在利益驱使下，被告人铤而走险，在无采矿许可证的情况下实施非法采矿行为，谋取非法利益。部分案件中的被告单位、被告人非法采矿持续时间长、次数多，甚至有个别被告人在被追究刑事责任之前，已因非法采矿被行政机关多次行政处罚（如被告人雷某强非法采矿一案），一边缴纳罚款，一边继续实施非法采矿行为，还有的被告人以修复治理之名行非法开采之实。被告人的肆意盗采，致使案发地点形成众多大小不一的矿坑，有的矿坑和地面之间落差达几十米，部分山体甚至被夷为平地。这些矿坑虽然进行了后期修复治理，但也只能进行削坡降级处理，无法恢复原状，给当地群众的生产生活带来巨大不便及隐患，也给生态环境造成了不可修复的损害。例如，审理的被告单位宁夏某农业开发有限公司、被告人杨某某等人非法采矿案，该案系中央环保督导组暗访时发现的案件，该公司非法开采面积超出采矿许可证面积1000余亩，其大面积非法越界采砂，不仅破坏了国家矿藏资源、损害了生态环境，也威胁到采砂区域内输电线路的安全运行。

（2）污染环境犯罪点状分布，重点区域环境污染问题突出，需引起重视。

银川铁路运输法院共受理污染环境刑事案件9件，占全部刑事案件总数的20%。其中，银川地区3件，污染物种类为废油泥、工业废水及工业废气；石嘴山地区2件，涉及污染物均为工业废水；吴忠地区4件，涉及污染物主要为废油泥、工业废水及固体废物。涉及倾倒、处置废油泥造成环境污染的案件，主要发生在远离市区、较为偏远的地点；涉及工业废水、废气的案件主要与工业园区企业处置、排放污水有关。此类案件一旦造成环境污染，带来的生态损害后果将无法弥补。且由于前期的应急处置及后期修复、治理费用巨大，在行为人无法承担的情况下，必将由政府财政买单，给公共财产造成巨大损失。例如，被告人郭某某等6人污染环境案中，6被告人将生产产生的工业废水300余吨偷排至平罗县第三排水沟（系黄河一级支流），造成下游鱼类大量死亡。当地政府采取应急处置措施，支出应急处置费用790余万元。经鉴定，造成鱼类资源损失及恢复费用48万余元。

同时，在办理案件过程中还发现，行政机关、公安机关在对污染现场的应急处置、污染物采样、证据收集等方面存在不够规范的情形。例如，被告人王某甲污染环境罪、危险作业罪，被告人王某乙、刘某某、王某丙危险作业罪一案中，按照《危险废物鉴别技术规范》和《危险废物鉴别标准》等的规定，对污染物突发环境事件及其处理过程中产生的固体废物，应对其污染程度进行判断，并根据判断结果对固体废物进行分类。而该案的鉴定机构接受委托进场采样时，吴忠市生态环境局同心分局已经初步对污染区域进行了开挖清理，影响了对固体废物污染程度的判断和分类采样的精准度，致使在认定被鉴定土壤属于固体废物还是危险废物、是否支持已经产生的按照危险废物处置的相关费用方面产生较大分歧，给案件的审理、事实的认定及定罪量刑带来了困难。

（3）非法占用农用地罪案件历史遗留问题较多，被告人对自身行为及土地性质缺乏准确认知。

银川铁路运输法院共受理非法占用农用地罪案件8件，其中吴忠地区7件，除未结的1件案件外，其余非法占用土地的主要类型为天然牧草地和林地，占用面积共计1361.7亩；银川地区1件，非法占用土地的类型为林地，占用面积31.6亩。此类案件多为被告人出于在其承包土地上种植农作物、扩建砖厂、开设石料厂等目的，未经审批改变土地用途，实施了开垦、铺地等行为，致使大量草地、林地被损毁。被告人对于自身行为的违法性通常缺乏准确的认识，认为其系在自己承包的土地上实施开垦、种植行为，不应被认定为犯罪，个别案件因承包合同的签订距今年代较远、承包年限较长，被告人对其承包土地为天然牧草地或是林地等情况无清晰认知，故此类案件认罪认罚率较低，且对周边处于观望状态的居民、村民等造成了较大的不良影响。

（4）危害动、植物类罪案件中，团伙型犯罪、上下游犯罪情况突出。

银川铁路运输法院共受理危害珍贵、濒危野生动物罪案件4件。其中，银川地区3件，石嘴山地区1件。除银川地区的1件外，其他3件均同时涉及非法狩猎罪，掩饰、隐瞒犯罪所得罪或非法持有枪支罪。

从案件具体情况来看，此类案件主要呈现以下特点：一是不同区域，甚至跨省区被告人互相勾结，共同犯罪。二是上下游犯罪紧密结合，通常一个案件中涉及多个罪名。三是此类犯罪有较强的时效性，通常多发于野生动物繁殖季节。四是涉案动物的救助、保护具有紧迫性。五是此类犯罪给生物多样性及生态环境平衡带来较大损害。例如，被告人罗某某等人危害珍贵、濒危野生动物，掩饰、隐瞒犯罪所得，非法狩猎一案中，罗某某连续数年每逢野生鸟类繁殖季节就到宁夏收购野生鸟类蛋卵、幼鸟，其他被告人在获知收购信息后，或亲自实施非法狩猎行为，或另从他人处收购，致使大量野生鸟类蛋卵、幼鸟流离失所、冻病死亡，给行政机关、司法机关救助涉案动物带来巨大挑战。

此外，受理的1件危害国家重点保护植物罪案件中，被告人因在石嘴山市某农场附近采挖野生锁阳66株、肉苁蓉130株入罪。2021年9月7日，国家林业和草原局、农业农村部联合公布了新调整的《国家重点保护野生植物名录》，将锁阳、肉苁蓉、黑果枸杞等列为国家二级保护植物。但仍有很多人并不了解上述情况，在不清楚自己行为性质的情况下触碰了法律红线。

2. 环境资源行政案件

（1）行政处罚类案件11件，其中银川地区8件，石嘴山地区3件，均系原告不服生态环境主管行政机关作出的行政处罚决定而提起诉讼。其中，5件裁定驳回起诉，4件撤诉，2件判决撤销行政处罚。其中，判决撤销案件中行政机关的败诉原因为：一是法律适用错误；二是认定事实不清、适用法律错误且违反法定程序。例如，银川某滑雪场诉宁夏回族自治区贺兰山国家级自然保护区管理局环境保护行政处罚案、诉贺兰县自然资源局环境保护行政处罚案二案。

（2）行政强制类案件9件，其中，银川地区1件，石嘴山地区8件，主要系原告不服被告强制拆除其地上附着物或责令其停止违法行为而提起诉讼。其中，2件裁定驳回起诉，2件撤诉，2件判决驳回诉讼请求，2件判决撤销案涉行政行为，1件判决确认案涉行政行为违法。判决撤销或确认违法案件中行政机关败诉原因为：一是行政机关实施行政行为超越法定职权。例如，滑某某诉石嘴山市惠农区综合执法局强制拆除房屋或者设施一案。二是行政行为明显不当。例如，滑某某诉石嘴山市惠农区农业农村和水务局责令改正一案。三是行政机关认定事实不清，主要证据不足，适用法律错误。例如，卢某某不服石嘴山市生态环境局责令改正一案。

（3）行政许可类案件4件，银川地区和石嘴山地区各2件，主要系原告不服行政机关不予颁发行政许可或要求行政机关撤销其为第三人颁发的行政许可而提起诉讼。其中，3件裁定驳回起诉，1件撤诉。

（4）不履行法定职责类案件3件，其中，银川地区1件，石嘴山地区2件，主要系原告要求行政机关履行对违法排放污染物、违法取得行政许可的查处职责而提起诉讼。其中，2 件裁定驳回起诉，1 件撤诉。

（5）行政协议案件 1 件，系原告要求行政机关支付行政协议约定的补偿款，该案判决被告按照协议约定向原告支付补偿款。

3. 环境资源民事案件

民事案件仅有 1 件，系原告认为被告产生的固体废物污染致其损害，要求赔偿相应损失而提起诉讼。该案件中亦涉及对于损害是否存在以及损失数额的鉴定问题，凸显出鉴定对于环境资源类案件的重要性。

4. 环境资源公益诉讼案件

主要类型为刑事附带民事公益诉讼案件，共 14 件，其中，非法采矿附带民事 2 件，污染环境附带民事 5 件，非法占用农用地附带民事 3 件，非法狩猎、掩饰、隐瞒犯罪所得附带民事 3 件，盗伐林木附带民事 1 件。结案 13 件，结案方式为调解 5 件，判决 7 件，公益诉讼起诉人实现诉讼请求撤诉 1 件。

刑事附带民事公益诉讼案件的提起主体单一，均为检察机关，无赔偿权利机关或社会组织提起。受鉴定、评估等因素的影响，检察机关在提起附带民事公益诉讼时，存在与刑事案件起诉不同步、诉讼请求不全面，同类型案件诉讼请求不统一等情况。

二、聚焦改革创新，推动环境资源审判体制机制现代化

积极落实中办、国办《关于构建现代环境治理体系的指导意见》和宁夏回族自治区党委在环境资源领域的各项工作部署，持续开展环境司法改革创新，通过更新观念、完善机制、落实举措等方式，强化对“一河两漠三山”等重点生态环境资源功能区的司法保护，全力实现环境资源审判的跨越式发展。

（一）推行“三合一”审理模式

选调具有民事、刑事、行政审判岗位工作经验、综合业务素质强的干警到环境资源审判庭工作，将环境资源刑事、民事、行政案件统一归口至环境资源审判庭审理，实现机构运转实质化，统一案件裁判标准，保障环资审判司法理念一以贯之。同步设立环境资源专业法官会议，及时研究案件审理过程中遇到的疑难复杂问题，为案件审理提供思路和方向。同时，根据环境资源案件的不同特点，分别制作符合环境资源审判规律的刑事案件简易程序、普通程序、附带民事公益诉讼等 6 种庭审笔录模板，并在裁判文书说理部分体现环境资源案件的独特说理方式，传播环境资源审判的司法理念。通过环资审判“三合一”审理，锻炼了队伍的综合业务能力，涌现出一批业务骨干，1 人被评为全国法院环资审判先进个人。

（二）践行“审判+修复”司法理念

坚持恢复性司法理念，将被告人对生态环境是否修复治理或愿意赔偿生态环境修复治理费用作为重要的量刑考量情节，实现打击犯罪与修复生态有机结合。例如，审理被告人郭某某等6人开垦草原种植农作物构成非法占用农用地罪一案时，通过释法说理，6名被告人自愿交纳15.2万元用于对被破坏草原的“补植复绿”。审理的宁夏某公司及李某等8人污染环境案，针对被告人故意倾倒国家危险废物废油泥引发的沙漠生态环境污染问题，在及时协调相关部门对被污染地块进行修复的同时，根据犯罪情节分别判处被告单位罚金、2名主犯有期徒刑并处罚金、6名从犯缓刑并处罚金，取得了良好的法律、社会和生态效果。

（三）构建专门化审判机制

在石嘴山市大武口区法院、吴忠市利通区法院分别设立“环境资源巡回审判点”，通过巡回审判、就地开庭的方式，实现案件审理和警示教育的双重效果。与石嘴山市、吴忠市8县（区）基层法院建立人民陪审员共用机制，选取80名人民陪审员参与庭审，着力提升司法公信力，提高审判质效。通过报请自治区高院协调，将集中管辖范围内三地区刑事案件犯罪嫌疑人、被告人统一关押于银川市看守所，解决了集中管辖区域大，刑事案件犯罪嫌疑人、被告人押解不便的问题。针对环境资源审判专业性强、涉及专门领域问题多等特点，积极与宁夏大学生态环境学院、自治区生态环境厅等单位进行对接，共选聘矿山恢复治理、水质监测等领域的21名专家建立专家库。同时，联合宁夏大学生态环境学院建立“环境资源司法理论研究和实习实践基地”，推动司法审判实务与生态环境科学技术学科的长效互动，着力提升环境资源审判质效。

（四）建设生态环境法治宣传教育及修复示范点

为进一步贯彻落实恢复性司法理念，打造环境资源审判替代性修复责任的承载区域，提升公众生态环境保护意识，银川铁路运输法院聚焦以“一河两漠三山”为重点的生态保护区，结合集中管辖银川、石嘴山、吴忠三市地理环境特点和生态保护现状，选取贺兰山石嘴山段、灵武市白芨滩、银川市镇北堡镇移民村、吴忠市滨河大道四个地址，牵头与相关部门建成黄河吴忠古城湾砌护段生态环境保护司法教育和宣传基地，贺兰山大磴沟、灵武市白芨滩、镇北堡镇昊苑村生态环境法治宣传教育及修复示范点，并签署生态环境修复框架协议，为后续修复责任落实和替代性修复的履行提供了平台。

（五）建立与行政、公安、检察机关的协调联动机制

与公安机关、检察机关会签《重大涉环境资源刑事案件会商制度》，明确三部门

职责分工，实现司法协作常态化。与石嘴山市自然资源、生态环境部门等单位印发《关于建立部门间联合打击破坏自然资源违法犯罪工作机制的意见（试行）》，加强打击破坏环境资源违法犯罪的合力。协调自治区财政厅自然资源与生态环境处制定《宁夏生态环境损害赔偿资金管理办法（试行）》，解决了我区无生态修复资金的管理和使用制度问题。定期或不定期召开环境资源审判工作联席会议，凝聚共识，进一步加强生态环境和资源保护司法与行政执法合力。

三、聚焦能动司法，着力提升环境资源司法治理水平

银川铁路运输法院坚持现代能动司法理念，进一步延伸审判职能，积极履行环境资源司法保护职责，将人民群众对美好生活的向往作为环境资源审判工作的出发点和落脚点。

（一）主动作为，履行环境资源司法保护职责

在审理被告人罗某某等人危害珍贵、濒危野生动物，掩饰、隐瞒犯罪所得，非法狩猎一案中，涉案非法猎获的大量野生苍鹭蛋卵被公安机关依法扣押并交由被告人孵化喂养，由于缺乏养护条件，造成大量苍鹭幼鸟死亡。了解相关情况后，银川铁路运输法院立即安排审判人员进行实地调查，并与自治区林草局、公安厅森林公安局等部门召开联席会议，制订救助方案。同时，将相关情况及时上报自治区高院，自治区高院主要领导高度重视，亲自到现场查看，并作出批示，要求依法妥善审理案件的同时，做好涉案野生动物的救助工作。经过不懈努力，最终协调各部门筹措资金 86 万元用于涉案苍鹭救助，并将救助存活的近 1100 只苍鹭全部放归自然，相关案件业已审理终结，各被告人被判处有期徒刑四年六个月至一年不等，并处相应罚金。案件审结后，银川铁路运输法院建议相关机关制定野生动植物及其制品的移送、保管制度，确保涉案动植物及其制品得到妥善处置。该案的审理充分彰显了银川铁路运输法院能动司法，维护生物多样性、实现人与自然和谐共生的司法担当。该案也成为最高人民法院 2024 年发布的《司法服务黄河流域生态保护和高质量发展典型案例》之一。

（二）综合施策，提升生态环境保护综合治理水平

注重延伸环境资源审判在社会治理中的积极作用，通过向环境保护主管机关发送司法建议等形式，促使生态环境保护端口前移，从“治已病”向“治未病”转变，实现对生态环境的预防性保护和环境资源领域的综合治理。三年来，向自然资源部门、生态环境部门等共发出司法建议 10 余份，建议被回复、采纳率 100%。其中，针对近年来审理青铜峡地区非法采矿案件中发现的突出问题，发出综合司法建议 1 份，从三个方面提出具体意见建议，青铜峡市自然资源局高度重视，复函详细列明了其针对矿

产资源违法犯罪情况采取的相应措施，有效加大了打击矿产资源违法犯罪的力度。

（三）注重宣传，扩大生态环境司法保护影响力

银川铁路运输法院严格落实“谁执法谁普法”普法责任制，积极开展“3·22世界水日”“4·22世界地球日”“6·5世界环境日”等宣传活动，汇聚全院各审执条线青年骨干力量，深入机关、企业、学校、社区等开展环保法治宣讲活动；为进一步加强环境资源审判宣传工作，银川铁路运输法院以被告人罗某某等人非法狩猎一案为基础，拟定脚本，拍摄银川铁路运输法院环境资源审判纪实宣传片；根据审理的不同案件类型，邀请环境保护主管机关工作人员、环境损害发生地群众、大中专院校学生到法庭旁听庭审，使庭审现场成为一堂生动的环保法治宣传课和警示教育课。例如，审理被告人郭某某等6人非法占用农用地一案时，邀请了森林公安、自然资源局、乡镇干部、附近村民等40人到庭旁听，起到了“审理一案，警示教育一片”的良好效果。三年来，银川铁路运输法院审理的多篇环境资源案件信息，被《人民法院报》《法治日报》《中国环境报》等主流媒体转刊发，有效发挥了环境资源审判法治引领和导向作用。

四、聚焦能力提升，打造环境资源审判专业化品牌

坚持以新时代环境司法理念指导、引领和丰富环境资源审判实践，注重调查研究，强化典型案例培树，加强专业化队伍建设，努力打造环境资源审判专业化品牌。

（一）调查研究持续深入

银川铁路运输法院重视环资审判调查研究工作，通过调查研究，架起理论与实践的桥梁，推动理论研究和司法实践的深度融合，不断提升团队审判业务能力和研究水平。撰写的题为《集中管辖下环境资源审判的现状、问题及完善路径——以银川铁路运输法院的审判实践为视角》的调研报告，作为主题教育期间的调研成果报送自治区高院，并被自治区高院选中在全区法院做经验交流，该调研报告也在《铁路与法》期刊刊载发表。环资庭干警撰写的调研文章也多次在兰州铁路运输中级人民法院评选的调研成果中获奖。

（二）典型案例成绩突出

银川铁路运输法院注重对典型案例的挖掘与分析，充分发挥典型案例示范引领和规则补充作用。1篇典型案例被最高人民法院作为《司法服务黄河流域生态保护和高质量发展典型案例》予以发布，2篇典型案例在中国法学会环境资源法学研究会、中国法学会案例法学研究会、内蒙古自治区高级人民法院联合举办的《强化环境资源司法保护研讨会》公布的优秀案例中分别获得环境资源司法保护优秀案例一等奖和三等

奖，1 篇裁判文书获得全国法院环境公益诉讼裁判文书三等奖。多篇案例及裁判文书分别荣获兰铁中院优秀案例和优秀裁判文书奖。

（三）队伍能力不断提高

银川铁路运输法院持续加强队伍建设，着力提升环资审判水平。环境资源案件专业性较强，特别是涉及环境污染的案件，对于污染物性质、类别的判断，因果关系、损害后果的分析等具有较强的专业性，法官不但要掌握环境法律法规，还要了解环境科学知识，才能审理好此类案件。且环境资源案件实行“三合一”归口审理的审判模式，在同一案件的审理过程中，可能存在民事、刑事、行政法律关系交织的情况，对法官自身能力要求就会更高。因此，银川铁路运输法院建设学习型审判团队，通过培训、集中学习、自学等方式，学习环资审判的典型案例、法律法规，提升法官办案能力。加大环境裁判文书改革力度，形成符合环资审判特点的文书制作规范，增强说服力和科学性。通过审判案例、裁判文书、调研文章等形式，积极培养专家型法官，着力增强环资审判能力，不断提升环资审判司法公信。

习近平总书记 2020 年 6 月考察宁夏时提出“努力建设黄河流域生态保护和高质量发展先行区”①。银川铁路运输法院牢记总书记殷殷嘱托，坚决扛起司法保障生态文明建设重任，在全面建设社会主义现代化国家新征程上，继续深入贯彻习近平新时代中国特色社会主义思想，深入践行习近平生态文明思想和习近平法治思想，忠诚履行生态环境司法保护职责使命，坚定守护天蓝地绿水清的美丽宁夏，为黄河流域生态保护和高质量发展先行区建设贡献司法力量！

① 参见《努力建设黄河流域生态保护和高质量发展先行区——习近平总书记宁夏考察重要讲话引发热烈反响》，载求是网，http：//www. qstheory. cn/llwx/2020-06/12/c_ 1126104197. htm，最后访问时间：2024 年 12 月 19 日。

生态法治调研报告 . 第二辑

第 28 期

银川铁路运输法院环境资源典型案例①

案例一：宁夏某能源公司及李某某等 8 人污染环境案

【基本案情】

被告单位宁夏某能源公司的经营范围包括资源再生及综合利用技术、原油加工及石油制品制造、废油加工等，公司生产经营过程中产生的废油为危险废物，应当按照规定依法处置。被告人李某某系该公司副总经理。2021 年 5 月 30 日，李某某代表公司与被告人张某甲签订《储油罐租赁协议》，约定其公司将所有的储油罐租赁给张某甲使用，但油罐内的废油泥由张某甲自行清理。后被告人张某甲自行或通过他人先后联系被告人郭某某、王某某、谢某某、张某乙、张某丙、陈某某驾驶危货车辆帮忙运输清理出的废油泥。2021 年 6 月 1 日至 2 日，在被告人张某甲、张某乙的带领下，被告人郭某某、王某某、谢某某、张某丙、陈某某驾驶装有废油泥的危货车辆前往灵武市马家滩镇农村户大羊其村二队东侧 300 米处，并将废油泥 98 吨倾倒在沙沟中。剩余的废油泥 43. 54 吨，因被告人误以为有警车出现而未予倾倒。经鉴定，被告人倾倒的废油泥属于危险废物。案发后，宁夏某能源公司、被告人李某某分别承担危险废物紧急处置费用 20 万元和 12 万元。案件审理过程中，被告单位及各被告人共同赔偿刑事附带民事诉讼公益诉讼起诉人诉请的生态修复费用、检测评估费用共计 116360 元，公益诉讼起诉人撤回起诉。

① 相关案例由银川铁路运输法院提供。

【裁判结果】

银川铁路运输法院一审认为，被告单位宁夏某能源公司和被告人李某某违反国家关于危险废物管理的规定，将危险废物油泥交给无危险废物处置资质的被告人张某甲非法处置，被告人张某甲指使、雇用被告人张某乙、郭某某、谢某某、王某某、张某丙、陈某某共同运输并非法倾倒危险废物，严重污染环境，其行为均构成污染环境罪，公诉机关指控罪名成立，对被告单位及各被告人应当予以处罚。综合考虑被告单位及各被告人所具有的法定、酌定量刑情节，判处被告单位罚金 12 万元；被告人李某某和张某甲被分别判处有期徒刑二年、一年十个月，并处罚金 2 万元；其余被告人被分别判处有期徒刑一年六个月至九个月不等的刑期，适用缓刑，并处罚金 2 万元至 5000 元不等。同时，禁止适用缓刑的各被告人在缓刑考验期内从事与处置危险废物有关的经营活动。宣判后，被告单位及各被告人均未提出上诉。

【典型意义】

本案系因倾倒废油泥引发的环境污染刑事附带民事公益诉讼案件。废油泥主要来源于石油化工行业，属于国家危险废物名录中明确列明的物质。废油泥中含有大量的重金属、苯系物、酚类物质，随意倾倒、处置，会对生态环境和人类健康造成严重危害。本案废油泥倾倒地点虽然在灵武市大羊其村的一个偏僻沙沟，但是，如果不及时清理和修复，会对本来就很脆弱的沙漠生态环境造成严重损害。因此，案件审理过程中，银川铁路运输法院高度重视污染物的清理及被污染地块的修复工作，及时建议检察机关协调相关部门通过换土填平沙坑、播撒草籽等方式，对被污染地块进行了修复。在审理该案时，正确适用污染环境犯罪的法律法规及司法解释，依法严惩随意倾倒、处置危险废物污染环境的犯罪行为，对被告单位，根据其造成的生态环境损害情况和修复费用，决定判处的罚金数额；对于主犯李某某、张某甲，根据其在犯罪中的地位、作用及对生态环境的损害情况等，依法适用实刑；对于受雇用运输、倾倒危险废物的 6 名从犯，根据其地位作用及犯罪情节等，依法适用缓刑，并宣告在缓刑考验期内禁止从事与处置危险废物有关的经营活动，避免其再犯的风险。

案例二：郭某某等 6 人污染环境刑事附带民事公益诉讼案

【基本案情】

被告人郭某某系宁夏平罗某化工公司的实际控制人。2019 年年底，被告人武某某与郭某某达成协议，租用其公司车间生产二乙基二硫醚（系农药中间体）。被告人张某某系被告人武某某的生产技术负责人。2021 年 9 月，郭某某和武某某商议将生产过程中产生的废水倾倒至平罗县第三排水沟（又称典农河），由武某某向郭某某支付废水处理费用10万元，张某某对此事知晓。2021年10月1日、2日，郭某某联系被告人魏某某，魏某某又联系被告人周某某一同驾驶危货车辆前往生产车间装运废水，并将废水运输至平罗县某液化气公司，郭某某将该公司大门打开并关闭监控设备，被告人王某某在该公司西侧围墙凿洞，并将排水管一端连接在魏某某、周某某驾驶的危货车上，另一端穿过洞口拉拽至墙外的第三排水沟，将废水排放至该排水沟内。经统计，各被告人共装运、倾倒废水16车300余吨。经鉴定，涉案排放废水属于有毒物质。

案发后，石嘴山市人民政府组织辖区内生态环境局、农业农村局、水务局等相关部门及人员通过打坝截流、抽取污染水体、清理底泥、打捞死鱼等方式进行了应急处置。后经鉴定，应急处置费用共计8235465.15元；被告人非法排污致鱼类生物资源损害的直接损失额为121990.05—174625.67元；鱼类资源恢复费用为365970.15—523877.01元。

银川铁路运输检察院提起刑事附带民事公益诉讼，请求判令各被告人共同承担污染处置费、鱼类直接损失费、鱼类资源恢复费、鉴定费及咨询费。

【裁判结果】

银川铁路运输法院一审认为，6名被告人违反国家关于有毒物质的管理规定，共同倾倒有毒物质300余吨，并造成公共财产损失100万元以上，后果特别严重，其行为均构成污染环境罪。公诉机关指控罪名成立，对各被告人均应予处罚。在共同犯罪中，被告人郭某某、武某某系犯意提起者、组织实施者及具体行为参与者，地位作用相当，均起主要作用，系主犯，应当按照其所参与的或者组织、指挥的全部犯罪处罚；被告人张某某、王某某、魏某某、周某某接受指派或雇用，实施具体犯罪行为，起次要、辅助作用，系从犯，依法应减轻处罚。被告人郭某某、武某某、王某某、魏某某、周某某自愿认罪认罚，均依法可从宽处理。被告人武某某、王某某有坦白情节，被告人魏某某、周某某有自首情节，均依法可从轻处罚。案发后，被告人郭某某家属已代为赔偿部分污染处置费，对其可酌情从轻处罚。综合考虑各被告人所具有的法定、酌定量刑情节，判处各被告人三年至一年六个月不等有期徒刑，并处罚金10万元至2万元不等。同时，被告人共同污染环境的犯罪行为，损害了社会公共利益，应当承担民事赔偿责任。法院根据鉴定机构出具的关于损害赔偿费用的鉴定意见，结合本案证据情况及生态环境损害赔偿和应急处置的相关规定，判令被告人共同赔偿因污染环境造成的清除污染费7972349.53元，鱼类损失费、鱼类恢复费487960.20元，鉴定费100000元，评估费30000元，共计8590309.73元。

【典型意义】

本案系偷排污水引发的环境污染刑事犯罪案件。被告人通过分工合作，共同将生产经营过程中产生的污水未经处理直接排放至平罗县第三排水沟（又名典农河）内，造成水体环境污染、鱼类大量死亡的严重后果。典农河系黄河一级支流，在保障黄河下游水质质量方面具有重要作用，石嘴山市人民政府在污染事件发生后立即进行应急处置，避免了污染水体对黄河生态环境的损害。银川铁路运输法院贯彻落实全面追责原则和最严法治观，依法严惩污染环境犯罪，面对辩护律师团队提出的大量质疑，通过通知鉴定人出庭、咨询专家意见等方式，解决环境技术专业性问题，准确认定污染物性质、环境损害赔偿范围、生态环境损害赔偿金额等，依法判处被告人应当承担的刑事、民事责任，实现对污染环境犯罪分子的严格追责，以及对受损环境公共利益的充分救济。

案例三：宁夏某新能源公司及刘某某、王某某污染环境案

【基本案情】

被告单位宁夏某新能源公司系 2022 年、2023 年全区重点排污单位。被告人刘某某系该公司法定代表人、总经理，全面负责公司的生产经营和环保工作。被告人王某某系该公司三车间副主任，同时负责高清洁重烃改质车间在线监测设施运维工作，于 2022 年 11 月 15 日取得污染源自动监测（废弃运维工）运维技术培训证书。2021 年 1 月起，被告单位高清洁重烃改制装置催化烟气再生炉烟气总排口自动监测设施与宁东基地管委会生态环境局监控中心联网，同年 10 月 26 日，该自动监测设施通过验收。被告人刘某某系该验收组组长。

2021 年 12 月至 2022 年 9 月，被告人王某某将通过验收的在线监测设备烟道横截面积、环境质量自动在线监测设备信息系统中二氧化硫、氮氧化物的量程参数进行修改，并在作业现场组织人员在被告单位烟气排放采样探头处加装氮气、工业风、蒸汽管道。经鉴定，上述行为均对污染物排放量的监测产生影响，致使应纳税额减少及空气环境损害。

【裁判结果】

银川铁路运输法院一审认为，被告单位某新能源公司作为宁夏回族自治区重点排污单位，篡改在线监测数据，通过修改在线监测系统烟道横截面积、在采样探头处加装管道的方式干扰自动监测设施，排放二氧化硫、氮氧化物等污染物，严重污染环境。被告人刘某某系被告单位某新能源公司的法定代表人，在被告单位某新能源公司污染

环境中起批准、授意作用，系单位犯罪直接负责的主管人员。被告人王某某在被告单位某新能源公司污染环境过程中具体实施犯罪行为并起较大作用，系单位犯罪其他直接责任人员。被告单位某新能源公司，被告人刘某某、王某某的行为已构成污染环境罪，应予刑事处罚。综合考虑被告单位及各被告人所具有的法定、酌定量刑情节，判处被告单位某新能源公司犯污染环境罪，判处罚金20万元；被告人刘某某犯污染环境罪，判处有期徒刑一年六个月，缓刑二年，并处罚金10万元；被告人王某某犯污染环境罪，判处有期徒刑一年，缓刑一年六个月，并处罚金5万元。宣判后，被告单位及各被告人均未提出上诉。

【典型意义】

准确、真实的环境监测数据是客观评价环境质量状况、反映污染治理成效、实施环境管理与决策的基本依据。根据相关司法解释的规定，重点排污单位篡改、伪造自动监测数据或干扰自动监测设施，排放化学需氧量、氨氮、二氧化硫、氮氧化物等污染物的，应当认定为“严重污染环境”。某新能源公司作为宁夏重点排污单位，应当按照国家法律法规的要求，严格控制污染物的排放，保证在线监测设施正常运行，自觉承担污染防治主体责任。但其为降低成本、牟取暴利，实施篡改自动监测数据、干扰自动监测设施、破坏环境质量监测系统行为，排放二氧化硫、氮氧化物等污染物，严重污染环境，应当承担污染环境罪的刑事责任。该公司法定代表人刘某某在本案中起批准、授意作用，系单位犯罪直接负责的主管人员，被告人王某某在本案中具体实施犯罪行为并起较大作用，系单位犯罪其他直接责任人员，二人的行为亦构成污染环境罪。

案例四：孔某非法占用农用地案

【基本案情】

2016年12月，被告人孔某与段某某（另案处理）商量欲寻找一块地种植西瓜。随后，被告人孔某雇用他人驾驶装载机、工程车，装运约500车砂砾堆放、铺垫在中宁县花豹湾村花豹湾沟南侧、同心县河西镇朝阳村青疙瘩塘林地上。经鉴定，被告人孔某堆放、铺垫砂砾的土地类型为封育未成林林地，占地面积106.4亩；堆放、铺垫厚度平均17厘米，造成原植被、林地不可自然恢复和林业种植条件严重毁坏。案发后，被告人主动向公安机关投案，如实供述了其犯罪事实，并雇用他人对案涉林地进行了清理，支付清理费用19000元。案件审理过程中，银川铁路运输检察院作为公益诉讼起诉人提起附带民事公益诉讼，要求被告人孔某赔偿生态环境受到损害至修复完成期间服务功能丧失导致的损失和鉴定费共计 54525 元。经本院主持调解，双方达成调解协议，由被告人孔某分期支付上述费用，现被告人已全部支付到位。

【裁判结果】

银川铁路运输法院一审认为，被告人孔某违反土地管理法规，非法占用林地，改变被占用林地用途，数量较大，造成林地大量毁坏，其行为已构成非法占用农用地罪。公诉机关指控罪名成立，对被告人孔某应予惩处。综合考虑被告人孔某具有自首、自愿认罪认罚、及时清理案涉林地，且系初犯、偶犯等情节，判处被告人孔某有期徒刑八个月，缓刑一年，并处罚金人民币 2000 元。宣判后，被告人孔某未提出上诉。

【典型意义】

本案系因压砂种瓜引发的非法占用农用地刑事案件。宁夏中部地区普遍干旱缺水，荒漠广布，当地群众为增加经济收益，采取“压砂种瓜”的方式种植西瓜，因砂砾中含有微量元素硒等，故采取该种方式种植的西瓜又名“硒砂瓜”，名扬全国。这种种植方式虽实现了经济创收，但长此以往，会使压砂地肥力急剧下降，土质退化严重，最终导致区域性荒漠化，加剧气候的干旱程度。本案中，被告人孔某违反土地管理法规，为种植西瓜，擅自在已封育未成林的林地上堆放、铺垫砂砾，造成大面积林地不可自然恢复和林业种植条件严重毁坏，对周边生态环境造成破坏。银川铁路运输法院在审理该案时，坚持打击犯罪与生态修复并重的司法理念，在依法惩治被告人非法占用农用地犯罪行为的同时，关注受损林地生态环境是否得到治理和修复，通过充分调解支持检察机关提起的附带民事公益诉讼，将被告人赔偿款项用于破坏地生态修复，防治土地荒漠化。

案例五：罗某福、李某楠等 5 人危害珍贵、濒危野生动物，非法狩猎，掩饰、隐瞒犯罪所得刑事附带民事公益诉讼案

【基本案情】

2021 年 4 月至 2023 年 3 月，被告人罗某福多次到宁夏收购野生鸟类蛋卵及幼鸟，孵化饲养后出售获利。被告人杨某兵协助罗某福收购、运输野生鸟类及蛋卵。被告人李某楠、薛某、张某弟等，在收到被告人罗某福的收购消息后，分别前往宁夏平罗县红崖子乡、陶乐镇及内蒙古乌拉特前旗等黄河湿地，通过网捕、掏窝等方式，猎获大量野生苍鹭、灰雁等蛋卵及幼鸟出售给被告人罗某福及案外人。其间，被告人罗某福还在广东省湛江市洋青镇沿岸队临时租用的养殖场，将 2 只疣鼻天鹅出售给案外人陈某范；被告人张某弟多次收购他人猎获的野生鸟类，并出售给罗某福。经计算，被告

人罗某福出售珍贵、濒危野生鸟类价值30000元，收购野生鸟类金额184070元；被告人杨某兵协助罗某福收购金额50000元，非法猎捕野生鸟类价值1万元以上；被告人张某弟收购金额61490元，非法猎捕野生动物价值1万元以上；被告人李某楠、薛某非法猎捕野生鸟类价值均为1万元以上。

银川铁路运输检察院以危害珍贵、濒危野生动物罪，掩饰、隐瞒犯罪所得罪对罗某福提起公诉，以掩饰、隐瞒犯罪所得罪，非法狩猎罪对杨某兵、张某弟提起公诉，以非法狩猎罪对薛某、李某楠提起公诉，同时提起附带民事公益诉讼。

【裁判结果】

银川铁路运输法院一审认为，被告人罗某福非法出售国家重点保护的珍贵、濒危野生动物，其行为构成危害珍贵、濒危野生动物罪。被告人罗某福明知灰雁蛋、苍鹭蛋、苍鹭幼鸟、赤麻鸭等系被告人杨某兵、薛某、李某楠、张某弟等人非法狩猎所得仍予以收购，次数达三次以上，情节严重，其行为构成掩饰、隐瞒犯罪所得罪。被告人杨某兵明知灰雁蛋、苍鹭蛋、苍鹭幼鸟等系被告人薛某、李某楠等人非法狩猎所得，仍协助被告人罗某福予以收购，其行为构成掩饰、隐瞒犯罪所得罪。被告人杨某兵、薛某、李某楠、张某弟违反狩猎法规，在禁猎区、禁猎期使用禁用方法狩猎，破坏野生动物资源，非法猎捕野生动物价值均为1万元以上，系情节严重，其行为构成非法狩猎罪。被告人张某弟明知赤麻鸭、红头潜鸭等系他人非法狩猎所得仍予以收购，次数达三次以上，情节严重，其行为构成掩饰、隐瞒犯罪所得罪。被告人罗某福、杨某兵、张某弟均系一人犯数罪，依法应予数罪并罚。遂判处被告人罗某福有期徒刑四年十个月，并处罚金4万元；被告人杨某兵有期徒刑一年六个月，并处罚金人民币1万元；被告人薛某有期徒刑一年，缓刑二年；被告人李某楠有期徒刑二年一个月；被告人张某弟有期徒刑四年，并处罚金人民币1万元，没收犯罪工具，继续追缴违法所得；同时判处其共同支付鸟类损失、生态环境损害、人工饲养费及专家评估费1866481.75元，并公开赔礼道歉。

【典型意义】

作为全国唯一全境属于黄河流域的省份，宁夏得益于母亲河的滋养补给，拥有类型多样、特色鲜明的湿地资源，湿地面积272万亩。良好的湿地环境吸引了数以百万计的野生鸟儿在此迁徙停留、繁衍生息，也吸引了犯罪分子的目光。他们通过非法猎捕、出售、收购从湿地猎获的野生鸟类及蛋卵获利，形成利益链。本案中，人民法院依法打击非法猎捕和收购野生鸟类的犯罪行为，在判处犯罪分子承担刑事责任的同时，判令猎捕者和收购者共同承担鸟类损失、生态环境损害、人工饲养费及专家评估费，并公开赔礼道歉，充分利用刑事、民事手段全面保护生态环境。此外，在案件审理过程中，发现被告人猎获的野生苍鹭蛋卵孵化出的苍鹭幼鸟面临饥饿、冻病等死亡风险时，积极、主动协调相关部门，多次召开联席会议，做好案涉鸟类的救助及养护资金协调工作。经过四个月的精心喂养，最终将野生苍鹭放归自然。该案的审理，展现了人民法院贯彻生态文明理念，积极探索构建"案件审理+生态修复"环境资源审判工作模式保护野生动物资源，维护生物多样性的责任担当。

案例六：宁夏某农业公司及杨某等 3 人非法采矿案

【基本案情】

2015 年 4 月 10 日，被告人杨某、樊某注册成立被告单位宁夏某农业公司，杨某为实际控制人，樊某为法定代表人。2016 年 8 月 24 日，该公司承包了青铜峡市峡口镇曹大沟的荒山地 3850 亩，并于 2017 年 5 月 25 日取得其承包地内 5 号矿建筑用砂采矿权，核准的采矿区面积 0.06 平方公里（89.85 亩），核定资源储量为 76.59 万吨，期限至 2020 年 5 月 25 日。后经批准延长至 2023 年 5 月 24 日。2017 年 1 月至 2021 年 9 月，该公司在杨某、樊某的组织指挥下，雇用人员在承包地内无采矿许可证、超越许可范围非法开采建筑用砂；被告人赵某明知上述情况，仍担任厂长，接受杨某、樊某安排，对非法开采进行施工管理、人员调度。经法院认定，该公司非法采矿销赃金额为 151678657.86 元。案发后，该公司对其非法采矿的矿坑及周边地质环境进行了恢复治理与土地复垦，经青铜峡市自然资源局初步审核并验收合格。诉讼过程中，公益诉讼起诉人银川铁路运输检察院提起附带民事公益诉讼，经法院主持调解，公益诉讼起诉人与该公司达成调解协议，由公司赔偿生态环境受到损害至修复完成期间服务功能丧失导致的损失费和鉴定费 594757 元。

【裁判结果】

银川铁路运输法院一审认为，宁夏某农业公司违反矿产资源法的规定，在无采矿许可证、超越许可证规定的矿区范围擅自采矿，销赃金额为 151678657.86 元，系情节特别严重；被告人杨某作为公司的实际控制人，被告人樊某作为公司的法定代表人，系单位犯罪直接负责的主管人员；被告人赵某作为厂长，系单位犯罪的其他直接责任人员。被告单位及三被告人的行为均构成非法采矿罪。综合考虑被告单位及被告人所具有的法定、酌定量刑情节及对涉案土地的恢复治理情况，判处宁夏某农业公司罚金 3500 万元；被告人杨某有期徒刑四年二个月，并处罚金 500 万元；被告人樊某有期徒刑三年六个月，并处罚金 100 万元；被告人赵某有期徒刑三年，并处罚金 25 万元。继续追缴被告单位的违法所得，并依法上缴国库。随案移送及查封、扣押、冻结的涉案车辆等财物，系犯罪工具的，依法予以没收；系单位及个人财产部分，用于执行罚金刑。宣判后，被告单位及各被告人均未提出上诉。

【典型意义】

本案系以农业开发为名进行非法采矿的刑事案件。矿产资源是“山水林田湖草沙”生命共同体的重要组成部分，是保障经济社会高质量发展的重要物质基础。为防止以农业开发、生态修复等为名，违法开采矿产资源，造成矿产资源严重破坏，国家实行严格的管理制度。本案中，被告单位以农业开发为名承包荒山地，通过竞拍取得承包地内的建筑用砂采矿权，后超出采矿许可证范围大面积非法越界开采砂石，不仅破坏了国家矿产资源及其管理秩序，造成矿产资源流失，而且严重破坏了当地原本就贫瘠的自然环境，还给采砂区域内的输电线路安全运行带来隐患。银川铁路运输法院在审理本案过程中，充分发挥环境资源审判职能作用，依法准确认定涉案矿产品价值、用足用好罚金刑等附加刑，并运用追缴、没收等手段，加大涉案财产处置力度，确保被告单位及被告人依法受到严厉惩处。同时，充分发挥环境资源审判“三合一”审理优势，坚持“打击与修复并举”的环境资源保护理念，将被告人对生态环境的修复与治理作为量刑的考量因素，积极调解，确保受损生态环境得到修复和赔偿。本案的审理与判决，有力震慑了以农业开发为名进行非法采矿的犯罪分子，对促进矿产资源的合理开发利用具有积极的意义。

案例七：银川某滑雪场诉贺兰县自然资源局行政处罚案

【基本案情】

原告与森林公园公司签订《滑雪场经营协议》，约定森林公园公司为原告在森林公园“迎宾区”提供96亩林地建造大型冬季滑雪场，原告负责投资开发和管理经营，经营期限为20年（2005年1月1日至2025年1月1日）。后原告在森林公园公司提供的林地上建设滑雪场并经营管理。2022年5月20日，被告委托测绘机构对位于贺兰县金山村苏峪口滑雪场面积进行测绘。经测绘，上述项目的土地利用现状为建设用地（特殊用地）和未利用地。2022年6月14日，被告对原告建设滑雪场的行为进行核查，认定原告涉嫌非法占用土地，并予以立案。2022年9月1日，被告就处罚的事实、理由及原告享有的陈述申辩、听证权利向原告进行了事前告知。经听证后，被告作出行政处罚决定。原告不服，提起本案诉讼。

【裁判结果】

银川铁路运输法院一审认为，被告对其行政区域内的土地有进行管理的职责。被告认定案涉滑雪场项目构成非法占用土地的行为，但根据测绘结果可知，上述项目所占用的土地系建设用地和未利用地，并非农用地，无须办理农用地转用审批手续。故，案涉处罚决定认定事实不清、适用法律错误。且该案系自然资源行政处罚案件，应适用《自然资源行政处罚办法》关于作出处罚决定的期限规定。被告在处罚期限届满后延长期限，明显超过法定期限，系违反法定程序。综上，撤销了被告作出的行政处罚决定。宣判后，原、被告双方均未提出上诉。

【典型意义】

依法行政是法治政府建设的关键内容，是全面依法治国的必然要求。依法行政不仅要求行政行为认定事实清楚，还要求行政行为必须坚持程序正当原则。《中华人民共和国行政处罚法》规定，设定和实施行政处罚必须以事实为依据，与违法行为的事实、性质、情节以及社会危害程度相当。本案中，被告认定原告存在非法占用土地的事实，但提交的证据又与认定的上述事实矛盾，进一步说明其作出的案涉处罚决定认定事实不清。且被告作出案涉处罚决定的期限超出法律规定，违反了程序正当原则。本院充分发挥行政审判职能作用，以“监督就是支持，支持就是监督”为理念，通过案件审理，提高行政机关依法行政意识和能力水平，助推法治政府建设。

案例八：滑某某诉石嘴山市惠农区综合执法局强制拆除房屋或者设施案

【基本案情】

2010年4月，原告滑某某与惠农区水务局（现为第三人石嘴山市惠农区农业农村和水务局）签订《银善水库（西库）经营承包合同》，约定将银善水库西库承包给原告经营使用，合同期限为2010年5月1日至2030年4月30日，水库承担拦蓄洪水的功能，防汛功能是第一位的，如汛情发生不得以任何理由阻挠行洪，承包库域可进行水产养殖、旅游观光等经营项目，但不得擅自改变水库用途和从事其他生产经营活动，不得随意修建改建设施，如确需改变用途和修建改建设施需经第三人惠农区水务局同意。2010年6月22日，原告滑某某注册惠农区银善西湖度假村（家庭经营），在银善水库（西库）进行水产养殖，经营水上娱乐活动，未经批准在库区内建设砖墙彩钢顶房及彩钢房各一间。

2021年4月1日，第三人惠农区水务局向原告滑某某下发《关于银善水库（西库）经营承包人滑春乐配合实施〈石嘴山市惠农区银善移民安置区银善湖雨洪调蓄治理工程〉有关问题的告知书》，告知银善水库已被惠农区政府列入第一批山水林田湖草生态保护修复工程，原告滑某某应严格执行政府总体规划，积极配合项目实施。

2021 年 4 月 8 日，被告惠农区综合执法局进行现场勘查，向原告滑某某作出《限期整改违法行为通知书》，认定原告滑某某在银善湖北侧私自搭建构筑物的行为违法，责令限期自行拆除。2021 年 4 月 30 日，第三人惠农区水务局向原告滑某某作出《责令改正（停止）违法行为决定书》，责令其停止违法行为，并于 2021 年 5 月 2 日之前清理鱼塘，拆除违章建筑，撤离库区，同时解除双方签订的《银善水库（西库）经营承包合同》。因原告滑某某未自行拆除，被告惠农区综合执法局于 2021 年 5 月 8 日组织人员将砖墙彩钢顶房及彩钢房强制拆除。原告滑某某不服，向本院提起行政诉讼。

【裁判结果】

现有法律法规赋予被告惠农区综合执法局的权限是对城市规划区内违法建筑进行处罚。银善水库（西库）属于河道管理范围，原告在该管理范围内未经批准建设建筑物，依据《中华人民共和国水法》《中华人民共和国防洪法》的规定，由县级以上人民政府水行政主管部门或防汛指挥机构对该建筑物是否阻碍行洪进行认定并予以相应处罚，即本案中相关行政管理职权应由第三人惠农区农水局行使，且第三人惠农区农水局已经向原告作出了《责令改正（停止）违法行为决定书》。在原告未拆除的情形下，被告惠农区综合执法局越权拆除彩钢房，依照《中华人民共和国行政诉讼法》第七十四条第二款第（一）项之规定，判处确认被告石嘴山市惠农区综合执法局于 2021 年 5 月 8 日强制拆除原告滑某某位于银善水库度假村内的砖墙彩钢顶房及彩钢房的行为违法。

【典型意义】

职权法定是行政机关在执法活动中必须严格遵守的一项基本原则，即“法无授权不可为”。本案中，原告滑某某承包的银善水库（西库）属于河道管理范围，其未经批准在库区内建设彩钢房，影响了河道行洪，该违法建筑依法应当被拆除，但应由有权机关依法进行。被告惠农区综合执法局拆除原告建筑物，是为了保护河道的安全，保障惠农区政府第一批山水林田湖草生态保护修复工程的建设进程，但其超越职权实施拆除行为，违反了法律规定，应予纠正，本院判决确认其强拆行为违法旨在规范行政机关依法行政。

第29期

中国行为法学会生态环境法治研究专业委员会召开理事会议

——学习贯彻党的二十届三中全会精神，研究部署下一步工作任务

为学习贯彻党的二十届三中全会精神，落实中国行为法学会领导在听取我会2024年上半年工作情况时提出的意见要求，根据中国行为法学会关于增补我会副会长人选的批复文件，2024年7月27日上午，在北京沈家本纪念馆会议室召开中国行为法学会生态环境法治研究专业委员会理事会议，34名理事分别在线上线下参加会议。

一、认真学习贯彻党的二十届三中全会精神

王少南会长向各位理事传达学习了习近平总书记在党的二十届三中全会上的重要讲话，《中共中央关于进一步全面深化改革　推进中国式现代化的决定》等重要精神。

会议要求，学习好贯彻好全会精神是当前和今后一个时期全党全国的一项重大政治任务。我们要按照中国行为法学会的部署安排，学习领会好全会精神，着重把握全会关于法治建设、生态文明建设的新要求，切实把思想认识统一到三中全会精神上来，进一步做好学会各项工作。

二、落实中国行为学会领导听取学会上半年工作提出的意见要求，通报2024年以来学会工作开展情况

王少南会长向理事传达了中国行为法学会会长董治良等领导，在听取我会2024年上半年工作情况时的意见要求。通报了2024年以来的学会工作，并就贯彻总会领导要求、做好下一步工作，作出部署安排。

三、根据工作需要和总会关于我会增补副会长人选的批复文件，选举 16 名新理事和 2 名副会长

会议选举王飞鸿、张晓光、孙跃、胡金军、沈艳、李小东、郭其宣、饶珍群、解坤、贾润萍、张丽君、隋林熹、王清阁、张铁柱、谢子豪、张子潇等 16 人为中国行为法学会生态环境法治研究专业委员会理事。

选举王飞鸿、张晓光为中国行为法学会生态环境法治研究专业委员会副会长。

生态法治调研报告．第二辑

第 30 期

中国行为法学会召开第六届四次理事会

——董治良会长在工作报告中对我会工作给予肯定

2024 年 8 月 17 日上午，中国行为法学会在北京召开第六届四次理事会，董治良会长作工作报告。在报告中，多处肯定我会工作。

董治良会长指出："坚持做好立法调研、司法调研、执法调研和普法调研，先后组建'新时代黄河流域生态保护和高质量发展法治化建设''赤水河流域生态保护和高质量发展法治建设'多个调研组，走出书斋阁楼，走进田野工厂，深入火热的改革开放一线，深入基层的干部群众，到贵州、山西、山东、宁夏多地开展实地调研活动。调研组在调研过程中，边调研边记录、边调研边思考，通过听取工作报告、座谈讨论、现场考察、查阅资料等形式，撰写了一批富有指导意义和实操功能的调研报告。其中《司法助力辖区经济社会发展大有作为——关于赴山东省高密市法院考察开展'贴紧中心、能动履职、服务大局、依法治理、扩大司法效益'经验调研报告》获最高人民法院领导批示；《关于赴山西法院学习考察生态司法工作专题调研报告》，获山西省高级人民法院致来的《感谢信》。"

董治良会长还指出："另外，生态环境法治研究专业委员会等，都结合自身发展实际，围绕法治中国建设、行为法学实践，做了大量学术研究工作，为全面推进强国建设、民族复兴伟业贡献自身智慧和力量。"

中国行为法学会总监事李文燕在作党的二十届三中全会精神辅导报告中，也肯定了生态环境法治研究会的工作。

生态法治调研报告.第二辑

第31期

发挥生态司法职能作用　履行好建设我国北方重要生态安全屏障的司法使命

——关于赴内蒙古自治区法院学习考察践行习近平总书记重要指示，依法促进辖区生态保护和高质量发展考察报告

新时代黄河流域生态保护和高质量发展法治化建设调研组

一、本次考察调研活动的动机

其一，本次考察调研活动是贯彻党的二十届三中全会精神的落实行动。党的二十届三中全会审议通过的《中共中央关于进一步全面深化改革　推进中国式现代化的决定》，对加快经济社会发展全面绿色转型、深化法治建设等重要内容提出新要求新部署。生态环境是人类生存和发展的根基。党的十八大以来，以习近平同志为核心的党中央以前所未有的高度和力度全面加强生态文明建设，特别是通过制定和实施严格的法律法规，促进了生态环境的根本性改善和显著性保护。法治在生态建设中发挥着基础性、引领性和保障性的作用，对于推动生态高质量发展具有重要意义。因此，从理论与实践角度认真研究法治与生态建设乃至高质量发展相互依存、相辅相成的关系是本次考察调研活动的内容之一。

其二，本次考察调研活动选择到内蒙古自治区进行，是经过充分考量的，是一次深入生态建设一线、深入司法机关的实证性调查研究。内蒙古自治区地处我国北部，既是黄河流域的重要地区，也是国家“三北”生态工程三大战役的主战场。党的十八大以来，习近平总书记高度重视内蒙古自治区生态建设，多次到内蒙古自治区考察调

研。2023 年 6 月 5 日至 6 日，习近平总书记在内蒙古自治区巴彦淖尔市考察，主持召开加强荒漠化综合防治和推进“三北”等重点生态工程建设座谈会并发表重要讲话。他强调，加强荒漠化综合防治，深入推进“三北”等重点生态工程建设，事关我国生态安全、事关强国建设、事关中华民族永续发展，是一项功在当代、利在千秋的崇高事业。要勇担使命、不畏艰辛、久久为功，努力创造新时代中国防沙治沙新奇迹，把祖国北疆这道万里绿色屏障构筑得更加牢固，在建设美丽中国的进程中取得更大成就。内蒙古全区牢记习近平总书记嘱托，全力加强生态文明建设，取得了实实在在的明显成效。内蒙古自治区特殊的禀赋资源和生态环境，在生态建设乃至法治建设中都具有鲜明的代表意义。

其三，本次考察调研活动是一次学习之行、经验总结之行。近几年来，内蒙古自治区法院认真贯彻落实习近平总书记的重要指示，根据最高人民法院和自治区党委的工作部署，紧紧抓住辖区生态建设的难点、热点和堵点问题，全面充分有效地发挥环境资源审判职能作用，形成了富有地域特色的经验做法。通过系统的考察调研，总结提炼内蒙古法院生态司法经验，以期通过本次调研成果，向国家司法机关和内蒙古自治区党委、人大常委会及相关单位提供决策参考，是本次考察调研活动的首要任务。

二、本次考察调研活动的方式方法

2024 年 7 月 29 日至 8 月 4 日，中国行为法学会生态环境法治研究专业委员会会长王少南、副会长张晓光，与中华环保联合会环境与法制专业委员会副主任兼秘书长常静元等一行 6 人组成调研组，到内蒙古自治区法院和相关单位进行了专题调查研究。

——先后到内蒙古自治区高级人民法院、巴彦淖尔市中级人民法院、乌海市中级人民法院、呼和浩特市托克托县人民法院环境资源保护法庭、乌拉特前旗人民法院乌梁素海环境资源法庭、杭锦旗人民法院独贵塔拉镇沿河地区中心人民法庭、乌海市海南区人民法院巴音陶亥环境资源人民法庭 7 个法院或人民法庭进行考察。

——实地察看了内蒙古环境资源司法保护教育基地及荒漠化治理区、托克托县司法局矫正公益劳动教育基地、乌梁素海生态保护中心、河套灌区水量信息化监测中心、三盛公黄河水利枢纽工程及博物馆、杭锦旗沿黄生态环境保护与综合整治项目、杭锦旗草原生态保护警示教育基地、库布齐沙漠生态治理项目、蒙西基地库布齐 200 万千瓦光伏项目、乌海黄河海勃湾水利枢纽工程、乌海市海南区巴音陶亥镇的生态文明村——赛汗乌素村、阿拉善沙漠治理工程 13 个项目设施。

——与内蒙古自治区高级人民法院院长、副院长交流工作。与部分法院（法庭）的法官和相关部门人员进行座谈。

调研组通过对内蒙古自治区“点、片、面”调研对象实证考察，在认真阅读文字材料、研判典型事（案）例和重点问题的基础上，形成了《发挥生态司法职能作用　履行好建设我国北方重要生态安全屏障的司法使命——关于赴内蒙古法院学习考察践行习近平总书记重要指示，依法促进辖区生态保护和高质量发展考察报告》。

三、本次考察调研活动的成果收获

通过考察调研，调研组对内蒙古自治区法院生态司法经验进行了提炼概括：服务中心工作定位准，创新机制服务措施实，延伸治理司法效益好。

（一）认真践行习近平总书记“国之大者”要求，始终筑牢生态司法工作的出发点和落脚点

——内蒙古高级人民法院注重运用多种形式和载体，组织全区法院干警学习贯彻习近平法治思想和习近平生态文明思想，学习领会习近平总书记赋予内蒙古自治区“建设成为我国北方重要生态安全屏障、祖国北疆安全稳定屏障、国家重要能源和战略资源基地、农畜产品生产基地、我国向北开放重要桥头堡”的五大任务①，实施“三北”工程及考察内蒙古的系列重要讲话，学习落实习近平总书记关于新时代黄河流域生态保护和高质量发展国家战略的重要指示，吃透精神、把握实质，提高政治站位，在思想上、行动上与以习近平同志为核心的党中央保持高度一致，坚定法院工作政治方向。

——紧密围绕最高人民法院的工作部署、内蒙古自治区党委中心的工作，结合实际，制定并实施了内蒙古自治区高级人民法院《关于加强环境资源审判工作为推进自治区生态文明建设提供有力司法保障的意见》《关于为黄河流域生态保护和高质量发展提供司法服务与保障的意见》《关于服务和保障荒漠化综合防治和“三北”工程建设的若干意见》等，指导生态司法工作开展，积极履行好人民法院“为大局服务、为人民司法”的政治、法律和社会责任。

——鉴于环境资源审判工作具有政治性、法律性、公益性、复合性、恢复性等诸多特点，内蒙古自治区法院将其作为“一把手工程”来抓，纳入党组重要议事日程，对涉及全局性重点工作、有重大影响的案件，内蒙高院院长都亲力亲为抓落实。针对内蒙古自治区东西走向跨度长的地理特点，在将全区部分环境资源案件交由铁路运输两级法院实行“4+1”管辖的同时，依托人民法庭服务基层的优势，在全区法院选择28个人民法庭为“环境资源法庭”，便捷高效地服务“山水林田湖草沙”一体化保护

① 参见《内蒙古：“两个屏障”、“两个基地”、“一个桥头堡”》，载求是网，http://www.qstheory.cn/laigao/ycjx/2022-03/21/c_1128489753.htm，最后访问时间：2024年12月20日。

治理的司法需求。与区内外多家法院建立跨域审执协作工作机制，解决管辖范围点多线长面广的审判实际问题。

（二）抓住实施“三北”工程三大攻坚战、黄河治理、重点区域治污等“窗口期”，积极发挥环境资源审判职能作用

——生态司法助力防沙治沙战役。

内蒙古境内有腾格里沙漠、库布齐沙漠、乌兰布和沙漠、毛乌素沙漠、巴丹吉林沙漠和众多沙地等，沙化土地遍布全区 12 个盟市 92 个旗县，土地荒漠化沙化面积约占全国的 20%，是京津冀地区三大风沙源地。内蒙古的生态状况直接关系到华北、东北、西北乃至全国生态安全。防沙治沙始终是内蒙古自治区重中之重的任务。

2023 年 6 月，习近平总书记在内蒙古自治区巴彦淖尔市主持召开加强荒漠化综合防治和推进“三北”等重点生态工程建设座谈会，发出坚决打好三大标志性攻坚战役动员令。三大标志性战役，有两个半在内蒙古，即 60%的工作量在内蒙古。

内蒙古自治区法院根据自治区党委部署，指导全区法院迅速行动，以三大标志性战役为重点，因地制宜，分类施策，发挥生态司法功能作用。全区三级法院积极配合属地党委政府，通过加强库布齐沙漠、乌兰布和沙漠、贺兰山防沙治沙和水涵养能力提升，减轻黄河“几字弯”地区沙患、盐患生态灾害。通过加强科尔沁和浑善达克两大沙地修复退化林草资源和湿地资源，构筑黑土地保护，基本遏制起沙问题。通过加强河西走廊——塔克拉玛干沙漠边缘防风固沙林草带建设，确保沙源不扩散。

内蒙古自治区高级人民法院与呼和浩特市托克托县人民法院在人民法庭建立了内蒙古环境资源司法保护教育基地，并在库布齐沙漠建成了荒漠化治理区、植绿复绿区等法律服务区，构建起依法防沙治沙“生态法治+碳汇”“生态法治+生物”“生态法治+产业”治理新业态。

鄂尔多斯市杭锦旗人民法院地处曾是不毛之地的库布齐沙漠，通过采用“党委政府政策性主导、企业产业化投资、社会和农牧民市场化参与、技术持续化创新、司法机关依法保障”治理模式，形成了齐抓共管的机制合力。该沙漠治理率从 20 世纪初的 4. 6%提高至现在的 32%，被联合国环境规划署确定为“全球沙漠生态经济示范区”，被巴黎气候大会标举为“中国样本”。

分布有巴丹吉林、腾格里、乌兰布和三大沙漠的阿拉善盟，其盟中级人民法院在额济纳旗人民法院策克口岸法庭设立“环境资源保护法庭”，以专业化审判服务荒漠化生态环境保护和治理。锡林郭勒盟正蓝旗人民法院设立“浑善达克沙地环境资源法庭”，为“绿进沙退”提供司法服务。兴安盟科右中旗人民法院积极参与当地党委政

府科尔沁沙地歼灭战专项行动，依法助力完成沙地治理“灭黄”“治白”“增绿”工作目标。

2023年，内蒙古完成防沙治沙950万亩，为年度计划的151%。截至2024年5月底，已经完成防沙治沙702万亩，是2023年同期的4倍多。其中，内蒙古自治区三级法院运用生态司法手段，积极参与依法防沙治沙战役功不可没。

——生态司法保障黄河“几字弯”攻坚战。

黄河内蒙古段全长843.5公里，占黄河总长度的六分之一。黄河约十分之一的泥沙来源于此。内蒙古自治区法院积极参与自治区党委政府开展的黄河“几字弯”攻坚战，着力解决区域内水患、沙患、盐渍化、农田防护林、草原超载过牧、河湖湿地保护六大生态问题。

2023年至2024年6月，内蒙古全区法院以《黄河保护法》为武器，精心审理各类涉及黄河流域的案件。

乌海市地处黄河入蒙第一站，乌海市中级人民法院坚决扛起守护黄河的司法责任。在辖区的海南区人民法院设立了巴音陶亥环境资源人民法庭（黄河入蒙第一人民法庭），配强力量，全方位、多渠道参与“净化黄河”治理攻坚战。在该区的低碳产业园区设立法律服务站，定期上门服务，促进园区循环经济项目链条式发展，深受园区管委会和企业的欢迎。与污染治理的重点农村——赛汗乌素村，开展生态文明共建活动，促进了村风村貌显著变化，成为黄河岸边环境优美的网红打卡地，该村被评为“全国文明村镇”。乌海黄河海勃湾水利枢纽工程是内蒙古自治区800多公里黄河干流唯一调节控制性水利工程，其蓄水形成的乌海湖坐落在市区中心，水面面积118平方公里（是杭州西湖面积的18.5倍），对改善城市环境和居民生活质量至关重要。乌海中院与水利枢纽事业发展中心建立了生态法治治理工作机制，适用《黄河保护法》，将水利枢纽和乌海湖纳入法治化管理范畴，目前乌海湖水质类别达到二类，水质状况保持优的状态。

内蒙古黄河水资源短缺，人均水资源不到全区平均水平的40%，供水矛盾突出成为制约流域生态保护和高质量发展的主要瓶颈。

在黄河攻坚战中，鄂尔多斯市中级人民法院选择全区首例企业疏干水超量造成地下水资源及水生态环境损害的民事公益诉讼案件，由法院院长、检察长出庭履职，进行公开审理和宣判，将庭审活动变成了生动的普法教育，遏制了该地此类问题的发生。

三盛公黄河水利枢纽是河套千万亩灌区的源头，河套灌区水量信息化监测中心则是控制灌区调度的“心脏”，巴彦淖尔市中级人民法院与磴口县人民法院两个单位，建立了密切的生态法治工作机制关系，超前预防，提供法律咨询，对相关问题提出司法建议，完善内部法治治理体系建设。

内蒙古高级人民法院在指导全区参与黄河攻坚战、不断扩大治理成效的基础上，与呼和浩特市中级人民法院、托克托县人民法院，在黄河流域的部分地区开展“法治体检”活动，发现问题隐患，及时督促整改，并加强回访检查，巩固了黄河攻坚战的治理成果。

在内蒙古自治区党委政府的领导下，经过各部门包括人民法院积极参与的黄河“几字弯”攻坚战取得了阶段性成效。全区完成了入河排污口溯源排查，沿黄 3 公里范围内村庄全部实现生活污水治理，2023 年内蒙古黄河流域 35 个地表水断面水质达到了历史最高水平。

——生态司法服务“一湖两海”综合治理行动。

呼伦湖、乌梁素海、岱海是内蒙古面积较大、具有较强生态功能的重点湖泊，也是我国北方生态安全屏障不可或缺的重要组成部分。内蒙古自治区把“一湖两海”综合治理作为重要任务来抓。内蒙古高级人民法院部署“一湖两海”所在地法院全力参与综合治理行动。

位于黄河“几字弯”顶部的乌梁素海，是黄河流域最大的湖泊湿地，承担着黄河水量调节、水质净化，防凌防汛等重要功能。在 20 世纪 90 年代，由于工农业废水和生活污水排入乌梁素海，湖水变黑、变臭，气味呛鼻，一度被当地百姓唤作“污水盆”，对黄河水态安全造成严重威胁。为彻底改变乌梁素海的面貌，内蒙古自治区开展“山水林田湖草沙”一体化保护修复，点源、面源、内源综合治理。

内蒙古高级人民法院批准巴彦淖尔市乌拉特前旗人民法院设立乌梁素海环境资源法庭，专司乌梁素海沿岸、乌梁素海渔场等各类民商事案件及涉乌梁素海黄河流域前旗段环境资源案件。法庭全程参与乌梁素海水环境保护与修复工程，立足于抓早、抓小、抓苗头、抓预防，及时处置综合治理行动中发生的矛盾纠纷，发挥法律后盾作用，依法保障了乌梁素海综合治理行动的顺利进行。通过生态补水水体循环、修复工程等，乌梁素海水域面积达到 293 平方公里，湖心断面水质由 2015 年之前的劣 V 类提升至 2021 年的劣 IV 类，水质总体大为好转。乌梁素海被生态环境部命名为“绿水青山就是金山银山实践创新基地”。随着乌梁素海生态环境的改善，该地区法治环境和群众法律意识日益提升，发案成讼率大幅下降，自 2022 年起已无涉乌梁素海生态环境诉讼案件的发生。

与此同时，在内蒙古高级人民法院指导下，辖区呼伦贝尔市中级人民法院、乌兰察布市中级人民法院充分发挥生态司法职能作用，促进和保障了呼伦湖、岱海生态环境综合治理项目扎实推进，生态环境持续向好。

（三）创新生态审判机制，不断扩大环境资源审判工作司法效益[①]

2021 年 1 月至 2024 年 6 月底，内蒙古全区法院受理各类一审环境资源案件 37900 件，审结 37734 件。其中，审结污染环境等刑事案件 2798 件，判处刑罚 4196 人，判处罚金 91736.3807 万元，审结环境资源民事案件 29102 件，审结环境资源行政案件 5432 件，审结检察机关、社会公益组织提起的行政、民事环境公益诉讼案件 402 件。

在环境资源审判中，内蒙古自治区法院注重抓好以下三类案件的审理，努力实现办案“三个效果”的统一。

——试办新类型案件，拓宽生态司法保护范围。

生态损害赔偿磋商是有效修复生态环境的重要方式，但司法确认一度缺乏明确裁判指引。2023 年 10 月，锡林郭勒盟林业和草原局与内蒙古某能源集团就草原生态功能损失费达成《生态环境损害赔偿协议》，并向人民法院申请司法确认。在自治区高院指导下，锡林郭勒盟中院依法受理，并依据国家生态环境损害赔偿制度改革精神、最高人民法院司法解释的相关规定，对协议主体、内容是否违法进行审查，在此基础上作出了司法确认裁定。自治区高院及时总结推广该案做法，使全区法院生态环境损害赔偿司法确认案件取得了积极成效。

“认购碳汇”是一种替代性修复新模式。内蒙古自治区法院依据最高人民法院司法解释“从巩固生态系统碳汇能力、提升生态系统碳汇增量、助力绿色低碳循环经济发展等方面，服务保障碳达峰、碳中和的目标”精神，应用于生态司法修复实践。指导阿尔山市人民法院在审理吴某盗伐林木罪刑事附带民事公益诉讼案件时，除判处刑罚外，依法判令被告人认购“碳汇”赔偿生态服务功能损失。借鉴并且外延这一成功做法，呼伦贝尔市中级人民法院与内蒙古森工集团签订《林业碳汇司法服务协议》，在好里堡林场建立生态司法林业碳汇教育实践基地。上述包括全区法院的一系列创新举措，促进了全区生态恢复和“双碳”目标的实现。

——善办典型案件，深化生态司法宣传效果。

运用典型案件，深化生态司法治理成效是内蒙古高级人民法院生态司法的特色经验做法。

配合防沙治沙工作，选择某矿业公司非法占用破坏草原 2168.72 亩的案件，由锡林郭勒盟苏尼特右旗人民法院到案发地的浑善达克沙地进行了公开审理和宣判，邀请

① 本文所涉相关数据由被调研单位提供。

政府主管部门领导，人大代表，政协委员，涉征、占用草原的企业负责人和群众参加旁听，以案讲法、以案释法，通过媒体广泛宣传报道，并向相关部门提出司法建议，举一反三，督促落实整改措施，防止破坏草原问题再度发生。

2018 年至 2024 年 6 月底，内蒙古自治区三级法院先后选择 144 起易发性、多发性“环境污染责任”“生态破坏公益诉讼”“滥伐林木”“危害珍贵、濒危野生动物犯罪”等典型案件，深入基层公开审判，惩办犯罪，制裁违法者，起到了“审理一案、教育一片、治理一方”的效果。

——稳办社会关注案件，提高全社会生态保护意识。

内蒙古自治区是文物资源大区。坐落在内蒙古包头市的“秦直道遗址”系全国重点文物保护单位。2010 年至 2020 年，某煤炭公司在矿区开采过程中，未采取保护措施，致使矿区内的“秦直道遗址”本体严重损毁。案发后，经过媒体报道，社会高度关注。自治区高院抓住这一社会关注案件，一方面指导达拉特旗人民法院精心审理，依法作出某煤炭公司赔偿被损毁“秦直道遗址”模拟修缮费用 394. 49 万元、评估费 23. 75 万元，共计 418. 24 万元的判决。另一方面引导社会舆论，提升公众文物保护意识。同时借助于该案的影响力，赤峰市中级人民法院与赤峰市文物局在文化和自然遗产日联合发布《长城保护倡议书》。其他法院也将保护“北疆文化”资源，纳入了生态司法重点保护范围。

四、加强内蒙古自治区法院生态司法工作建议

（一）进一步突出生态司法工作主旋律

当前，全党正在深入学习贯彻党的二十届三中全会精神。《中共中央关于进一步全面深化改革　推进中国式现代化的决定》对健全生态治理体系，完善中国特色社会主义法治体系作出了部署。中共中央、国务院印发的《关于加快经济社会发展全面绿色转型的意见》，对生态司法工作提出新任务、新要求。建议内蒙古法院生态司法工作，继续坚持以习近平生态文明思想、习近平法治思想、习近平经济思想为指导，继续深入贯彻习近平总书记对内蒙古自治区工作的系列重要讲话，继续围绕最高人民法院和自治区党委的工作部署，更加注重突出生态司法服务重点，更加注重生态司法保障实效，为内蒙古生态保护和高质量发展做出新的更大的司法贡献。

（二）进一步深化生态司法的特色品牌

通过考察，调研组认为，内蒙古自治区法院生态司法经验的核心是：善于把握“上情”、吃透“区情”、结合“院情”，创新性地开展工作，形成了富有地域特色的经验做法。建议内蒙古自治区法院在遵循生态司法规律的前提下，坚持改革创新，总结基层首创精神，用典型经验促进全区生态司法工作的平衡发展。坚持目标导向、问题导向、结果导向，正确处理好工作指导与审判监督的关系、专门法院管辖与属地法院审判的关系、审理案件与参与依法治理的关系、驻庭办案与巡回办案的关系、工作考核显绩与潜绩的关系等。高度重视生态司法实务理论研究，搭建平台，优化研究载体，加强横向交流，以实务理论研究成果助推生态司法执法水平的提升。

（三）进一步强化生态司法内外工作机制建设

通过学习考察，调研组深刻认识到，生态是统一的自然系统，是相互依存、紧密联系的有机链条。做好新时代生态司法工作，必须牢固树立“大保护、大治理、大协作、大发展”生态共同体、执法共同体的理念，积极构建生态司法工作纵横协调的大格局，全地域、全过程地开展生态司法工作。基于这一认识，建议内蒙古自治区法院探索建立健全区内生态执法联动机制，“三北”治理工程司法配合机制，黄河流域司法协作机制等，统筹要素，整合资源，形成合力，打造具有中国特色的生态环境“大保护、大治理、大修复”新模式，切实履行好人民法院承担的习近平总书记赋予内蒙古自治区“五大任务”的司法使命。

第32期

内蒙古自治区法院生态司法工作集锦之一[①]

——鄂尔多斯市杭锦旗人民法院环境资源审判篇

鄂尔多斯市杭锦旗是黄河流域流经里程最长的一个旗县，经杭锦旗全长249公里，区域设防段长232公里，涉及该旗4镇和1个国营农场站。近年来，在库布齐沙漠非法采砂、在杭锦草原非法开垦、在梁外地区滥伐林木等行为，不同程度地造成地下水位下降、土地沙化、河道冲刷等生态环境问题。为此，杭锦旗人民法院不遗余力构建全方位、多样化、多角度的立体司法修复和保护模式，在司法服务和保障上狠下功夫。

2019年到2024年，杭锦旗人民法院共计审理环境资源类案件328件，其中，环境资源类民事案件271件，环境资源类民事案件类型主要为农村土地承包合同纠纷、供电供水供气供热合同纠纷、种植养殖回收合同纠纷。该类案件主要由综合审判庭、各基层人民法庭进行审理，供电、供水、供气、供热合同纠纷大多由立案庭审理。环境资源类刑事案件56件，所涉及的刑事案件类型主要为非法狩猎罪、非法占用农用地罪、非法采矿罪。

近年来，生态环境保护力度不断加大，为鸟类栖息提供了良好的生活环境，越来越多品类的候鸟在杭锦旗过境迁徙，如大天鹅、小天鹅、大白鹭、蓑羽鹤等，为了进一步加强对生态多样性的司法保护工作，杭锦旗人民法院每年在候鸟迁徙时间即春季3月、4月，秋季10月左右，在沿河一带、伊和乌素苏木一带开展珍稀保护野生动物普法宣传，配合旗内巡护工作，加强野生动物的保护与宣教工作。

① 本文所涉相关数据由被调研单位提供。

2014年，杭锦旗伊和乌素苏木桃日木村境内存在村民群体性非法占用农用地现象，该类案件多达60件，涉及12802.16亩草原植被遭到破坏。杭锦旗人民法院申请在少数民族聚居区伊和乌素苏木设立法庭并获批，设立了杭锦旗草原生态保护警示教育基地一处。同时，利用春耕节点、农闲时间加大对环资类案件的普法力度，形成多维度、全方位的生态保护宣教网。现非法占用农用地案件呈逐年下降趋势，涉案植被已基本恢复，摩林河水系周边环境得到极大改善。

2019年至2024年6月底，杭锦旗人民法院共计受理行政非诉审查案件77件，其中，涉及非法开垦草牧场、环境污染等的共计34件。在审查涉环境资源类案件中，除准予行政机关申请执行罚款外，还通过给行政机关下发司法建议，从源头治理破坏草原等行为，督促行政相对人签署《植被恢复承诺书》，要求在限定时间内完成植被恢复。

一、构建多元共治格局。杭锦旗人民法院提请旗委政法委召开“杭锦旗落实生态优先绿色发展部署会”，并联合旗检察院、公安局、司法局发布了蒙汉双语版的《关于严厉打击破坏生态环境、森林资源等违法犯罪行为的通告》（2020），落实最严格生态环境保护制度。

二、以法庭为线、教育基地为面形成多点辐射，加强对“沙、水、林、田、湖、草”生态系统的保护，鼓励村集体经济通过进一步保护和优化生态环境而获得生态价值与生态效益，让法治生态、“两山”理念深入人心，形成绿色低碳、循回发展的新理念。

三、通过库布齐沙漠治理和黄河流域治理，以库布齐沙漠水生态综合治理项目区、巴拉贡三盛公黄河水利枢纽工程、杭锦旗草原生态保护警示教育基地为依托，建立覆盖全旗的“绿水青山”司法服务网络，推动黄河流域和库布齐沙漠区域的生态保护。

四、主动融入党委领导、政府负责、民主协商、社会协同、公众参与、法治保障、科技支撑的黄河流域社会治理体系。依法加强与检察机关、公安机关、行政执法机关的协调沟通，在证据的采集与固定、案件的协调与化解、判决的监督与执行等方面有序衔接，提高办案质量和效率。探索司法保护生态环境的措施和路径，打通司法统筹解决矛盾纠纷的途径，构建环境资源纠纷多元共治体系。一方面加强法院与行政执法部门的联动机制，在生态环境裁判执行上强化生态修复措施，确保涉案草原、林地植被的有序恢复。另一方面建立将有执法部门出具的植被恢复的证明文件作为适用缓刑的制度，探索建立在植被恢复以后，防止被再次破坏的相关制度，建立非诉执行案件的衔接制度。

生态法治调研报告．第二辑

第33期

内蒙古自治区法院生态司法工作集锦之二[①]

——内蒙古自治区法院2023年环境资源审判工作情况

内蒙古自治区法院以党的二十大精神为指引，全面贯彻落实习近平总书记交给内蒙古的“五大任务”和全方位建设模范自治区两件大事，坚持以习近平新时代中国特色社会主义思想为指导，深入贯彻习近平生态文明思想和习近平法治思想，充分发挥环境资源审判职能作用，依法审理各类环境资源案件，为筑牢我国北方重要生态安全屏障提供有力的司法服务和保障。

一、坚持服务大局，切实发挥环境资源审判职能作用

2023年，内蒙古自治区法院审结环境资源类案件13134件：环境资源类刑事案件756件、民事案件9695件、行政案件2683件，其中包含环境公益诉讼案件105件。

（一）持续加大对“一湖两海”生态环境的司法保护力度。

位于黄河“几字弯”顶部的乌梁素海，是黄河流域最大的湖泊湿地，承担着黄河水量调节、水质净化，防凌防汛等重要功能。内蒙古自治区法院坚决贯彻落实习近平总书记对“一湖两海”重要指示精神，不断加大司法保护力度。2023年“6·5世界环境日”前夕，巴彦淖尔市乌拉特前旗人民法院正式启用乌梁素海环境资源法庭，管辖和受理乌梁素海沿岸、乌梁素海渔场等各类民商事纠纷案件及涉乌梁素海黄河流域前旗段环境资源案件，推动乌梁素海环境资源司法服务和保障不断深入。经过多年共同治理，从2022年开始涉“一湖两海”已无诉讼案件发生，这也充分体现了近年来

① 本文所涉相关数据由被调研单位提供。

人民法院司法保护的积极作用。

（二）司法服务保障黄河安澜。

内蒙古涉黄河流域七个盟市法院以 2023 年 4 月 1 日《黄河保护法》实施为契机，因地制宜，分类施策，落实最严法治。一是严惩环境资源犯罪，充分发挥刑事审判的司法震慑和教育功能，黄河流域司法保护刑事追诉和打击力度不断加大。依法审理环境资源民事案件，切实增进生态环境民生福祉。坚持损害担责、全面赔偿原则，依法追究污染、破坏环境当事人的民事责任，促进生态环境修复改善和自然资源合理开发利用。助推水沙关系调节与防洪安全，妥善审理涉水沙关系调解案件，加强对水沙调控行政许可等行政行为的司法监督，保障水沙调控机制顺利运行。通过向环境主管部门发出司法建议书，不断加强环境司法与行政的良性互动。服务黄河流域重点生态功能区水土保持工作，依法审理黄河河道内乱占、乱采、乱堆、乱建案件，提升黄河滩区和河道综合治理效能，切实保障黄河安澜。积极推进环境公益诉讼和生态环境损害赔偿案件审判工作，维护国家和社会公共利益。妥善审理检察公益诉讼案件，不断提升对国家利益和社会公共利益的司法保障水平。二是加强《黄河保护法》的宣传贯彻。充分利用涉黄河司法保护案件开庭、宣判，在人民法庭设立司法保护基地、修复基地、环境保护宣传栏等设施，深入开展黄河保护法普法宣传。例如，鄂尔多斯市中院公开开庭审理由法检两长同庭履职，人大代表、政协委员、地方企业、各界群众 200 余人旁听庭审的全区首例企业疏干水超量造成地下水资源及水生态环境损害的涉地下水资源生态环境保护民事公益诉讼系列案件，成为生动的普法课堂，起到了“审理一案、教育一片”的良好作用。自治区高院与呼市中院、托县法院结合主题教育活动在托县黄河流域地区开展普法调研，进乡村、进企业，主动上门“法治体检”，守护黄河生态，取得了良好效果，《内蒙古新闻联播》栏目对此进行了报道。鄂尔多斯市中院与黄河水利委员会晋陕蒙接壤地区水土保持监督局、市检察院、公安局、水利局等部门共同建立“黄河生态环境司法修复基地”“西鄂珍稀植物司法保护基地”“鄂尔多斯市生态环境保护执法司法联动机制”，搭建共治协作平台，强化“全链条”生态环境司法保护格局。包头市中院成立课题组专题调研形成的《司法审判服务黄河流域社会治理的实践与探索——以司法审判大数据为研究对象》在全国法院第八届司法大数据专题研究评审中获得整体示范应用类二等奖。

（三）司法保障荒漠化治理。

2023 年 6 月 5 日，习近平总书记亲临内蒙古考察，主持召开了加强荒漠化综合防治和推进“三北”等重点生态工程建设座谈会，发出坚决打好“三北”工程攻坚战、努力创造新时代中国防沙治沙新奇迹的动员令。内蒙古法院把习近平总书记的重要讲话、重要指示精神化作前行的动力，求真务实抓落实，努力提升生态修复效果和荒漠化综合防治司法服务保障水平。围绕草原生态保护工作，妥善审理涉及草原的权属、合同、侵权等纠纷案件。依法加大对“三北”防护林等林业重点生态工程的司法保障和服务力度。由中国法学会环境资源法学研究会、中国法学会案例法学研究会、内蒙古自治区高级人民法院主办，巴彦淖尔市中级人民法院承办的“强化环境资源司法保护研讨会”于首个全国生态日到来之际在巴彦淖尔市召开，通过深入挖掘“三北”地区、黄河流域的典型案例和司法建议，以司法智慧和力量助力生态环境资源保护。阿拉善盟中院在额济纳旗人民法院策克口岸法庭加挂成立“环境资源保护法庭”，以专业化审判服务荒漠化生态环境保护和治理。2023 年，锡林郭勒盟正蓝旗人民法院挂牌成立了“浑善达克沙地环境资源法庭”，为实现“绿进沙退”提供司法服务。兴安盟科右中旗法院积极参与当地党委政府关于科尔沁沙地歼灭战的专项行动，完成科尔沁沙地治理“灭黄”“治白”“增绿”的工作目标。各地法院通过设置普法宣传台、发放环境保护倡议书、深入农牧民家中宣传等多种就地普法形式，引导嘎查农牧民增强治沙防沙理念，促进沙地生态系统的恢复和良性发展。

二、坚持能动司法，主动担负起环境资源审判服务保障责任

（一）积极推进环境公益诉讼和生态环境损害赔偿案件审判工作。

2023 年下半年以来，随着生态环境损害赔偿制度改革工作的不断深入，内蒙古自治区市级法院受理的生态环境损害赔偿司法确认案件明显增加。2023 年 10 月，锡林郭勒盟林业和草原局与内蒙古某能源集团就草原生态功能损失费达成的《生态环境损害赔偿协议》向锡林郭勒盟中院申请司法确认。同年 11 月，乌兰察布市生态环境局与屈某等人就《乌兰察布市集宁区西园村污染场地土壤及地下水治理方案》达成的《生态环境损害赔偿协议书》向乌兰察布市中院申请司法确认。

（二）推进重点生态区域和流域司法保护工作。持续深化大兴安岭、嫩江流域湿地生态系统保护协作机制。

2023 年 6 月，呼伦贝尔市莫旗法院召开了嫩江市法院和讷河市法院参加的嫩江流域环境资源审判工作研讨会，就办理生态环境案件遇到的疑难问题，以及如何进一步加强嫩江流域司法保护协作机制进行研讨交流。2023 年 4 月，额尔古纳市法院与国家湿地公园管理局负责人签订《湿地保护及环境资源审判协作框架协议》，为“亚洲第一湿地”额尔古纳湿地保护增添司法助力。2023 年 5 月，呼伦贝尔市中院和鄂温克旗法检两院、辉河国家级自然保护区建立“辉河国家级自然保护区生态司法修复基地”，签订《辉河自然保护区司法协作保护备忘录》，为推进辉河国家级自然保护区野生动植物、湿地资源、生态系统的稳定性提供优质高效的司法服务与保障。

（三）探索司法助力“双碳”目标。

内蒙古自治区法院探索森林碳汇在生态司法修复中的实践和林业碳汇认购替代修复模式。2023 年 4 月，阿尔山市法院公开宣判的吴某盗伐林木罪刑事附带民事公益诉讼案，除判处刑罚外，依法判令被告人认购“碳汇”赔偿生态服务功能损失，这是内蒙古自治区法院对碳汇生态保护补偿机制的有益司法实践。呼伦贝尔市中院与内蒙古森工集团签订《林业碳汇司法服务协议》。根河市法院在根河森林工业有限公司好里堡林场建立生态司法林业碳汇教育实践基地，促进生态恢复和“双碳”目标实现。自治区高院赴内蒙古森工集团就林业碳汇交易开展调研，探索解决碳汇交易在司法实践中产生的新情况新问题，积极推动全区碳达峰、碳中和司法实践活动。

（四）注重生态环境修复和保护效果落实见效。

2023 年，锡林郭勒盟中级人民法院在全区首次适用《最高人民法院关于审理生态环境侵权纠纷案件适用惩罚性赔偿的解释》的规定，对严重破坏乌拉盖草原非法采集野生芍药黑色利益链的被告，判决承担破坏草原的生态服务功能损失费、惩罚性赔偿款和草原生态修复费，为全区其他草原存在的非法采挖野生药材造成草原生态功能严重受损案件提供了良好借鉴。呼和浩特市托克托县法院发出全区法院首份环保诉前禁止令，责令辖区内某公司对其在黄河干流运营的游船做好污染防治工作，体现了人民法院通过诉前禁止令司法措施实现与政府职能部门同向发力守护黄河的决心，该案例经央视法治频道拍摄后已在《法治深壹度》节目中播出。呼伦贝尔市中院出台《关于建立、健全环境资源案件生态修复回访机制的实施意见》，追踪生态修复效果，对未主动履行法律文书确定的义务或又产生了新的纠纷，采取向行政机关发出司法建议、法院介入调解、依职权恢复执行、以拒不执行法院判决追究责任等措施，使生态修复机制落地见效。

三、坚持改革创新，不断强化环境资源审判专业化建设

随着内蒙古自治区法院环境资源审判工作的不断发展和深化，在环境资源审判工作中面临着审判专业化程度有待进一步加强、环境资源审判“三审合一”模式实质化运行不到位、司法保障职能没有充分显现等问题。

（一）依托铁路法院工作改革，深化案件集中管辖。

自治区高院党组高度重视环境资源审判改革，从充分发挥司法对保护生态资源的推动作用出发，从积极服务保障自治区绿色发展大局出发，决定进一步深化环境资源案件集中管辖改革工作，探索依托呼铁运输两级法院构建我区特色的“4+1”集中管辖机制，将全区部分环境资源案件交由呼铁运输两级法院集中管辖，改革方案得到最高人民法院批复同意。经自治区高院党组研究，确定呼铁运输两级法院自 2024 年 1 月 1 日起受理全区部分环资案件。充分发挥铁路法院跨区划管辖的优势，与自治区东西走向跨度长的地理特点相契合，管辖范围可以均衡覆盖全区，从根源上排除了诉讼“主客场”现象，并可与区内外多家法院建立跨域审执协作工作机制，打破司法服务地域局限，解决了管辖范围点多线长面广的审判实际问题，为环境资源案件集中管辖打下坚实基础。

（二）依托人民法庭服务基层优势，建立多个环资审判法庭。

自治区高院结合人民法庭服务基层、面向社会公众的优势，在全区基层人民法院派出法庭由辖区法院选择代表当地生态环境特色的法庭加挂森林、草原、沙漠、湿地、文物保护等“环境资源法庭”28 个，更好地服务于“山水林田湖草沙”一体化保护和系统治理。

内蒙古自治区法院将继续在环境资源审判工作中提高政治站位，深刻领悟“两个确立”的决定性意义，增强“四个意识”、坚定“四个自信”、做到“两个维护”，全面提升生态环境司法保护水平，为实现“建设人与自然和谐共生的现代化”、筑牢万里“绿色长城”、守好祖国北疆这道亮丽风景线作出新的、更大的贡献。

第34期

内蒙古自治区法院生态司法工作集锦之三①

——内蒙古自治区法院环境资源审判典型案例（一）

一、梁某某诉神华某能公司环境污染责任纠纷案

【基本案情】

1990年，经国务院批准神华某能公司投资修建大准铁路，大准铁路二道湾段于1997年建成通车。梁某某自1984年开始居住的房屋坐落于丰镇市二道湾村38号，房屋南面与大准铁路二道湾段最近距离约24米。2017年，大准铁路二道湾段周边居民向神华某能公司、丰镇市政府、内蒙古环境保护厅等单位反映案涉铁路造成粉尘、噪声污染，严重影响生活，为此，神华某能公司采取更换无缝钢轨、限制鸣笛等措施整改。2018年7月，神华某能公司在安装声屏障过程中，与二道湾村民发生纠纷，致使声屏障至今未安装。2018年3月、4月，内蒙古自治区中部环境保护督察中心委托内蒙古富源新纪检测有限责任公司对大准铁路二道湾段周边距离铁路32米、60米、130米、300米四个监测点的颗粒物进行两次检测，同年11月，按照《声环境质量标准》的相关规定对大准铁路二道湾段周边四个敏感点及功能区几天不同时段的噪声进行检测，大准铁路运行车辆途经梁某某住所时的噪声数值和颗粒物排放数值超国家规定的限值。

【裁判结果】

呼和浩特铁路运输法院经审理认为，大准铁路运行车辆途径丰镇市二道湾村梁某

① 相关案例由被调研单位提供。

某住所时产生的噪声和颗粒物排放数值超过国家规定的噪声和颗粒物排放标准，干扰了梁某某的正常生活，影响其身心健康，神华某能公司应承担侵权责任并在合理的期限内采取合法有效的整改措施，使大准铁路运行车辆途径丰镇市二道湾村梁某某住所时产生的噪声和颗粒物排放数值符合国家规定的噪声和颗粒物排放标准。整改完毕后，神华某能公司应当委托当地环境监测部门根据环保部门确认的噪声和颗粒物排放标准进行监测，确认是否符合相关标准。如整改后未能达到标准，神华某能公司应当重新委托设计，并结合当地村镇实际情况，进一步采取经权威机构和专家论证的在现有技术、经济条件下的有效排除妨碍措施，以达到相应的国家标准。判决神华某能公司于判决生效之日起六个月内采取合法有效措施，排除妨碍，使大准铁路运行车辆途径丰镇市二道湾村梁某某住所时产生的噪声和颗粒物排放数值符合国家规定的噪声和颗粒物排放标准。

【典型意义】

本案是一起环境污染责任纠纷案件。随着铁路运输业的快速发展，火车运行量、运载的货运量都在日益增大，随之产生的噪声、粉尘污染侵权纠纷越来越多。铁路附近的居民长期生活在噪声、粉尘污染的环境中，其身心健康势必受到一定程度的损害，但噪声粉尘污染损害具有长期性和潜伏性，损害症状和后果不能在短时间内显现且暂时不能用精确的计量方法反映，法院根据噪声超标的事实及噪声污染的时间和强度，判定铁路噪声、粉尘污染对梁某某造成了损害。神华某能公司未能提供证据证明噪声超标系第三人、不可抗力、正当防卫或紧急避险等原因造成，其不存在法律规定的不承担责任或者减轻责任的情形，应承担相应的侵权责任。

二、内蒙古某煤炭集团有限公司某煤矿、黄某某非法占用农用地和非法采矿案

【基本案情】

2011年至2016年，内蒙古某煤炭集团有限公司某煤矿及其公司主要负责人黄某某在位于鄂尔多斯市准格尔旗某煤矿生产经营过程中，未经主管部门批准，非法占用旱地、天然牧草地等农用地，造成农用地大量毁坏。经测绘，非法占用农用地面积总计265.17亩，其中旱地36.01亩，草地229.17亩。

2012年至2014年，内蒙古某煤炭集团有限公司某煤矿及其公司主要负责人黄某某在位于鄂尔多斯市准格尔旗某煤矿生产经营过程中，在火区治理批复采矿证准许范围外非法开采煤炭资源进行销售。经对内蒙古有色地质矿业（集团）地质研究有限责任公司编制的《内蒙古自治区准格尔旗某煤矿火区治理开采煤炭资源价值调查报告修

改说》进行评审，准格尔旗某煤矿火区治理批复采矿证外共动用煤炭资源量67.77万吨，价值10506.47万元。

内蒙古某煤炭集团有限公司某煤矿采矿证界范围外占用土地面积435.70亩，已全部进行植被恢复和覆土，达到了破坏之前的林草覆盖度，林草种植条件已恢复。

案发后，被告单位内蒙古某煤炭集团有限公司某煤矿上缴全部违法所得10506.47万元。

【裁判结果】

达拉特旗人民法院经审理认为，内蒙古某煤炭集团有限公司某煤矿、黄某某违反土地管理法规，非法占用农用地，改变被占农用地用途，数量较大，造成农用地的原有植被严重毁坏，构成非法占用农用地罪；内蒙古某煤炭集团有限公司某煤矿、黄某某违反矿产资源法的规定，超越批准的矿界范围开采煤炭，非法开采的矿产品价值10506.47万元，情节特别严重，构成非法采矿罪。判处内蒙古某煤炭集团有限公司某煤矿犯非法采矿罪，判处罚金1000万元；犯非法占用农用地罪，判处罚金200万元，数罪并罚，决定执行罚金1200万元。黄某某犯非法采矿罪，判处有期徒刑二年十一个月，并处罚金300万元；犯非法占用农用地罪，判处有期徒刑十个月，并处罚金14万元，数罪并罚，决定执行有期徒刑三年，缓刑三年，并处罚金314万元。对本案扣押在案的违法所得105064700元予以没收，上缴国库。宣判后，各方未抗诉、上诉，涉案判决书已发生法律效力。

【典型意义】

矿山经营企业超越批准的矿界范围开采煤炭的行为，对国家矿产资源和生态环境造成严重破坏。人民法院充分发挥刑事审判职能作用，有力地震慑了犯罪，同时，注重惩治犯罪和生态环境治理修复的有机结合，将生态环境修复义务的履行纳入量刑情节，有效融合了生态司法的警示教育、环境治理和法治宣传等功能，对促进矿产资源的有序开发和合理利用具有积极的示范作用。

三、王某平污染环境案

【基本案情】

乌海市某实业有限公司系乌海市2021年重点排污单位。王某平系该公司焦化厂副厂长，分管生产、环保工作。2021年8月10日17时许，王某平在公司化产车间脱硫工段巡查时，发现化验室取样瓶内液体颜色发白，其判断煤气中硫化氢含量超标。因担心单位被环保部门处罚而影响到个人绩效奖金，王某平单独到公司大烟囱采样平台，将在线监测设备的采样管拔开、反吹管对折缠绕，导致主动监测设备无法正常使用，逃避环保部门的监管。随后王某平又将一号焦炉的烟道闸板升起，导致部分未经环保处理的二氧化硫、氮氧化物等污染物通过大烟囱排放到空气中，对大气环境造成污染。经鉴定机构鉴定，因王某平的违法行为，造成该公司违法向大气排放二氧化硫总量为5.19吨、氮氧化物总量为8.91吨、颗粒物总量为0.31吨，产生生态环境修复费用419044元。

【裁判结果】

乌海市海南区人民法院经审理认为，被告人王某平作为公司焦化厂副厂长，明知公司系乌海市2021年重点排污单位，仍故意干扰自动监测设施，致使该公司排放的二氧化硫、氮氧化物等污染物未受到监测。根据《最高人民法院、最高人民检察院关于办理环境污染刑事案件适用法律若干问题的解释》第一条第七项的规定，其行为构成污染环境罪。王某平自愿认罪认罚，如实供述自己的罪行，具有自首情节，依法从轻处罚。王某平所在公司支付了治理环境污染的全部费用，主动承担了污染环境的法律责任，酌情对王某平从轻处罚。判处被告人王某平犯污染环境罪，处有期徒刑一年六个月，缓刑二年，并处罚金3万元。判决宣告后，被告人未上诉，并缴纳了全部罚金。

【典型意义】

乌海市认真贯彻落实习近平总书记关于“着力抓好乌海及周边地区等重点区域生态环境综合治理”的重要指示精神，深入实施生态环境综合治理“三年行动”，全力解决环保突出问题。本案系乌海市全力推进矿区环境综合治理的关键时期发生的大气污染刑事案件，行为恶劣，社会影响较大。本案的审理和判决有助于强化排污企业和单位主管人员的环保责任意识，在追求经济效益的同时，更要严格遵守环境保护法律规定，杜绝逃避环保监管的侥幸心理，切实履行企业环境保护责任。

四、赵某黄河流域生态环境保护民事公益诉讼案

【基本案情】

赵某在未取得采矿许可证的情况下，在黄河支流四道沙河非法开采天然石英砂122342.92吨，非法获利2926750.73元。采砂场严重破坏了治理区的生态环境，植被毁损，水土流失严重，扬尘落砂，对周边大气环境造成严重污染。同时也对附近牧民及牲畜的生命安全构成了一定的威胁。

【裁判结果】

包头市中级人民法院认为，赵某非法采砂的行为严重破坏生态环境，损害社会公共利益，判决：赵某于判决生效后三十日内支付生态环境修复费用12.09万元，在省级以上媒体上公开赔礼道歉，支付项目勘测与方案编制费2万元。

【典型意义】

黄河河道内的乱挖、乱采行为，对黄河沿岸的生态环境造成了严重破坏，亟须依法进行整治。本案在诉讼过程中，审判机关主动发挥职能作用，与检察机关协同配合，注重生态环境修复实效，取得了良好的法律和社会效果，为黄河流域生态环境持续提升提供了有力的司法保障。

五、阿拉善某公司生态破坏民事公益诉讼案

【基本案情】

自2013年6月以来，阿拉善某公司在未获得征占用林地许可的情况下，在额济纳胡杨林国家级自然保护区内陆续修建游客服务中心、木栈道、摆渡区、停车场等基础设施。经当地公安局委托宁夏绿森源司法鉴定中心鉴定，该公司在额济纳胡杨林国家级自然保护区内修建的旅游基础设施，占用林地面积71.846亩，地上原有植被被毁坏，林业种植条件严重受损，生态环境损害程度严重；被占用林地期间的生态效益（期间生态服务功能价值）损失为613867元。

【裁判结果】

阿拉善中级人民法院判决：一、由阿拉善某公司承担生态环境修复责任，依据《额济纳旗林业和草原局关于额济纳旗人民检察院委托评估的复函》确定的修复方案异地补植71.8亩，养护三年并通过验收；如逾期不履行或未达到验收标准，承担补植费用28738.4元。二、由阿拉善某公司承担生态环境损害赔偿责任，依据《额济纳旗林业和草原局关于额济纳旗人民检察院委托评估的复函》确定的国家造林补贴折算，异地植树造林1550亩，养护三年并通过验收；如逾期不履行造林义务或者未达到验收标准，赔偿生态损害服务功能损失费用613867元。

【典型意义】

本案人民法院在确认生态环境侵权的事实前提下，考虑到当地政府旅游经济发展的实际情况，径行判决就地恢复原状可能会造成较大社会资源浪费，采取“异地补植”的替代性恢复方式可实现充分补偿，恢复原有生态容量，达到生态平衡的实际效果。法院根据当地林业和草原局出具的委托评估函，通过选择与原被侵权地具有最密切联系，把握超面积、超原林相水平，确保“异地补植”方案的合理性，既保证了受损生态环境得到恢复，又使当地旅游业得到持续发展。

六、包某危害珍贵、濒危野生动物民事公益诉讼案

【基本案情】

包某因发现家中饲养的鸡丢失，怀疑是野生动物所为，便用铁丝制作猎捕套索，将套索放在自家鸡圈入口处用来猎捕野生动物，并在其制作的陷阱处猎捕到一只豹猫，后将其从套索中解开，放任家犬将其咬伤致死。经国家林业和草原局野生动植物检测中心鉴定，公安机关送检的检材为食肉目猫科豹猫，属于被列入我国《国家重点保护野生动物名录》的二级保护野生动物。科右前旗人民法院作出（2021）内 2221 刑初 332 号刑事判决：包某犯危害珍贵、濒危野生动物罪，判处有期徒刑八个月，缓刑一年，并处罚金 3000 元。扣押的猫科野生动物死体一只，依法予以没收，由扣押机关处理。

科右前旗人民检察院在包某受刑事处罚后认为其行为破坏了野生动物资源造成生物多样性损失，致使国家利益和社会公共利益受到损害，经履行公告程序后，由内蒙古自治区人民检察院兴安盟分院提起民事公益诉讼。

【裁判结果】

本案经兴安盟中级人民法院主持调解，达成调解协议：一、被告包某以从事 75 个工作日的义务劳动（从事林地巡护）替代承担破坏野生动物资源生态损害赔偿责任，履行期限、地点、方式由内蒙古自治区人民检察院兴安盟分院和科右前旗归流河镇巴达仁贵嘎查委员会确定；二、被告包某在人民法院调解书生效后在《兴安日报》刊登致歉信；三、若被告包某无故不履行劳役代偿义务或未达到履行期限，自愿承担全部生态损害赔偿金 7500 元。

【典型意义】

替代性修复是现代环境司法的新理念。本案体现了环境保护和修复优先的司法理念，受损生态环境无法修复或直接修复难度较大时，因地制宜，根据案件实际情况，选择合理的生态环境损害替代性修复方案，实行间接性替代修复往往比单纯的赔偿措施效果更好。法院通过判决引导被告人通过公益劳动的形式进行生态修复，进一步丰富了生态修复责任承担方式。该案的裁判不仅在于实现刑法的惩罚功能，还在于引导群众合理合法处理野生动物保护对生产生活造成的影响，通过让当事人积极参与修复受损环境，实现了让生态破坏者受到惩罚、生态损害得到修复、社会公众受到警示教育的良好效果。

七、某热力公司诉呼和浩特市生态环境局玉泉区分局环保行政处罚案

【基本案情】

呼和浩特市生态环境局玉泉区分局于2021年2月17日在检查中发现某热力公司超过大气污染物排放标准排放大气污染物，于2021年5月18日作出玉环罚字〔2021〕7号行政处罚决定书，决定给予该热力公司罚款10万元的行政处罚。该热力公司不服，向玉泉区政府申请复议，玉泉区政府于2021年9月13日作出玉政复决字〔2021〕1号行政复议决定书，维持生态环境局玉泉区分局作出的行政处罚决定书。该热力公司不服，提起行政诉讼。

【裁判结果】

呼和浩特市玉泉区人民法院一审认为，某热力公司应当对其燃煤锅炉执行大气污染物超低排放标准，但该热力公司未按该标准排放废气。生态环境局玉泉区分局对该热力公司作出的行政处罚决定书及玉泉区政府的复议决定符合法律规定，判决驳回某热力公司的诉讼请求。某热力公司不服，提起上诉，呼和浩特市中级人民法院二审驳回上诉，维持原判。

【典型意义】

本案系某热力公司超标排放大气污染物受到行政处罚引发的行政诉讼案件。大气污染是人民群众感受最为直接、反映最为强烈的环境问题，“蓝天保卫战”是打好污染防治攻坚战的重中之重。本案中某热力公司污染气体排放浓度明显超过了排放标准，人民法院的判决结果体现了对环境保护主管部门依法行政的有力支持，有助于形成行政执法和环境司法的保护合力。

八、李某某生态环境保护民事公益诉讼案

【基本案情】

2020年6月，李某某为方便自己拉草，在未取得行政主管部门许可的情况下，故意毁坏鄂温克族自治旗锡尼河林场桦树76株，其行为损害了国家及社会公共利益。经鉴定，被毁坏的林木修复费用为19831.62元。2022年4月，呼伦贝尔市人民检察院作为民事公益诉讼起诉人，向呼伦贝尔市中级人民法院提起民事公益诉讼，要求李某某赔偿林木修复费19831.62元。

【裁判结果】

呼伦贝尔市中级人民法院在案件审理中向李某某释法说理，使其认识到自己的行为给生态环境带来的危害，愿意依法足额承担被毁坏林木的修复费用。在法庭主持下，呼伦贝尔市人民检察院与李某某达成调解协议，由李某某一次性缴纳毁坏林木修复费

用 19831. 6 元，委托第三方鄂温克旗林业和草原局在鄂温克族自治旗维纳河林场人工造林 26. 2 亩，用苗 2889 株，并进行验收。

【典型意义】

呼伦贝尔地区林业资源丰富，但森林资源保护形势仍然严峻。该案涉及破坏林业资源，最终以调解方式结案，通过侵权行为人的自愿赔偿和第三方异地修复，节约了司法资源，提高了办案效率，取得了良好的生态、法律、社会和政治效果，对当地群众起到了警示教育作用，也是人民法院贯彻习近平恢复性司法理念异地修复的有益探索。

九、王某峰等人污染环境刑事附带民事公益诉讼案

【基本案情】

2019 年 4 月至 2020 年 3 月，王某峰等六人利用原料硫酸二甲酯、二硫化碳、石灰氮生产荒酸二甲酯，在生产过程中将产生的废水排放到无防渗措施的土坑内，将生产中产生的固体废料挤压成块状物后倒入沙河槽内并用沙土掩埋。经鉴定，涉案地块中含有荒酸二甲酯、二硫化碳，以上所有物体均属于危险废物。

【裁判结果】

鄂托克旗人民法院一审判决：王某峰等六人非法处置危险废物，严重污染环境，构成污染环境罪，分别判处有期徒刑三年和缓刑并处罚金。六人对其非法倾倒危险废物行为所造成的生态环境损害予以恢复，若不能主动按时恢复，则判令其承担修复工程总费用 3320695 元；由六人承担本案鉴定费用；拆除场地设备、恢复原状，处置场地内堆放的原料石灰氮，消除危险；承担因处置其倾倒的固体危险废物而支出的费用 28507. 01 元；对倾倒的固体危险废物进行无害化处理。一审宣判后，被告人均未上诉，民事部分判决已生效并进入执行程序。

【典型意义】

本案系非法处置危险废物引发土壤污染刑事案件，人民法院充分发挥环境资源审判的威慑和教育功能，严惩重罚污染环境犯罪，对破坏环境非法牟利的违法犯罪行为采取零容忍的态度。同时注重生态修复治理，将修复效果的鉴定评估意见作为生态环境赔偿的量刑情节在刑事案件中予以考虑，体现了人民法院积极维护社会公共利益，坚持用最严格的制度、最严密的法治守护好一方净土的决心。

十、姜某1等三人盗掘古墓葬案

【基本案情】

2020年秋季，姜某1、姜某2在常某（另案处理）的组织联系下，伙同宋某，驾驶车辆来到库伦镇前勿力布格村南侧奈林稿辽墓群，盗掘其中一处古墓，盗掘至露出古墓青砖时，发现已有盗洞，后四人将盗坑回填。数日后，几人携带盗掘工具，再次驾驶车辆来到库伦镇辽墓群，在第一次盗掘位置东侧10米处盗掘古墓，盗掘至露出青砖时，发现墓室已坍塌后，便将盗坑回填。

【裁判结果】

库伦旗人民法院经审理认为，姜某1三人违反国家文物保护法律法规，盗掘具有历史、艺术、科学价值的古墓葬，该墓群被确认为全国重点文物保护单位的古墓葬，三被告人的行为构成盗掘古墓葬罪。三被告人与常某（另案处理）构成共同犯罪，在共同犯罪中起次要作用，系从犯。对三名被告人分别判决：姜某1犯盗掘古墓葬罪，判处有期徒刑四年六个月，并处罚金人民币10000元；宋某犯盗掘古墓葬罪，判处有期徒刑三年，并处罚金人民币5000元；姜某2犯盗掘古墓葬罪，判处有期徒刑三年，并处罚金人民币5000元。

【典型意义】

本案系盗掘古墓葬刑事案件。奈林稿辽墓群被国务院公布为第七批全国重点文物保护单位。在该辽墓群周边立有“辽墓群简介”“全国第七批重点文物保护单位奈林稿辽墓群”“前勿力布格辽墓群”石碑。经内蒙古博物院鉴定，三被告人盗掘的地点为国家重点文物保护单位奈林稿辽墓群保护范围核心区，属辽代贵族家族墓地，是不可多得的文化遗址，具有极高的历史、文物、考古价值。本案判决体现了人民法院严厉打击破坏古文化遗址和古墓葬行为的决心，对提高公众文物保护意识具有教育指引作用。

生态法治调研报告．第二辑

第35期

内蒙古自治区法院生态司法工作集锦之四

——内蒙古自治区法院环境资源审判典型案例（二）[①]

一、鄂尔多斯市人民检察院诉鄂尔多斯市某矿业有限责任公司生态破坏民事公益诉讼案

【基本案情】

鄂托克旗棋盘井镇位于内蒙古鄂尔多斯高原西部，距黄河直线距离仅20公里，该区域属严重缺水地区。被告鄂尔多斯市某矿业有限责任公司（以下简称某矿业公司）的矿井位于棋盘井镇地下水超采区，在生产经营过程中需严格依照批准的取水许可规定条件，取用因矿井掘进、开采破坏地下水含水层而产生的疏干水。鄂托克旗水利局2016年为某矿业公司生产经营核发取水许可证，许可该公司年疏干水量64.46万立方米，年取水量29.52万立方米，年退水量46.91万立方米。2022年3月，某矿业公司因将矿井疏干水通过未经批复的管道退至其他公司，且未安装计量设施，被鄂尔多斯市水利局处以罚款、补缴水资源税等行政处罚。经评估，某矿业公司超量疏干水量共计331.23万立方米，对区域具有水资源服务功能的奥灰含水层间接影响损害量为51.64万立方米。检察机关对此提起民事公益诉讼。

【裁判结果】

鄂尔多斯市中级人民法院一审认为，《中华人民共和国水法》规定了取水许可制度和水资源有偿使用制度。《内蒙古自治区地下水保护和管理条例》进一步明确对矿

① 相关案例由被调研单位提供。

产资源开采、地下水工程建设疏干排水量达到规模的管理规制。某矿业公司的超量疏干水行为影响了地下水资源服务功能，造成地下水生态环境严重损害，应当承担生态环境损害修复责任。遂判决某矿业公司赔偿生态环境损害费用194.68万元及评估费。宣判后，各方均未上诉，一审判决已发生法律效力。

【典型意义】

本案系一起保护黄河流域地下水资源利用的典型案例。黄河流域干旱少雨，水资源短缺，地下水资源弥足珍贵。节约用水、保护水资源是全社会共同的责任。《黄河保护法》明确规定量水而行、节水为重的基本原则，并对水资源节约、集约利用作出专章规定。人民法院严格执行黄河流域水资源刚性约束制度，依法判令未依照批准的取水许可证规定条件取水、未按规定安装取水计量设施的煤炭开采企业赔偿地下水生态环境服务功能损失，有力维护了区域地下水环境和饮水、生态安全。同时，教育引导被告企业认识到违法取用疏干水的危害，被告当庭对其生态环境损害行为赔礼道歉。本案审理对于加强水资源司法保护，促进节约用水，提升地下水资源集约、节约安全利用水平具有积极意义。

二、锡林郭勒盟检察分院诉曲某某等四人破坏草原生态民事公益诉讼案

【基本案情】

2022年5月底至6月上旬，魏某某、蒋某某、潘某某在未取得野生植物芍药采集许可证的情况下，先后四次在晚上8时到次日凌晨2时左右到乌拉盖管理区巴音胡硕镇呼仁陶勒盖村某草牧场（以下简称违法行为地）采集自治区重点保护野生植物——野生芍药。其中，前三次将非法采集的483.88公斤芍药根（以下简称芍药）以每斤8.50元的价格出售给兴安盟科右中旗的曲某某，违法所得共计8226元；第四次赶往曲某某处准备出售的途中被公安机关查获，公安机关扣押芍药185.40公斤。2022年11月10日，锡林郭勒盟检察分院依法向锡林郭勒盟中级人民法院提起民事公益诉讼，请求判令曲某某等四人赔偿非法采集野生芍药造成破坏草原的生态服务功能损失费、惩罚性赔偿款和草原生态修复费，并公开向社会赔礼道歉。

【裁判结果】

锡林郭勒盟中级人民法院经审理认为，魏某某、蒋某某、潘某某三人非法采集野生芍药和曲某某未经许可非法收购野生芍药的行为对草原生态和资源造成严重损害，根据法律规定，被告魏某某、蒋某某、潘某某、曲某某四人应当承担修复生态、赔偿损失、赔礼道歉等民事责任。检察机关的诉讼请求应予支持。遂判决曲某某赔偿非法收购野生芍药造成破坏草原的生态服务功能损失费、惩罚性赔偿款和草原生态修复费

用合计 4.59 万元；分别判令被告魏某某、蒋某某、潘某某赔偿非法采集野生芍药造成破坏草原的生态服务功能损失费、惩罚性赔偿款和草原生态修复费 3497.52 元、4714.85 元、3014.58 元，同时判令三人在非法采集野生芍药造成草原损害的范围内与曲某某承担连带责任；判令四被告连带承担本案鉴定评估费 6000 元，并于 2023 年 12 月 31 日之前在乌拉盖管理区级以上政法单位新媒体上公开向社会赔礼道歉，发布公开赔礼道歉公告。宣判后，各方均未上诉。

【典型意义】

野生芍药是内蒙古自治区的重点保护野生植物，也是重要的中药材，是维持区域生态平衡的重要因素。近年来，受利益驱使，盗挖野生芍药的行为日益猖獗，不法分子利用特制工具盗挖野生芍药，极易造成草原沙化，对脆弱的草原生态环境造成严重破坏。非法收购野生芍药的行为直接导致自然生长地野生芍药种群数量减少，破坏了该地区草原生物多样性和生态平衡，损害社会公共利益。此案系《最高人民法院关于审理生态环境侵权纠纷案件适用惩罚性赔偿的解释》实施以来全区法院首例在生态环境领域判处支付惩罚性赔偿金的案件，由被告承担破坏草原的生态服务功能损失费二倍的惩罚性赔偿款，惩罚性赔偿制度通过让恶意的不法行为人承担超出实际损害数额的赔偿，提高盗采重点保护野生植物违法成本，达到制裁恶意侵权人的效果，具有惩罚、震慑、预防等多重功能，为全区其他草原存在的非法采挖野生药材造成草原生态功能严重受损案件提供了良好借鉴。

三、呼伦贝尔市人民检察院诉葛某某生态环境保护民事公益诉讼案

【基本案情】

葛某某违反狩猎法，在禁猎区、禁猎期，使用禁用的狩猎工具套捕野生狍子两只、雪兔一只。经鉴定，雪兔属于国家二级重点保护野生动物，价值 400 元/只，狍子属于被列入《国家保护的有益的或者有重要经济、科学研究价值的陆生野生动物名录》的野生动物，价值 3000 元/只，共计 6000 元。呼伦贝尔市人民检察院依法提起民事公益诉讼，要求葛某某赔偿生态价值损失费用 6400 元。

【裁判结果】

经呼伦贝尔市中级人民法院主持调解，双方达成调解协议：1. 葛某某向呼伦贝尔市中级人民法院缴纳破坏野生动物资源造成的损失 6400 元，用于购买林业碳汇 128 吨进行替代修复；2. 呼伦贝尔市人民检察院负责碳汇认购和注销的监督工作。该调解协议在《人民法院报》进行为期 30 日的公告，期满后未收到任何意见或建议，法院依法作出民事调解书。现调解书已生效。

【典型意义】

本案是全区首例通过认购林业碳汇的方式对破坏野生动物资源进行替代性修复的民事公益诉讼案件。野生动物是大自然留给人类的宝贵财富，是自然生态系统的有机组成部分，野生动物的循环发展是生态系统物质循环的重要环节。“双碳”目标的实现离不开生物多样性保护，生物多样性的保护同样离不开“双碳”目标，二者互为促进，相辅相成。本案审理过程中，人民法院贯彻习近平生态文明思想，创新司法工作理念，将生态损害公益诉讼与自然资源领域生态产品价值有机结合，引导被告主动自愿购买与其破坏野生动物生态价值相当的林业碳汇量进行生态修复，既解决了因野生动物的不可修复性给生态系统造成的不可逆损害等现实困境，又丰富了生态环境损害赔偿责任的履行方式，是人民法院对司法服务保障实现“双碳”目标重大战略决策的有益探索，有利于推动形成实现“双碳”目标的社会共识，实现人与自然和谐发展。

四、申请人托克托县交通运输局与被申请人某公司申请环保诉前禁令案

【基本案情】

申请人托克托县交通运输局称被申请人某公司未按照其下达的船舶安全检查通知书的要求做好游船防污染工作，其行为违反了《中华人民共和国防治船舶污染内河水域环境管理规定》第十六条第一款“禁止向内河水域排放船舶垃圾。船舶应当配备有盖、不渗漏、不外溢的垃圾储存容器或者实行袋装，按照《船舶垃圾管理计划》对所产生的垃圾进行分类、收集、存放”的规定。在申请人向被申请人发出船舶安全检查通知书要求立即整改后被申请人仍未按要求整改到位，遂向托县人民法院提出环保诉前禁令申请。

【裁判结果】

根据《最高人民法院关于生态环境侵权案件适用禁止令保全措施的若干规定》第三条第二款的规定：“因情况紧急，申请人可在提起诉讼前向污染环境、破坏生态行为实施地、损害结果发生地或者被申请人住所地等对案件有管辖权的人民法院申请作出禁止令，人民法院应当在接受申请后四十八小时内裁定是否准予。”托县人民法院经审查申请人提交的相关证据后认为，被申请人未按照相关规定在其经营的客船上做好防污染工作，如不立即予以整改，有可能会对涉案游船通航的黄河水域造成污染，依照相关法律规定，发出该《诉前禁止令》，责令被申请人某公司在其经营的某景区客船上配备有盖、不渗漏、不外溢的垃圾储存器每艘至少 3 个或者实行袋装，并及时填写垃圾转运记录表。经向托克托县交通运输局核实某公司确已完成整改，人民法院根据某公司申请依法撤销禁止令。

【典型意义】

环境保护诉前禁止令，是指负有环境保护行政管理职能的机关、环境保护公益组织或者个人，发现存在污染环境、破坏生态等情形，经初步调查搜集的证据足以认定如未及时制止行为人继续污染环境、破坏生态的行为，将造成生态环境难以修复或者具有污染生态环境现实危险的，向人民法院提出申请，请求人民法院禁止行为人继续为某种行为或者责令其必须为一定行为的司法措施。本案虽然只涉及未按法律规定配备有盖垃圾容器的行为，但垃圾一旦不慎流入通航水域，打捞清理难度较大，将对涉案游船通航的黄河水域带来污染风险，为及时消除环境污染隐患，保障黄河流域生态环境安全，人民法院在司法实践中贯彻预防性司法理念，发出自治区首份环保诉前禁止令，实现司法与政府职能部门同向发力，共同守护黄河安澜。

五、土默特左旗人民检察院诉于某某非法占用农用地刑事附带民事公益诉讼案

【基本案情】

2009年至2015年，被告人于某某以牟利为目的，向土默特左旗毕克齐镇某村村民“购买”土地并在该土地上挖砂取土。经测绘技术机构勘测定界，于某某非法占用的土地共计23.41亩，土地性质均为农用地。国土资源局组织专家组进行鉴定，采挖土地深度一米以上，已造成耕地种植条件严重破坏。价格评估集团有限公司内蒙古分公司鉴定，于某某采挖砂石混料坑口价值共计人民币57.73万元。另查明于某某挖砂取土的土地位于土默特左旗毕克齐镇所辖范围，属于毕克齐大葱实施地理标志产品保护范围，砂坑尚未恢复毕克齐大葱的种植条件。

【裁判结果】

呼和浩特市土默特左旗人民法院一审认为，依照《中华人民共和国刑法》第六十四条、第七十二条、第三百四十二条，《最高人民法院关于审理环境民事公益诉讼案件适用法律若干问题的解释》第二十条的规定，判决：一、被告人于某某犯非法占用农用地罪，判处有期徒刑六个月，缓刑一年，并处罚金5000元（已缴纳）。二、被告人于某某停止侵害地理标志毕克齐大葱种植环境，赔偿生态恢复费用57.73万元。

【典型意义】

本案是人民法院依法惩处利用合同方式流转土地后，非法取土挖砂毁坏耕地的典型案例。于某某以牟利为目的从农民手中取得土地后，非法破坏土壤种植层取土挖砂，既破坏农用地资源影响粮食生产，又危害生态安全，同时本案在非法占用农用地违法行为过程中还侵害了地理标志产品种植环境，因此本案的判决结果既体现对基本农田

的生态修复，也体现对知识产权的保护力度，充分考虑了地理标志产品的经济价值，实现了民事赔偿与生态补偿的有机衔接，对进一步规范和加强监管农村土地承包经营活动也起到了警示教育作用。

六、史某某滥伐林木罪案

【基本案情】

2021 年 5 月左右，史某某以莫力达瓦达斡尔族自治旗（以下简称莫旗）尼尔基镇隆圆木材加工厂的名义与莫旗交通运输综合行政执法大队签订排除路树安全隐患择伐协议。莫旗林业和草原局于 2021 年 7 月 18 日和 2021 年 9 月 17 日发放上述地点的林木采伐许可证共 14 张，许可采伐总株数 3740 株，总立木蓄积 504 立方米。采伐前，由莫旗交通运输综合行政执法大队指挥施工方进行喷漆标识。采伐时由莫旗交通运输综合行政执法大队工作人员现场封路、监督。史某某雇用甄某某等人将采伐的杨树进行现场量尺锯段后，又雇用杨某某、蒋某、刘某某等人使用钩机将杨树段装车，分别卖给多人及黑龙江省内市、县的多个木材加工厂。砍伐杨树后，史某某雇用王某甲使用钩机抠掉部分被砍伐杨树的树根，雇用李某某将部分抠出树根的坑用土填平。经莫旗林业和草原局鉴定，涉案道路两旁被砍伐杨树的立木蓄积为 2298.006 立方米，扣除涉案该两处路段采伐许可证中的 504 立方米，涉案道路两旁被砍伐杨树超出的立木蓄积为 1794.006 立方米。

【裁判结果】

莫旗人民法院一审认为，被告人史某某滥伐林木数量巨大，破坏了国家对森林资源的管理和林木的所有权，侵犯了国家财产，破坏了护路林的生态功能、森林的可持续发展，损害了国家和社会公共利益，已构成滥伐林木罪，判处史某某有期徒刑六年，并处罚金 10 万元。

被告人史某某不服，提出上诉，呼伦贝尔市中级人民法院二审裁定驳回上诉，维持原判。

【典型意义】

随着社会经济的快速发展、资源消耗的不断增加和巨大利益的诱惑，林业资源正面临着严重的威胁和破坏。本案是典型的滥伐护路树的案件，护路树可以保护公路两侧的水源涵养，防止水土流失，调节路面温度，以免对路面造成破坏；还能减少噪声，阻滞尘土、吸附微小颗粒物，吸收二氧化硫、氮氧化物等空气污染物；并有帮助司机界定车辆行驶安全距离，确保行车安全的社会效益；同时能吸纳雨水减少城市径流给城市基础设施带来的影响。本案被告人史某某受到利益驱使，借助与交通运输综合行政执法大队签订的"排除路树安全隐患择伐协议"之机，超额滥伐村道路两旁杨树立木蓄积为 1794.006 立方米，数量巨大，破坏了国家对森林资源的管理和林木的所有权，侵犯了国家财产，破坏了护路林的生态功能、森林的可持续发展，损害了国家和社会公共利益。被告人史某某从事木材生意多年，于 2022 年因滥伐林木罪被法院判处过刑罚，其对采伐许可规范应当明知，因此人民法院坚持实事求是、宽严相济刑事政策中"严"的要求，对依法惩处犯罪、保护林业资源和生态环境具有重要意义。

七、某矿业公司、杨某某非法占用农用地罪案

【基本案情】

2007 年 10 月 31 日，某矿业公司成立，经营范围为按指定区域采选铁矿，矿产品经销。2010 年 9 月 9 日，某矿业公司法定代表人变更为杨某某。2013 年至 2022 年，某矿业公司在生产过程中非法占用破坏农用地，累计破坏草原 2168.72 亩。2019 年起某矿业公司对草原开展恢复治理，经苏尼特右旗林业和草原局现场核查，上述被破坏草原已恢复治理并验收合格。案发后，经某矿业公司申请，内蒙古自治区人民检察院和锡林郭勒盟检察分院批复，苏尼特右旗人民检察院决定对本案适用企业合规，由企业自行开展合规整改工作。

【裁判结果】

锡林郭勒盟苏尼特右旗人民法院一审认为，被告某矿业公司、被告人杨某某在未办理草原征用使用审批手续的情况下，通过地下开采作业的方式采矿，非法占用、破坏草原，其行为触犯了《中华人民共和国刑法》第三百四十二条，犯罪事实清楚，证据确实充分，应当以非法占用农用地罪追究刑事责任。某矿业公司及杨某某自愿认罪认罚且积极配合合规整改，根据《中华人民共和国刑事诉讼法》第十五条之规定，对某矿业公司及杨某某可以依法从宽处理。判决：一、苏尼特右旗某矿业有限责任公司犯非法占用农用地罪，免予刑事处罚。二、被告人杨某某犯非法占用农用地罪，免予刑事处罚。宣判后，当事人未提出上诉，判决已发生法律效力。

【典型意义】

浑善达克沙地在锡林郭勒盟境内面积为 3.2 万平方公里，是全区五大沙地中距首都北京最近的一块沙地（直线距离 180 公里）。科尔沁和浑善达克两大沙地歼灭战是荒漠化综合治理和推进"三北"等重点生态工程建设三大标志性战役之一，保护修复脆弱的草原生态是防沙治沙的重要工作。审理过程中，人民法院邀请涉征、占用草原的九家企业代表旁听庭审，对促进当地企业合法合规利用草原起到了警示教育作用。同时人民法院坚持治罪与治理并重、惩罚与修复并举的司法理念，实现办理一个案件、

挽救一个企业、推动一个行业的合规发展。即使涉案企业完成合规整改，实现自然资源的合法利用，也要保障企业的合法化、持续化发展，努力实现法律效果、政治效果、生态效果和社会效果的统一。

八、牙克石市人民检察院诉于某某等人危害珍贵、濒危野生动物刑事附带民事公益诉讼案

【基本案情】

2022 年 4 月至 7 月，被告人于某某多次伙同被告人安某某在牙克石市多个河域内使用汽船、逆变器等禁用工具，通过电鱼、炸鱼手段捕获水产品若干。经鉴定，在查获的水产品中有 19 尾为国家二级保护动物细鳞鲑，价值 3.6 万元。2022 年 9 月 1 日晚至次日凌晨，被告人于某某伙同被告人张某某在某河道内捕获水产品 126 尾。经鉴定，在查获的水产品中有 100 尾为国家二级保护动物细鳞鲑，价值 36.8 万元。

【裁判结果】

呼伦贝尔市牙克石市人民法院经审理认为，被告人于某某等人非法捕捞国家二级重点保护的珍贵、濒危水生野生动物细鳞鲑，其行为均已构成危害珍贵、濒危野生动物罪。被告人于某某非法猎捕国家珍贵、濒危野生动物的行为，损害了野生动物资源，破坏了生物多样性和生态平衡，致使社会公共利益受到持续损害，应承担相应的民事赔偿责任。对被告人于某某、张某某、安某某分别判处有期徒刑五年六个月至八个月并处罚金，没收违法所得。由被告人赔偿非法捕捞的 119 尾细鳞鲑造成的损失 40.4 万元上缴国库。

【典型意义】

“万物各得其和以生，各得其养以成”，大自然是人类赖以生存和发展的基本条件，生物多样性是地球生命共同体的血脉和根基。2021 年，国家将野生细鳞鲑属所有种列为国家二级重点保护野生动物。本案被告人私捕滥捞的行为严重危害珍贵、濒危野生鱼类，破坏生物多样性，通过对被告人的严厉打击及判令被告人承担民事赔偿责任，在确保惩治破坏环境资源犯罪行为的同时，有效修复受损的生态环境，引导人民群众树立正确的生态文明观，彰显了人民法院维护生物多样性、实现人与自然和谐共生的司法担当。

九、包头市东河区某牛羊下货加工店诉包头市生态环境局、包头市人民政府行政处罚及行政复议案

【基本案情】

2019 年 7 月，白某某成立加工店，在位于包头市东河区河东镇 110 国道留宝窑自建房从事牛羊下货加工及销售。但其未配套建设环保设施，也未办理有关环保手续，未领取有关污染物排放许可证。2022 年 9 月 1 日，包头市生态环境局对该加工点进行检查（勘验）、对其外排的废水进行取样、对经营者白某某及其工人进行询问。发现工人将清洗废水通过厂房内北侧的污水篦子进行排放，污水篦子内的管道是由东向西走向，污水最终排向厂房东侧院墙外的河槽内。经检测，显示该管道所排放的水体中 COD 水污染物超过国家《污水综合排放标准》规定标准排放值的 2.3 倍。后包头市生态环境局认定白某某加工店存在利用渗井、渗坑、裂隙、溶洞、私设暗管等逃避监管的方式排放水污染物的违法行为，送达了《责令改正违法行为决定书》，并于同年 9 月 30 日作出行政处罚决定书，决定对白某某加工店的行为处以罚款 10 万元。加工店不服，向包头市政府申请行政复议，市政府予以维持后，其向法院提起诉讼。

【裁判结果】

包头市九原区人民法院一审审理认为，白某某加工店将加工清洗废水通过污水篦子内的管道直接外排到河槽内，系通过逃避监管的方式排放水污染物，检测显示其所排放的水体中化学需氧量（COD）水污染物检测数值超过国家规定标准排放值的 2.3 倍。白某某加工店关于诉请撤销涉案行政处罚决定书及行政复议决定书的诉讼请求，无事实和法律依据，判决驳回白某某加工店的诉讼请求。

【典型意义】

本案系因个体工商户在生产经营过程中通过逃避监管方式，排放废水破坏水资源清洁与安全被行政主管机关处罚后引发的行政诉讼案件。人民法院依法审查，支持行政机关依法履行监管职责，既对违法行为人施以惩戒，防止水资源继续遭受污染破坏，又充分体现了生态环境保护中行政执法优先的职能。本案行政处罚不是最终目的，而是希望能教育引导个体工商户在经营过程中，不能只追求生产经营便利和节约成本，而要树立依法合规经营的绿色理念，承担环境保护的社会责任，才不会使省下的成本变成高昂的违法成本。

十、达拉特旗人民检察院诉某煤炭公司文化遗址保护民事公益诉讼案

【基本案情】

达拉特旗人民检察院在 2023 年 3 月经调查发现，某煤炭公司在生产开采过程中造

成“秦直道遗址”本体遭到严重破坏，毁损程度较大，侵害了国家利益和社会公共利益。根据《国务院关于核定并公布第六批全国重点文物保护单位的通知》，“秦直道遗址”被国务院确定为第六批全国重点文物保护单位。根据《达拉特旗人民政府关于保护和管理境内“秦直道遗址”的通知》，达拉特旗境内“秦直道遗址”的保护范围为“秦直道遗址”中心线两侧200米内，建设控制地带为“秦直道遗址”中心线两侧500米内。某煤炭公司的开采区域位于“秦直道遗址”达拉特旗段的保护范围及建设控制地带内。2010年至2020年，某煤炭公司在矿区开采生产过程中，未对其矿区内的“秦直道遗址”采取任何保护措施，致使矿区内的“秦直道遗址”本体被严重损毁。经内蒙古自治区博物院鉴定，道路遗址本体灭失的长度为：北部大矿区3165米。该部分破坏段本体遭到严重破坏，毁损程度严重。经内蒙古启原文物古建筑修缮工程有限责任公司出具的《内蒙古自治区秦直道达拉特旗段某煤矿采煤破坏段模拟修缮价值评估报告》认定，遗址本体损害主要为被告人工采煤作业导致的本体破坏消失，受损长度为1415.13米，模拟修缮价值评估费用为394.49万元。

【裁判结果】

内蒙古自治区达拉特旗人民法院一审判决认为，根据《中华人民共和国文物保护法》第六十五条的规定，某煤炭公司对秦直道本体造成了严重的破坏，损害了国家利益和社会公共利益，应承担其侵权行为造成的生态环境损害和评估费用，并进行赔礼道歉。判决某煤炭公司赔偿被损毁“秦直道遗址”的模拟修缮费用394.49万元、评估费23.75万元，共计418.24万元支付至公益诉讼起诉人达拉特旗人民检察院指定账户。

【典型意义】

秦文化是中华民族宝贵的历史文化遗产，它奠定了大一统国家形态和中华民族多元一体演进格局的形成基础，对中国传统政治和制度文化影响最为深远。“秦直道遗址”是世界上公认的第一条高速公路，享有“世界公路鼻祖”的美誉。加强文化遗产保护工作，需要增强对历史文物的敬畏之心，处理好文物保护与经济社会发展的关系。某煤炭公司在开采过程中对秦直道本体造成严重破坏，损害了国家和社会公共利益，人民法院正确贯彻损害担责、全面赔偿原则，体现了人民法院推进文物与环境一体保护和系统治理的坚定决心及责任担当。

第36期

中国行为法学会生态环境法治研究专业委员会到贵州省进行考察调研

——与贵州省酒业协会签订战略合作协议

2024年8月20日至23日，中国行为法学会生态环境法治研究专业委员会会长王少南，副会长张晓光、李萍等调研组一行，到贵州省相关单位和地市企业进行考察调研。

（一）

8月20日下午，在贵阳市的贵州金某酒业有限公司，王少南会长向该公司董事长颁授“理事单位”牌匾和证书，并与其就加强企业生态法治建设等问题进行了交流座谈。

调研组建议，在酱酒竞争日益激烈的态势下，企业不能固守“酒香不怕巷子深”的思维定式，要强化大开放的市场理念，除了继续改进酱酒生产工艺、提升酱酒质量这个根本以外，还要十分注重企业法治建设、生态建设、文化建设和品牌建设，提高自身的决策、经营能力，防范、化解各种风险，内强素质、外树形象，从根本上增强企业竞争力，使企业在强手如林的情况下，保持应有的定力，永远立于不败之地，将某茅品牌酱酒推向全国乃至世界，使其焕发新的生机与旺盛的生命力。

（二）

8月21日上午，贵州省酒业协会举行了中国行为法学会生态环境法治研究专业委员会（以下简称生态法治研究专委会）与贵州省酒业协会建立战略合作关系签字仪式。

王少南会长与贵州省酒业协会会长赵新贵在协议书上签字。副会长李萍、张晓光，贵州省酒业协会原会长陈泽明等出席签字仪式。

生态法治研究专委会是中国行为法学会设立的服务于中国式现代化生态法治建设的专门委员会。其主要职责是联合国家有关执法机关、研究机构、社团组织和专业人员等，通过"实证、实用、实操"课题和"政产学研用"工作模式，打造集"智力服务、支持保障、成果转化"于一体的应用服务平台，为推进中国式现代化和生态法治化建设提供智库支持。

贵州省酒业协会是由社会团体及个人自愿结成的非营利性社会组织，集原料供给、工厂生产、市场营销、科学消费于一体的全产业链协会，行业权威专家、知名学者云集，通过整合贵州省酒类行业资源，规范行业生产经营行为，提高酒类行业自身素质，研究提出酒产业相关重大课题活动，为白酒（酱酒）行业提供专业咨询与服务，充分发挥行业协会的桥梁纽带作用，全力助推贵州酒产业规范、健康、持续发展。

为了践行习近平经济思想、习近平生态文明思想、习近平法治思想，贯彻落实党的二十届三中全会精神，积极发挥行业学会（协会）职能作用，更好地为中国式现代化和全面深化改革提供服务，经生态法治研究专委会与贵州省酒业协会友好商定，双方建立战略合作关系。

协议确定，双方基于为中国式现代化提供服务的共同使命，通过工作联谊、合作调研、研判问题、优势互补、协同共建，充分发挥学会（协会）更大合力作用。

双方就共同关注的经济建设、生态建设和法治建设等问题，开展调查研究。调研活动要从保护、发展与构建兼顾的角度出发，形成有情况、有分析、有对策的调研报告。通过调研成果转化，为国家机关、地方党委政府、行业主管部门、执法机关、企事业单位提供有效的智力支持。

双方以立足生态环境法治研究工作、构建美好幸福生活为契合点，为白酒（酱酒）产业与生态环境和谐发展提供法治支撑和智力支持。

双方充分发挥专家、智库作用，召开的相关会议、组织的活动等，要注重推动创造性转化和创新性发展，根据实际需求，可邀请另一方负责人或工作人员作为主办或协办单位参加。

双方应推动酒产业规范与引导，将酒类从原料供给、工厂生产到市场营销、科学消费等各个环节上升至法律法规层面。

双方要发挥各自优势，相互支持，深入开展经济发展、生态建设和法治建设的共建活动。

双方的其他合作事宜，可另行签署补充协议。

双方合作期限5年，从2024年8月20日起至2029年8月20日止，到期后经双方协商重新签署合作协议文本。

（三）

8月21日下午，调研组一行到贵州某酒集团考察。

该集团位于中国酱香型白酒的发源地和主产区，通过组织、整合、优化白酒产业，贯穿酱酒产业链，提升酱酒在全国白酒市场的核心竞争力。

调研组建议：该集团作为国资企业，资金实力、人才资源雄厚，具有做大做强的先天优势，但是要扬长避短，克服薄弱环节，有所为、有所不为，特别是要注重学习借鉴民营企业机制灵活、工作效率高、管理成本低的长处。同时，要根据国家关于混改的政策，适时吸纳优质社会资本，完善企业治理结构，扎根贵州、立足中国、走向世界。

（四）

8月22日上午，调研组一行到位于贵阳市修文县的中国铁建阳明文旅项目和王阳明纪念馆考察。

修文县是一座具有典型西南风韵的县城，也是“阳明心学”的发祥地与传播地，文化底蕴厚重。

中国铁建的文旅项目占地28.34万平方米，分为3块住宅用地和2块商业用地。现已经建成的住宅地以院墅类产品为主，大面积合院产品沿河两岸布局，以阳明山作为视线通廊交会点，利用场地内现状，竖向将滨河景观及山地景观渗透到住区内。在建筑布局中，以园—院—巷—宅的空间序列展开，用低矮而丰富的中国传统院落式建筑组织整个住区，独具特色，适宜家庭改善生活品质居住。

调研组建议，目前房地产项目处于饱和状态，需求低迷。要加强市场调研，着眼于生态、康养、休闲、文化等题材，按照“人有我优，人优我好，人好我特”的思路，来打造“一区一品、一宅一景”的时尚生活，满足老百姓的个性化消费需求。同时，借鉴国外分时度假、产权与管理权相分离的模式，探索构建文旅项目“人人共有、人人享有”的投入与产出供需平衡的长效机制，真正把文旅项目办成有特色、有影响力的生态胜地。

（五）

8月22日下午，调研组一行来到位于茅台镇的贵州某酒业（集团）有限公司考察调研。

该公司成立于1984年，2001年改制重组。历经40年，民族酒厂从一家小型酒厂发展成为一家集白酒生产、研发、销售、旅游观光于一体的综合性酒旅一体化酿酒企业集团。

调研组建议，公司要紧紧把握住酱酒发展的“窗口期”，聚焦“基酒”主业，扩大企业规模，提高“拳头”产品产量，掌握行业话语权。要围绕“基酒”强项做足、做长文章，形成长长的不可或缺的产业生态链、体验销售链、文化消费链、传承历史链，高高树起“民族”酒业行业的领先旗帜，为中国企业争光，续写中国酱酒的新辉煌！

生态法治调研报告．第二辑

第37期

努力打造人民依赖的审判队伍

——山西省朔州市中级人民法院队伍建设调研纪实

近年来，朔州市两级法院坚持以习近平新时代中国特色社会主义思想为指导，深入学习贯彻习近平法治思想，全面贯彻党的二十大和二十届二中、三中全会精神，认真贯彻习近平总书记对政法工作的重要指示精神和习近平总书记考察调研山西重要讲话、重要指示精神，在朔州市委的坚强领导、市人大及其常委会的有力监督和山西省高级人民法院的正确指导下，以政治建设为统领擦亮忠诚底色，以执法办案为要务服务中心大局，以规范管理为抓手全力固本强基，以守正创新为支点促进公正高效，以素能提升为目标打造过硬队伍，忠实履行宪法法律赋予的职责，全面推进革命化、正规化、专业化、职业化建设，努力打造党和人民信得过、靠得住、能放心的人民法院队伍，为法院各项工作实现新发展提供坚强有力的思想和组织保证。

朔州市中级人民法院（以下简称朔州中院）成立于1989年4月，下辖朔城区、平鲁区、怀仁市、山阴县、应县、右玉县6个基层人民法院。朔州市两级法院坚持政治建院、党建引领、素能提升、规范管院、从严治院、文化兴院，立足岗位练兵和纪律作风建设，认真抓好实践锻炼、专业训练、队伍淬炼，干部队伍素质进一步提升。

一、坚持政治建院，确保法院工作的政治方向

近年来，朔州市两级法院始终把政治建院作为首要工作任务和工作内容，切实强化政治统领和党建引领，努力提升两级法院的政治成色，不断擦亮两级法院的政治底色。

（一）自觉坚持党的绝对领导

认真贯彻落实《中国共产党政法工作条例》这一“总规范”，及时向党委、组织部、政法委专项请示报告，制定《朔州市中级人民法院向市委、市委政法委请示报告事项清单》，做到了选人用人、晋职晋级等重要工作决定提前汇报，重点案件审理同步报告，重大事项处理及时请示，坚决把党的领导贯彻到法院工作全过程各方面，不断提高政治判断力、政治领悟力、政治执行力。

（二）持续强化科学理论武装

扎实开展党史学习教育、学习贯彻习近平新时代中国特色社会主义思想主题教育、党纪学习教育等活动，围绕习近平法治思想等重点内容，以落实“第一议题”制度推动班子成员带头学习，以开展“学习强国”“三晋先锋”星级评比推动法院干警日常学习，以组织“好干部在线”学习和红色经典著作推荐阅读等推动市管干部系统学习，以组织专题党课、专家辅导、心得交流、主题党日推动重点内容深入学习，以庆祝建国、建党、建院系列活动推动党员群众联动学习，建立形成“晨读、晚课、周交流、月测评”促学机制。创新学习形式，变“被动听”党课为“主动讲”党课，党组书记在全院讲，党组成员在支部讲，促进学思悟贯通、知信行统一，确保党的创新理论始终成为引领和推动新时代人民法院工作发展的强大动力。

（三）认真贯彻民主集中制

充分发挥党组领导核心作用，进一步规范党组议事和决策程序，保障民主集中制贯彻落实，“三重一大”事项决策全部实现了充分酝酿、集体研究、会议决定。《中共朔州市中级人民法院党组议事规则》的出台，健全完善了议事原则、纪律、程序、内容，明确了具体工作要求和责任查究情形，有力提高了党组决策的科学化、民主化、规范化水平。市中院党组持续加强对各基层法院党组的领导，各法院院长每月一次列席市中院党组（扩大）会议、参加党组中心组学习，市中院建立系统的考核机制，通过年度党建述职，半年和年度工作考核，对重大事项、重大案件专题汇报，日常督察，专项巡察等方式加强对基层法院党组的领导。

（四）扎实完成巡察整改工作

2023 年，山西省高级人民法院第二督察巡察组反馈了 3 个方面 19 项具体问题，提出了 4 个方面的整改建议，法院党组高度重视，成立工作专班，认真落实督察巡查反馈意见，针对问题进行逐一梳理，举一反三，研究制定整改措施，制定了针对性强、操作性强的 94 项具体整改举措，明确责任部门和责任人，建立对账销号制度，实行挂图作战，加强督查督办，持续推动落实。目前限期整改的项目已全部完成，长期坚持的项目已陆续制定完善的相关计划、制度。

二、坚持党建引领，强化法院工作的使命担当

朔州市两级法院始终坚持在党的绝对领导之下推进各项工作，实现党的建设和人民司法事业互促共进。

（一）实施一体化工作模式

法院党组制定《全市法院加强党的建设工作意见》，探索构建具有朔州法院特色的“1+6”党建一体化工作模式，并以此为抓手，较好地解决了党建业务“两张皮”、重业务轻党建的问题，推动系统党建走深做实，取得了良好工作效果。“1+6”党建一体化工作模式的主要含义是：就组织架构而言，法院党组在全市法院党建工作中牵头抓总，每年召开一次全市党建工作专题会，每半年组织一次党建述职，6 个基层法院党组书记每月至少列席一次中院党组会，1 个中院党组和 6 个基层法院党组坚定扛牢政治建设的主体责任，齐心协力推动全市法院党的建设不断迈上新台阶。在中院党组领导下的 1 个机关党委统筹全院 6 个按业务相近原则划分的党支部，全力抓好机关党建；6 个党支部分别与 6 个基层法院党总支结对共建，定期开展党日活动，进行党建工作交流指导，推动全市法院党的建设形成“工作一盘棋、行动一命令、考核一规则”的工作态势；就工作内容而言，机关党委、党总支、党支部以抓好党的创新理论的学习领悟为工作切入点，把抓学习与管思想、管作风、管纪律、管组织、管业务、管廉政统一起来，推动理论与实践的结合，促进实践检验成效，全市法院党的建设和审判执行、司法改革、队伍建设等各项工作有机融合、同步发展、互相促进。

（二）严肃党内政治生活

严格执行“三会一课”、谈心谈话、民主评议、领导干部双重组织生活会等各项制度，定期召开高质量的民主生活会、组织生活会，党组成员坦诚相待、直面问题、“红脸出汗”、互帮互助。在党史学习教育专题民主生活会上，6 名党组成员互评意见 55 条，2023 年领导班子民主生活会互评批评意见 63 条，提升了党组的战斗力、领导力和凝聚力。

（三）创新党建工作机制

每年制定全市法院党建工作指导意见，在市直工委的指导下高标准完成市中院机关党委和支部换届，在市总工会、妇联、团委的支持下组建工青妇组织，党建组织体系得到进一步健全。开展标杆支部和“工作先锋”品牌党小组创建活动，第一支部被评为标杆党支部，研究室、信息处党小组、立案庭党小组分别获得“融媒先锋”和“暖心诉服”两项党建品牌，有力促进党建与业务深度融合，党组织战斗堡垒作用充

分发挥。市中院荣获最高人民法院“人民法院基层党组织组织力提升工程优秀组织奖”，获评朔州市“三基建设”模范单位，连续4年被评为“党建工作优秀单位”。

三、坚持素质强院，夯实公正司法的人才基础

（一）加强干部政治考察

做深做实干部政治素养考察，健全完善干部考察办法和跟踪考察机制，规范实施政治素养考试办法，政治部编写《党政干部政治素养提升学习手册——做一个政治明白的法院人》作为配套辅导书，对市县两级法院拟晋职晋级干部全部实行严格的任前政治素养考试，严把干部入口关、选用关，有效提升干部政治素养。2023年以来，共组织政治素养考试6次54人，4人补考，保证了干部任前政治素养考试严格执行、落地落实。

（二）紧盯干部素能提升

将党的二十大和二十届二中、三中全会精神和习近平新时代中国特色社会主义思想等内容作为学习重点，对全市两级法院干警开展全覆盖、多角度、针对性强的政治轮训和业务培训。采取“请进来+走出去+搭平台”的方式，在组织全市法院干警参加市级以上培训的同时，积极开展自主培训：联合吕梁法院举办“朔州市两级法院领导干部综合素能提升暨党的二十大精神学习培训班”和“吕梁市、朔州市中基层法院干部、法官素能提升专题培训班”，到苏州大学、中山大学等地进行集中培训和实地学习交流；组织开展了全国法院先进个人韩旭辉同志先进事迹报告会，引导两级法院干警对标先进、争当先锋；举办了新招录公务员初任培训班、聘用制人员专门培训班及聘用制书记员培训班；等等。通过思想再洗礼、业务再充电、能力再提升，充分发挥了教育培训为法院队伍建设输送养分的关键作用。

（三）营造比学赶超氛围

举办“跟班先进”活动，发挥先进典型“传帮带”作用，积极营造进位争先的浓厚氛围。持续开展“大比武、大述职、大练兵”活动，院领导主持开展精品案件评选、法官示范庭审观摩、书记员速录比武、法警岗位练兵等业务能力提升活动，促进审判实践经验和业务理论及时转化为司法成效。朔州法院司法警察代表队在全省司法警察执法知识竞赛中取得优异成绩，团体和个人三项成绩排名全省前五，其中一项名列第一。司法课题中，5个团体22项个人的研究成果在省级学术评比中获奖，岗位练兵初见成效。开展艺术修养提升培训，配音、合唱、舞蹈等课程受到了干警的热烈欢迎，众多干警积极参与。

四、坚持制度建院，保障中心工作的有序运行

（一）优化政务工作机制

制定《朔州市中级人民法院简介暨入院介绍指南》《朔州市中级人民法院党政领导干部任前政治素养考试办法》《朔州市中级人民法院请销假制度》《朔州市中级人民法院书记员分配及岗位调整制度》《朔州市中级人民法院实习生管理办法（试行）》《朔州市中级人民法院临聘人员到龄解聘规定》《关于贯彻落实〈加强全省政法干警身心健康工作二十条措施〉的工作办法》等，设计制作《朔州市中级人民法院入职手续办理流程》（漫画版），制定法官、法警、行政人员晋职晋级流程，干部刑事犯罪、失信情况审查流程，推动行政工作与审判执行工作融合发展。

（二）完善审务工作机制

审务工作以前期信息化建设成果为依托，大力推进配套制度建设，建立了分类精准通报机制、发改案件前置沟通机制、类案指引机制、类案归口审理机制、月度分析研判机制、条线督导机制等，全员参与、分级协同、科学管理的工作态势逐渐形成。

（三）建立交流轮岗机制

朔州市中院党组深入研究队伍建设短板，针对办案能手短缺、法官后备力量不足、队伍断层隐患严重等实际情况，制定《全市法院干部集中交流轮岗实施办法》，进一步优化干部队伍结构和团队配置，在院党组的领导统筹下，法官和书记员、内设部门负责人和工作人员“双向选岗”，全面交流，达到人岗匹配、人尽其才的效果。

（四）全力推进一站式多元解纷和诉讼服务体系建设

聚焦群众“急难愁盼”，深化“暖心诉服”十大举措，制定出台 13 项诉讼服务工作标准，强化“一次也不用跑”理念，提供立案、缴费、阅卷、鉴定、保全、庭审、送达、申诉等一站式线上诉讼服务，实现现场立、自助立、网上立、跨域立“四位一体”立案模式。

五、坚持组织保障，激发选人用人的内生动力

（一）探索考核创新机制

认真落实《党政领导干部考核工作条例》，积极探索考核工作新机制，发挥考核激励性作用，制订考核方案，强化结果运用，推进形成精准考核、奖惩分明的激励约束机制。圆满完成公务员考核、2023 年度社会公众满意度测评及目标责任考核工作、2024 年考核指标的报送工作、优秀等次、担当作为干部的推荐工作，并协助市委组织部考察考核干部 10 余人次。

（二）抓好人才建设工作

2023年以来，为6家基层法院共14个岗位招录27名公务员，在资格审查、笔试面试等各环节严格把关，并派出人员分赴多地开展实地考察，确保新公务员合格合规、及时到岗。两级法院共晋升行政职级33人、择优选升高级法官11人、转任3人、重任4人；从基层法院及机关选调7名法官助理，结合两级法院法官队伍现状和中院工作实际，制定了选调优秀法官到其他法院交流任职的机制，进一步畅通了法官的流动晋升渠道，为两级法院解决了法官缺口和青黄不接的问题；为中院招聘4名融媒体工作人员，为基层法院招聘14名电子卷宗集中扫描书记员，给3名书记员办理了调动手续，考核续签了28名聘用制岗位人员，接收了26名高等院校学生到我院实习。通过采取多种人才引进方式，为两级法院队伍提供了新鲜血液，增强了工作力量。

（三）落实激励保障机制

开展先进典型选树工作，对符合全国、全省评优评先条件的全市法院6个集体和11名个人进行考察推荐，完成3名担当作为干部的推荐工作，加大先进宣传力度，发挥先进典型的示范引领作用。组织开展“送温暖，献爱心”社会捐助活动，动员全院143名干警捐款21950元，受到朔州市社会捐助服务中心通报表扬。积极关心关爱干警，制定加强干警身心健康工作办法，实行全员体检、全方位服务保障；进一步完善全员覆盖、全程服务的“送温暖”工作机制，对结婚、生育和家有重大变故的职工进行走访慰问，全年共组织结婚生育、丧葬等慰问30人次；强化退休干部服务管理，听取采纳意见建议，提升工作质量，重要节日组织对退休干部走访慰问。

（四）抓好档案薪酬工作

实行干部人事档案规范化管理，全面整理完善两级法院档案，做到从招录、登记到考察、晋升、离职全员全程全面留档，为客观公正评价和正确使用干部提供重要依据。加强人事信息管理，组织开展了系统维护、编制核对、事业分类、工资数据统计、公务员考核、目标责任制考核指标等统计分析工作。强化工资报酬管理，明确专人负责，规范核查审批流程。

六、坚持从严治院，淬炼忠诚为民的过硬铁军

（一）扎实推进督察机制改革

市中院大力加强督察队伍建设，督察室进行了更名和职责调整，专职工作人员从1人增加到4人，配齐了正、副主任，同时为了落实条线督察机制，任命3名副处级干部为督察专员，专门负责督促基层法院开展政治督察、审务督察、司法巡查、党风廉政等工作。制定建立各类人员岗位工作标准，规范各类人员工作行为，从细微点滴处抓素质养成。着力整治“庸、懒、散、慢、浮”等不良作风，用身边事教育身边人，形成强烈警示效应。加强日常监管，就考勤、会风、着装等制度执行情况定期检查、通报，切实倒逼干警遵规守纪。深入开展司法作风突出问题集中整治，成立领导小组，制订工作方案，召开动员大会，高标准部署推动。各基层法院和部门闻令而动，多措并举，通过逐类、逐项、逐条“体检”，发现问题，找出短板，进一步明确了改进措施，强化了危机意识，增强了责任感和紧迫感。

(二) 监督制约机制日臻完善

制定出台《关于建立全市法院领导干部及工作人员违纪违法情况信息即时通报的工作机制》，进一步加强队伍管理，防控风险。将市县两级法院所有工作人员，包括在编、聘用、临时人员全部纳入监管范围，明确要求两级法院人员被立案调查、留置、处理处分、提起公诉、开庭审理、判决等情况，各有关部门在处级（含职级）干部事发后 1 日内、其他干部和聘用（临时）人员事发后 2 个工作日内报市中院政治部，全面加强日常监管，积极做好事发处置。制定审判法官权责清单，出台了院庭长监督管理办法，厘清并压实办案法官和院庭长权责，形成有序放权、科学配权、规范用权、严格限权的全流程监督体系。制作类案指引，扩大规范化量刑罪名范围，统一裁判标准，推进类案同判。推行随机为主、指定为辅的分案规则，制定“四类案件”管控办法，形成对重点案件的精准监管。

(三) 开展聘用人员排查整顿

集中开展了全市两级法院聘用制人员管理风险及纪律作风排查整顿工作，成立全市聘用制人员管理风险及纪律作风排查整顿工作专班并明确部门联络员，实施“培训学习、摸排底数、对照检查、分类建档、建账销账、建章立制、总结提升”的“七步工作法”，两级法院各部门围绕管理方面 7 类 40 条风险隐患，聘用制人员围绕纪律作风方面 6 类 32 条问题，逐一对照查摆，立整立改。朔州中院的排查整顿工作以部门为单位，19 个内设机构、2 个事业单位，共排查发现管理风险隐患 19 项 34 个，纪律作风问题 13 项，6 个基层法院共排查发现管理风险隐患 51 项，纪律作风问题 47 项，已全部完成初步整改，今后将坚持“当下改”和“长久立”相结合，确保管理水平再提升、隐患问题少发生。

(四) 强力推进清廉法院建设

认真落实山西省委“清廉山西”、朔州市委“清廉朔州”建设目标任务，积极构建“干警清正、机关清廉、司法清明、文化清朗”的“清廉法院”。一是压实“廉政责任”。法院党组高度重视清廉法院创建工作，成立了党风廉政和反腐败工作领导小组，夯实了党组主体责任和班子成员“一岗双责”责任，与各部门签订了党风廉政目标责任书，通过层层压牢责任，形成全院各级各司其职、齐抓共管的工作氛围，把清正廉洁融入工作的全过程各方面。修订完善党组议事规则，切实加强对“一把手”和领导班子的监督，党组在培育良好政治生态、模范遵纪守法上发挥表率作用。二是培育“廉政文化”。把“廉洁”作为法院文化建设的重要内容，积极营造讲清廉、守清廉、赞清廉的清廉文化氛围。办公楼悬挂清廉格言、警句、箴言；制作清廉文化标语，在电子显示屏上滚动播放；改编“三个规定”内容为“廉政彩铃声”。三是健全“廉洁机制”。以“严”字为要，落实全面从严治党主体责任，加强正面引导和反面教育，帮助干警插好“安全栓”、建好“防火墙”。以“管”字为重，强化审判监督管理，落实院庭长监督管理职责，进一步规范裁判尺度，做到放权而不放任；做实分调裁审、“四类案件”监管、类案强制检索等新型审判权运行监管机制，全力构建权责明晰、监管有力、运转有序的审判权监督运行体系。以“廉”字为尺，每逢节假日为干警及家属发放廉洁过节倡议书，构建廉洁自律长效机制。四是坚持“惩防并举”。公开举报电话、电子邮箱，广开案源线索接收渠道，始终保持反腐高压态势，党员干部对纪律和规矩的敬畏感持续增强。

（五）狠抓工作助力脱薄

2024年以来，朔州中院以脱薄为目标，全力以赴、全员对接，从班子与队伍调整、流程再造、基础完善到机制落实，做了大量卓有成效的工作。在山西省高院党组、中院党组的坚强领导下，在朔城区法院全体干警的努力下，脱薄工作成效明显。朔城区法院积极融入全市法院“1+6”党建工作模式，持续深化打造“党建引领·天平聚力”党建品牌，督学、促学、述学机制较好搭建并良性运行，警心进一步凝聚，士气进一步提振。2024年1—7月，朔城区法院审限内结案率99.26%，同比上升16.29%；法官人均结案137.16件，同比增长47件；26项质效指标中，18项达标，审执质效向上向好的趋势明显。意识形态实施方案、“三同步”实施意见等配套机制、舆情监测预警、网评员工作机制进一步完善；精审团队和速裁团队组建，9个速裁团队消化全院75.68%的民商事案件，“四色”精准管理审执进度，12个月未结案件实现清零，上诉案件移送时间较之2023年同期同比下降39.54天。

七、坚持文化兴院，营造干事创业的工作氛围

（一）学好党史铸警魂

采取集中学习和自主学习相结合、线上学与线下学相交融的方式，定期开展“学习强国”“三晋先锋”星级评比等方式丰富载体学；结合建党日、国庆日等活动开展

特色专题学习活动。坚持严肃党内政治生活，通过组织生活帮助党员查问题、挖根源、解困惑、明方向，在灵魂回炉的淬炼中铸就“政治钢铁”。

（二）坚守初心筑民基

持续开展“我为群众办实事”实践活动，践行司法为民宗旨理念，办理立案服务、审判执行、普法宣传等实事，把党史学习教育成效及时全面转化为办实事成果。大力开展《民法典》普法宣传，组织法官深入律师事务所、进校园、进社区、进企业提供“订单式”普法服务，制定“办实事”清单，逐项推进。辖区各基层法院也通过优化选案分案机制、集中兑现发放执行案款、流动法庭进乡村等多种方式，在“办实事”的过程中提升司法温度。

（三）培树先进育栋梁

朔州中院坚持培育和弘扬社会主义核心价值观，注重挖掘、培树、宣传各类先进典型，近年来，涌现出多个获得国家级荣誉称号的先进集体和个人。以融媒体中心为依托，大力弘扬法院系统“正能量”，树立学习标杆、强化看齐意识，引领了法院新风尚，培育了工作新标杆。组织人员编写《人民法院先进事迹选编》丛书，包括《法官》《司法辅助人员》《朔州法院》《英模》4部，分别聚焦法官、司法辅助人员、行政后勤人员等几大群体，采编全国各级法院包括朔州两级法院的模范典型先进事迹，通过展现法院干警的真实形象、讲述他们的人生故事和工作经历，彰显新时代人民法院各类干警的精神风貌，为朔州法院全体干警提供可学可鉴的榜样。

（四）文化活动促合力

朔州中院着力打造“法安天下、德润人心”的法院文化，扎实推进学习型法院建设，成立市图书馆朔州中院分馆，干警钻研业务蔚然成风，审判研究硕果累累。结合“五四”“七一”“十一”等重大节庆，组织演讲、朗诵、歌咏、拔河、猜谜、健步行等文体活动，丰富干警精神文化生活。依托一廊一厅三室五阵地，常态化开展主题党日、党员政治生日活动，定期举办道德讲堂、读书会、研讨会，开展“讲党史故事”“唱支歌儿给党听”“党章党规党史知识竞赛”“金牌讲解员大赛”等活动，进一步营造见贤思齐、比学赶超的创先争优氛围。两级法院精神文明创建工作一年一个台阶，全部跨入省市级精神文明单位行列，法院的凝聚力、战斗力进一步增强。

（五）激励关爱暖人心

朔州中院多措并举，不断强化保障、完善机制、加强关怀，最大限度激发干部干警担当作为。为朔州中院符合条件的干部发放婴幼儿保教费200元/月（全市首家），同时提高了部分临聘人员的工资待遇。免费为书记员开展业务培训，配备亚伟速录机。

建立离退休老干部服务微信群，运用退休干部数据管理平台，及时服务退休老干部，把院党组的关怀和温暖送到老同志身边。法院关心干警身心健康，新建了单位食堂，改善了伙食条件，每年为全部干警进行免费体检，为驻村干部购买人身意外保险，还为异地干警争取廉租房。一系列激励暖心举措，鼓舞了干劲、温暖了人心、提升了战斗力。

朔州中院将坚持目标、问题导向，大力开展调查研究，全面梳理队伍建设现状，认真分析，查找问题，直面困难，全力推进干警素能提升和干部队伍建设，以队伍建设的新成效为全市两级法院高质量发展提供强大智力支持和组织人才保障。

一是强化政治建设统领，提升思想政治素能。加大教育培训力度，坚持全员政治轮训，加强思想理论武装。持续深化党史学习教育，采取主题党日、微型党课、法官论坛、读书演讲等形式，调动干警自我教育的积极性。充分发挥党支部、党小组作用，努力把法院党组织建设成为宣传党的主张、贯彻党的决定、服务凝聚广大干警、推动法院改革发展的坚强战斗堡垒。二是树立善意司法理念，提升保障大局素能。坚持立足审判职能，树立谦抑、审慎、善意理念，以正确的方法妥善处理案件，克服被动服务、孤立司法、机械办案等倾向，做到法理情融合，实现“三个效果”的统一。三是开展岗位练兵活动，提升司法业务素能。坚持实战、实用、实效导向，围绕专业化建设要求，创新创优岗训结合机制，大力开展岗位练兵、互教互学、专项培训、技能比武，深入推进精品案件、课程评选、示范庭审观摩、裁判文书评比、办案能手交流等业务能力提升活动，进一步提升法官、司法辅助人员、司法行政人员等各类人员的业务能力。尤其是法律政策运用能力、风险防控能力、群众工作能力、科技应用能力、舆论引导能力，推进审判实践经验、岗训结合成效和业务理论研究成果不断转化为司法实践动能。大力推进法院新媒体平台建设，用主题鲜明的作品潜移默化地润泽干警思想素养。四是推进政治部规范化建设，提升队伍建设素能。通过开展全市两级法院政治部规范化建设，培养打造一支组织放心、业务熟练、能打硬仗的政工队伍，建立完善相关制度机制，推进政治部工作理念、体系、方法的标准化、专业化、现代化，通过打造政治部这个指挥作战平台，推动法院队伍建设全方位发展。五是加强党风廉政建设，提升纪律作风素能。院党组坚决扛起全面从严治党的主体责任，持之以恒正风肃纪，保持反腐败斗争的高压震慑态势，把政治监督、党内监督、司法监督融合起来，一体推进不敢腐、不能腐、不想腐的长效机制。进一步创新司法廉洁教育模式，以案示警强作风，以案为戒重落实，以案促改提效能，让广大干警知敬畏、明底线、受警醒，着力净化政治生态，推进清廉法院建设。

生态法治调研报告．第二辑

第38期

“审判力”的重要保障[①]

——山西省大同市法院干部队伍建设经验探源

大同市两级法院在党委的坚强领导和上级法院的有力指导下，始终坚持以习近平新时代中国特色社会主义思想为指导思想，深入学习贯彻党的二十大和二十届一中、二中、三中全会精神，认真落实最高人民法院院长张军莅临大同调研时的讲话精神，聚焦“公正与效率”工作主题，抓牢提质增效主线，以奋发有为的精神状态、奋勇争先的进取意识、时不我待的责任心和紧迫感，加快推进审判工作现代化，努力打造符合“四化”建设方向、符合“五个过硬”要求、忠诚干净担当的新时代法院铁军，为奋力谱写中国式现代化大同篇章提供更加优质的政治、思想、组织保证。

一、坚持政治引领，做到“两个维护”

（一）坚持把政治标准摆在首位，把学习贯彻习近平新时代中国特色社会主义思想作为根本任务，充分发挥法院作为党委（党组）理论学习中心组示范点的引领作用，常态化开展党组中心组扩大学习，用好党支部“三会一课”、主题党日等载体，教育带领法院干警始终旗帜鲜明地坚持党对法院工作的绝对领导，身体力行中国特色社会主义法治道路，强化两级法院政治机关建设，坚持“抓党建带队建促审判”，不断增强“四个意识”，坚定“四个自信”，做到“两个维护”。

（二）坚决贯彻落实习近平总书记关于党纪学习教育的重要讲话和重要指示精神，扎实开展党纪学习教育，督促和引导广大干警学纪、知纪、明纪、守纪，时刻绷紧纪

① 本文所涉相关数据由被调研单位提供。

律规矩之弦，不断涵养纪律自觉、守住行为底线。

（三）认真贯彻落实《中国共产党政法工作条例》，严格执行重大事项请示报告制度，制定《党组议事规则》《“三重一大”决策清单》等，推进党组工作制度化、规范化和程序化，不断提升院党组成员的政治判断力、政治领悟力和政治执行力，在各项工作中毫不动摇地贯彻落实中央、山西省市委和上级法院的决策部署。

（四）全面贯彻实施“13111”工程（树牢“一个理念”、压实“三个责任”、强化“一个规范”、深化“一个融合”、创建“一个品牌”），科学制发机关2024年党建工作要点以及党组、机关党委、院领导班子成员基层党建“一计划、三清单”（基层党建年度工作计划、责任清单、问题清单、项目清单）。在市直机关工委的大力支持和帮助下，着力打造法警支队党支部“警徽熠熠耀天平”党建品牌，离退休老干部党总支被命名为“示范党支部（总支）”，以点带面进一步提高了基层党建工作整体质量。

二、坚持服务大局，彰显使命担当

围绕大同市委提出的“奋斗两个五年、跨入第一方阵”总目标，以及山西省委赋予大同市“打造对接京津冀协同发展桥头堡”的重大使命，以依法履职展现全市法院的担当作为。持续深化“法治是最好的营商环境”理念，全面贯彻落实《最高人民法院关于优化法治环境促进民营经济发展壮大的指导意见》，出台《优化法治化营商环境2024年行动计划实施方案》，切实让司法预期“稳”起来、经营主体“活”起来、市场环境“优”起来。奋力推进切实解决执行难，加大涉民生案件执力度，持续开展大同法院“暖冬2024”集中执行专项行动，积极回应人民群众的司法需求。以学促改补短板，着力打造素质高、能力强、业务精的执行队伍，组织开展全市法院执行系统“执行大讲堂”活动，切实提升全市法院执行队伍素能。加强联动共治，深化执源治理，出台《关于在全市法院集中开展“三晋执行利剑——终本清仓”专项行动的方案》《关于在全市法院全面深入开展交叉执行工作的方案》，推动历史积案得到实质性化解。大力开展保护未成年人系列活动，推进法治教育与法治实践深度结合，成立“青少年法治教育实践基地”，深入中小学开展“与法同行 守望成长”等法治宣传活动10余次，发放《未成年人犯罪典型案例解读》等宣传手册百余份，举办“关爱儿童，以法守护”主题开放日等活动，全力护航未成年人健康成长。大同市两级法院受聘担任法治副校长85人，大同中院17人，以法治副校长为纽带，加强未成年人司法保护，提高普法宣传针对性和实效性，提升学校依法治校能力。云州法院为保障黄花产业发展，充分发挥审判职能，开辟黄花产业服务绿色通道，完善黄花产业纠纷矛盾多元化解机制，开通黄花法律服务热线，为黄花种植户和合作社矛盾纠纷化解提供有力司法服务。云冈法院坚持和发展新时代“枫桥经验”，成立云冈文化保护法庭，以云冈石窟文化保护为使命，以环境资源审判为抓手，走出一条司法护佑文化瑰宝、守护绿色发展之路，成为云冈生态保护和大同城市旅游一张靓丽的“法治名片”。

三、坚持培育为先，提升能力素质

（一）牢固树立“人才资源是第一资源”的观念，紧抓教育培养环节，通过“走出去、请进来”“院院合作”等方式，全面实行法官、书记员、司法警察和行政部门人员岗位分类培训、专项培训，确保全体干警业务素质不断提升。2021 年以来，大同市法院组织培训共计 226 次，参训 9689 人次。

（二）扎实开展政治轮训，2023 年 6 月在国家法官学院浙江分院（杭州市）组织干部综合素能提升暨党的二十大精神学习培训班，60 人参训；2023 年 10 月在吉林大学（长春市）组织审判业务培训班，61 人参训；2024 年 5 月在四川大学（成都市）组织政治轮训暨干警能力提升专题培训班，129 人参训，2024 年 10 月在西南政法大学（重庆市）组织大同市两级法院政治轮训暨干警能力提升专题培训班，73 人参训。

（三）加强专业法规条例和案例指导学习，组织大同市法院 4200 人次参加最高人民法院视频授课《民法典》共 12 场次，邀请中国政法大学教授进行《民法典》现场辅导，邀请清华大学法学院院长围绕《民法典合同篇重点难点解析》进行专题讲座，扎实推动类案检索机制工作，开好法官会议、审判委员会会议，统一裁判思路和尺度，提高审判质效。积极推进院院合作，不断强化法学理论研究，与清华大学开展院院合作，与大同大学合作主办法学研究论坛。

（四）用好网络线上平台，在院微信公众号开辟“党史学习园地”，每日更新党史学习知识，及时公布学习教育必读必看、应知应会内容。组织全体干警参加最高人民法院“人民法院大讲堂”“平安大同大讲堂”等活动，观看《榜样 8》、韩旭辉“先进事迹报告会”“大同政法队伍先进典型代表事迹展播”和电影《平安中国之守护者》等视频。

四、坚持全面从严，狠抓作风建设

（一）坚持严的主基调，把深化案件查办、顽瘴痼疾整治、贯彻落实新时代政法干警“十个严禁”与大同市“六治”（慵、懒、散、慢、乱、浮）作风大整顿有机结合，以司法作风突出问题集中整治为契机，加强监督检查，从审判“前沿”、诉服“窗口”的“小切口”入手，解决同司法为民宗旨、服务群众理念和新时代良好精神风貌格格不入的“大问题”，促进干部清正、队伍清廉、司法清明。

（二）制定各类人员管理制度及绩效考核办法，明确干警日常行为标准，规范管理规定，发挥制度管人作用。严格考核标准要求，细化考核指标，做好类型化、差异化考核管理，努力实现考核“量身定做”，围绕干警德、能、勤、绩、廉，从质量、效率、效果三个维度，分级分层设置法官、司法行政人员、司法警察3类人员70项绩效指标，采取周纪实、月小结、季考评、年考核办法，将考核融入日常管理，以考促管，通过考核工作为干警“树标尺、建导航”，让大家明白“该干啥、该咋干”。配套完善工作人员人脸识别考勤系统，以制度促进步，有效推动了政法队伍的管理。

（三）自觉主动接受人大监督，及时向大同市人大及其常委会报告专项工作，完善落实人大代表、政协委员联络机制，依法接受检察机关法律监督。

五、坚持人岗相适，树好用人导向

（一）深入贯彻落实山西省、大同市委关于政法系统干部交流轮岗的指导意见，2021年以来，大同市两级法院共交流轮岗293人，其中，市法院班子成员交流14人，内设机构两类人员交流121人；基层法院班子成员交流55人，内设机构两类人员交流103人。

（二）突出两级法院班子和中院中层队伍建设。2021年以来，调整配齐大同市中院领导班子5人、县区法院院长8人，分两批次调整配齐县区法院班子成员46人。从2023年底开始，大同中院分3批次调整中层领导，提拔80后13人、90后1人，全日制研究生3人、大学生14人，为实现干部年轻化、专业化奠定了基础。担当作为干部董占文从四级主任科员提拔为中层正职，树立了良好的选人用人导向。

（三）为全院员额法官建立了法官档案，其中详细记载了法官入额遴选、晋升职级、参加教育培训、年度考核等情况，为方便法官管理和考核任职、职级晋升等提供了重要依据。

六、坚持文化育人，激发干事热情

以全国法院文化建设工作会议为契机，大力加强物质文化、精神文化、制度文化和行为文化建设，建好用好“院史馆”、文化长廊等文化设施场所，适时开展文化体育活动，将人文历史与法院文化融为一体，形成了以审判大楼为主、法文化园为辅，以楼廊文化为线、以院史馆等展馆文化为面的特色鲜明的大同法院文化体系，努力建好“文化院”、铸牢“文化魂”、培育“文化人”，不断提升干警的荣誉感、归属感、使命感，增强干警的凝聚力、向心力、战斗力。执行局局长车进被省委、省政府授予“山西省先进工作者”荣誉称号，云冈法院副院长赵昊被最高人民法院授予“全国法院先进个人”荣誉称号。大同市中院被山西省委宣传部、省文明办命名为第二批社会主义核心价值观建设示范点，被中央文明委授予第六届“全国文明单位”称号，“坚持文化强院 厚植法治底蕴”文化建设项目被山西省高院评为全省法院文化建设特色项目。

七、坚持预防为先，筑牢廉洁防线

始终坚持把反腐倡廉建设作为工作重点，突出预防教育，坚持标本兼治，强化惩防并举。认真接受、积极配合市委巡察和省高院政治督察，坚决支持派驻纪检监察部门依法依规履职，推动司法作风和规范化工作水平不断提升。严格执行防止干预司法“三个规定”、新时代政法干警“十个严禁”等铁规禁令，紧密结合近年来法院系统严重违纪违法案件暴露出的问题，深入开展“三个以案”警示教育，充分运用监督执纪“四种形态”，从源头上主动防控廉政风险，以零容忍的态度惩治司法腐败，锻造绝对忠诚、绝对纯洁、绝对可靠的审判铁军。

在下一步工作中，大同法院将着重落实以下措施：

第一，始终把政治建设作为第一责任，在践行“两个维护”上呈现新水平。开展“深刻领悟‘两个确立’决定性意义，坚决做到‘两个维护’”主题教育，以主题教育为抓手推进基层党建工作高质量发展，坚定不移地贯彻落实抓党建、带队建、促审判的工作思路，强力推进基层党组织规范化、标准化、制度化建设，不断提高政治判断力、政治领悟力、政治执行力，在各项工作中毫不动摇、百折不挠地贯彻落实中央、省市委和上级法院的决策部署。

第二，始终把执法办案作为第一要务，在服务保障大局上展现新作为。深刻领会和全面落实“全方位推动高质量发展”目标要求，进一步解放思想、更新观念，主动融入高标准保护和修复古城工作以及资源型经济转型发展示范区等建设，精准服务、全力保障大同市经济工作的九个方面重点任务。坚持稳字当头、稳中求进，下好风险防范化解“先手棋”，打好创优法治营商环境“组合拳”，以优异的审判执行质效全力响应市委提出的“奋斗两个五年，跨入第一方阵”总目标。

第三，始终把人民满意作为第一标准，在践行司法为民上体现新担当。持续深化巩固党史学习教育成果，深入践行以人民为中心的发展思想，聚焦群众关心的“急难愁盼”和难点、痛点、堵点问题，积极开展“为群众办实事示范法院”创建活动，让人民群众的获得感更强、满意度更高。积极参与市域社会治理，强力推进全市社会矛盾纠纷多元化解工作深入开展，健全综合治理执行难工作格局，及时有效化解涉诉信访，助力建设更高水平的平安大同、法治大同。

第四，始终把固本强基作为第一导向，在提升审执质效上实现新突破。持续推进司法责任制体系改革和建设，完善综合配套措施，健全内部制约监督制度机制，确保审判工作职能更清晰、权责更统一、监管更高效。全面对标上级法院确定的审判执行工作核心质效指标，着力加强能力建设，加强审判管理，开展业务培训，组织法官论坛，加强对案件的调查研究、归口管理和类案指导，确保主要审判质效指标位居全省法院第一方阵。

第五，始终把全面从严作为第一支撑，在公正廉洁高效上力现新形象。严格落实全面从严治党主体责任，持续巩固党组织教育成果，持之以恒正风肃纪反腐。健全完善执法司法制约监督体系，严格执行防止干预司法“三个规定”等铁规禁令，推动构建用制度管人管事管案的长效机制，努力锻造“五个过硬”的审判铁军。

生态法治调研报告.第二辑

第 39 期

“政产学研用”携手合力推介“山西生态司法模式”

——中国行为法学会、中华环保联合会举办“深化新时代山西生态司法模式”研讨会

一、会议基本概况

2024 年 10 月 22 日上午（8：30 至 12：30），由中国行为法学会、中华环保联合会主办，中国行为法学会生态环境法治研究专业委员会、中华环保联合会环境与法制专业委员会、国家法官学院山西分院承办的“深化新时代山西生态司法模式”研讨会在山西省太原市国家法官学院山西分院举行。

十三届全国人大宪法和法律委员会副主任委员、最高人民法院原党组副书记、副院长江必新，中国行为法学会会长、海南省高级人民法院原党组书记、院长董治良，中华环保联合会主席、原中央直属机关工委副书记、十三届全国人大环境与资源保护委员会委员王秀峰，山西省高级人民法院党组书记、院长冯军，中国行为法学会总监事、中国人民公安大学原副校长李文燕，原最高人民检察院第六检察厅厅长冯小光，中国行为法学会副会长、天津大学法学院院长孙佑海，中国法学会环境资源法研究会副会长刘竹梅等领导和嘉宾出席会议。

山西省生态环境厅党组书记、厅长王帅红，省自然资源厅党组成员、副厅长武耀文，省水利厅党组成员、副厅长杜咏梅，省文化和旅游厅党组成员、副厅长任永福，省文物局党组成员、副局长白雪冰，山西黄河河务局党组书记、局长陈晓磊及业务部门负责人应邀参加会议。

山西省高院环境资源审判庭负责人、审判法官和各中级人民法院院领导、法官，

以及新闻媒体记者等80余人参加会议。

根据党中央关于克服形式主义的要求，会议注重实效，以习近平生态文明思想和习近平法治思想为指导，以党的二十届三中全会《关于进一步全面深化改革　推进中国式现代化的决定》关于生态文明建设、法治建设的新精神为依据，以落实习近平总书记关于黄河流域生态保护和高质量发展系列重要讲话为指引，以实施《黄河保护法》为抓手，采取现场会议的形式，紧紧围绕“山西生态司法模式”，从行为法学研究、实证法学研究、实践法学研究出发，由法学智库部门、生态环境社团组织资深法律专家、环境资源审判法官等共同参与，会聚一堂，集思广益，对“山西生态司法模式”的经验内涵、工作模式、发展趋势、深化提升、转化利用等进行了深入交流和理性探讨，实现了会议的预期目的。

二、会议主要收获

会议由中国行为法学会生态环境法治研究专业委员会会长王少南主持。会议分为四个阶段：一是领导致辞；二是“山西法院经验模式”介绍；三是国内著名法律专家主旨演讲；四是会议总结。

（一）通过中国行为法学会会长董治良、中华环保联合会主席王秀峰、山西省高级人民法院院长冯军的致辞讲话，与会人员进一步搞清楚、弄明白举办“深化新时代山西生态司法模式”研讨会的必要性、重要性。

董治良会长在讲话中指出，生态环境治理、发展的保护模式，是法学研究的重大课题。中国行为法学会、中华环保联合会经过实地调研认为，山西省法院生态司法工作呈现“政治站位高、经验做法实、案件质效好”的态势，其经验模式具有“全方位、多层次、成系统”的鲜明特色。联合调研组形成的实证调研报告，被最高人民法院领导作出批示，予以肯定。运用“政产学研用”的方式研讨深化新时代“山西生态司法模式”，具有重要的现实意义。这次研讨会学习汲取山西法院生态建设的审判实践和司法经验，得到法律专家的深入指导，必将取得圆满成功。

王秀峰主席在讲话中指出，深入推进黄河流域生态保护和高质量发展，山西责任重大、使命光荣。山西法院坚持将党的领导贯穿于生态司法的全过程，用法治思维、法治方式推动生态环境保护，这些有益的探索实践，为全国作出了示范。这次研讨会总结“山西生态司法模式”，对于全面推进美丽中国建设具有重要意义。中华环保联合会将与大家携手并肩，为推进生态环境治理体系和治理能力现代化建设，积极助力绿色转型和高质量发展贡献力量。

冯军院长在讲话中指出，党的十八大以来，习近平总书记四次莅临山西考察调研，对黄河流域生态保护和高质量发展、汾河生态环境保护、环境污染治理、文物保护利用和文化遗产保护传承等工作作出重要指示。山西法院牢记总书记嘱托，持续深化环境司法改革创新，积累了有益经验，打造了“山西样板”。2023年，最高人民法院在吕梁召开工作推进会，签署并发布《司法服务黄河流域生态保护和高质量发展山西倡议》，2024年，山西高院在最高人民法院工作推进会上介绍了经验。欢迎大家多提宝贵意见建议，助力山西法院更好地以司法一域之光为加快建设美丽中国全局添彩！

（二）与会人员收看了山西省高级人民法院《晋心晋力“最”有印记——山西法院久久为功的司法实践》视频片。

听取了运城市中级人民法院《创新“惩治+修复”机制，探索多元生态保护机制》、晋城市中级人民法院《聚焦法治力量，筑牢文化遗产安全底线》、忻州市中级人民法院《从“治已病”到“治未病”，建立预防性生态司法保障机制》、吕梁市中级人民法院《践行恢复性司法理念，防范化解区域重大风险》、临汾市中级人民法院《加强文物保护，赓续历史文化血脉》等开展环境资源审判工作的经验。

与会人员对“山西生态司法模式”内涵有了深刻的认知和把握。近年来，山西省高院在最高人民法院监督指导下，在中共山西省委领导下，吃透“上情”、把握“省情”、结合“院情”，全面有效地开展了环境资源审判工作，为辖区的生态保护和高质量发展作出了积极司法贡献，得到了上级机关充分肯定。

山西法院生态司法基本经验：“生态司法重保护、标本兼治促发展、机制创新求实效。”

实质内涵：始终坚持人民法院环资审判为大局服务、为人民司法的工作政治方向；始终坚持全面履职，依法保障和促进辖区生态文明建设和高质量发展；始终坚持将环资审判作为“一把手”工程来抓；始终坚持把理念创新、机制创新和管理创新作为环资审判的重要抓手。

特色模式：全方位构建覆盖全省环境资源审判体系，全闭环打造适应环资审判工作运行机制，全链条建立大协作、大保护、大治理、大发展齐抓共管新格局。

（三）与会法律专家发表了主旨演讲，一致认为，山西法院深入践行习近平生态文明思想和习近平法治思想，生态司法工作经验既体现了为大局服务、为人民服务的责任担当，又展现了积极开拓、敢于创新的进取精神，具有时代性、引领性和重要的示范作用。建议山西法院认真吸纳会议成果，从目标导向、结果导向出发，进一步把握环资审判的规律性，着眼于总体生态司法工作的前瞻性，注重新时代生态司法工作创新的实效性。

十三届全国人大宪法和法律委员会副主任委员、最高人民法院原副院长江必新指出，“山西生态司法模式”带有全域性、专业性、协同性、创新性、融合性、预防性、恢复性、全周期性、效能性的特点，具有普适性，是可复制、可借鉴的经验成果。要正确处理“十个关系”，即保护生态环境与发展经济的关系；严格执法与文明执法、规范执法的关系；制裁处罚与修复补偿的关系；合法性与科学性的关系；延伸司法职能与恪守司法职责权限的关系；提升审判质效与促进公共法律服务水平的关系；治“未病”、防范风险与降低治理成本的关系；审判质量与执行工作的关系；生态司法一般规律和特殊规律的关系；做好环资审判工作与练好内功提高执法素质的关系。进一步做好新时代环境资源审判工作，为推进美丽中国建设作出积极贡献。

中国法学会环境资源法学研究会副会长刘竹梅指出，多年来，山西法院环资审判工作始终在全国处于第一梯队，占据“头部”位置。在新的形势下，希望山西法院再接再厉：一是加强环资审判专业化机构建设，并且实现实质化更好地运行；二是完善“三合一”的审判运行模式，发挥更大的职能作用；三是注重环资审判特别是《民法典》绿色原则的法律适用，总结典型案例，提高审判质量和效率；四是关注生态环境法典的制定和实施。

原最高人民检察院第六检察厅厅长冯小光指出，保护生态环境，体系化思维非常重要，可以起到“1+1>2”的作用，从法理和司法实践来讲，体系化会创造一个新学科、一个新环境的司法模式。山西法院环资审判机构全覆盖，创建司法保护基地，构建专业运营服务保障模式，推动法院、检察院、司法行政、自然资源、生态环境、农业水利等多部门联动，打造生态环境多元共治新格局。“山西生态司法模式”是成熟的经验，值得在更大范围推介。

中国行为法学会副会长、天津大学法学院院长孙佑海指出，近年来，在生态文明建设和环境资源审判方面，山西法院创造了独特的生态司法模式，开创了我国环境资源审判工作的新篇章。要认真研究山西法院生态司法的实践创新和理论创新成果，加快经验成果的转化。要高度关注生态环境法典的立法进程。法典颁布后，对环境资源审判工作影响重大。必须认真学习，抓紧研究，适应法典规则的变化，进一步做好环境资源案件审判工作，为生态文明和美丽中国建设作出新的更大的贡献。

（四）中国行为法学会总监事李文燕作会议总结，部署做好会议成果转化利用工作。会议强调，“山西生态司法模式”经验丰富、做法成型、内容充实、成效显著，值得很好地学习借鉴，并大力进行宣传推介。要充分运用“实证研究——调研成果——深化研讨——转化利用”形式，按照习近平总书记关于注重调研成果转化利用的要求，以“山西生态司法模式”为抓手，健全调研成果转化运用工作机制，搭建信息资源共享平台，充分发挥各方面资源优势，来宣传好、推广好山西法院典型经验，使其在司法实务界、法学界和生态环境领域产生积极效果，实现该成果价值的最大化，以此来推动习近平总书记关于黄河流域生态保护和高质量发展重要战略决策与《黄河保护法》的深入贯彻落实。

三、会议成果启示

这次会议既是作为国家法律和生态智库组织的行为法学会与司法审判机关共同打造研究载体的一次新的探索实践，更是落实党中央关于加强法学研究工作意见、转变作风、深入生态执法一线、开展实证调查研究的具体行动，从而进一步坚定了中国生态行为法学围绕中心工作、服务法治中国大局的政治意识和工作自觉性。我们将在中国行为法学会的领导下，认真总结借鉴这次会议的有益形式和成功做法，扎扎实实做好生态行为法学实证研究和实践调研工作，多出成果、出好成果，不断地拓宽工作的新领域，切实发挥好中国行为（生态）法学智库的应有作用。

国内媒体《法治日报》《人民法院报》《中国审判》《人民法治》《中国法院网》和山西相关报刊等 20 余家媒体和网站，对会议进行了报道。

生态法治调研报告．第二辑

第40期

做“强”做“实”审判主业
打造服务县域发展的“司法样本”

——关于山东省临朐县人民法院“为大局服务、为人民司法”工作经验的调研报告

中国行为法学会生态环境法治研究专业委员会调研组

一、现实问题提出——基层人民法院服务县域发展是本次调研的着眼点

（一）追本溯源

县，是中国行政区划之一，自秦以来，县一直是最稳定、最基本的国家治理层级。据国家有关部门统计，截至2024年年底，中国共计有2846个县级行政区①。郡县治则天下安，县域兴则国家强。县域涵盖城镇与乡村，是承上启下、沟通条块、连接城乡的枢纽，是中国经济发展和社会治理的基本单元。

（二）重大决策

习近平总书记高度重视县域治理：“如果把国家喻为一张网，全国三千多个县就像这张网上的纽结。‘纽结’松动，国家政局就会发生动荡；‘纽结’牢固，国家政局就稳定。国家的政令无不通过县得到具体贯彻落实。因此，从整体与局部的关系看，

① 参见《中华人民共和国行政区划统计表》（截至2022年12月31日）、《新疆新设和安县、和康县》（中国政府网，2024年12月27日发布）。

县一级工作好坏，关系国家的兴衰安危。”① 他深刻指出，“在我们党的组织结构和国家政权结构中，县一级处在承上启下的关键环节，是发展经济、保障民生、维护稳定、促进国家长治久安的重要基础”。他要求准确把握县域治理的特点和规律，“把强县与富民统一起来，把城镇和乡村贯通起来，不断取得事业发展新成绩”。习近平总书记关于县域发展与治理的重要论述及其实践基础，深刻阐述了县域治理在国家治理中的重要地位，为县域治理现代化建设指明了前进方向和实现路径。

（三）文件依据

根据习近平总书记关于县域发展的一贯思想，党的二十大工作报告和二十届三中全会作出的《中共中央关于进一步全面深化改革　推进中国式现代化的决定》，将基层治理作为推进国家治理体系和治理能力现代化的重要任务，并作出统筹安排。

（四）工作部署

围绕习近平总书记和党中央的要求，最高人民法院党组书记、院长张军在全国高级人民法院院长会议上的讲话中明确提出：“进入新发展阶段，面对人民群众日益增长的司法需求和司法资源供给不足的矛盾，基层法院以何种方式参与基层社会治理，才能最大限度发挥化解矛盾纠纷、服务人民群众、促进乡村振兴、维护社会稳定的前沿阵地作用，从而实现政治效果、社会效果、法律效果的有机统一，是人民法院参与基层社会治理亟须应对的重要课题。”

（五）调研定位

鉴于习近平总书记对县域发展与治理的重大战略决策、党中央工作重心以及最高人民法院工作要求，特别是着眼于当前县域发展面临的新形势、基层治理遇到的新问题、人民群众对法治的新需求，结合中国行为法学会生态环境法治研究专业委员会（以下简称生态法治研究专委会）作为国家法治智库的研究领域和服务范围，调研组将本次调研的重点内容确定为：基层司法机关为县域发展、基层治理，提供司法服务和法律保障的应对措施、实践经验、创新成果和工作建议。同时通过形成的调研成果，向相关中央国家机关、业务主管部门，地方党委人大政府政协等进行推介，以推动职能部门进一步重视和做好为县域发展、基层治理服务这篇实践创新的“应用文”，为中国式现代化的县域发展作出应有的贡献。

（六）调研对象

本次调研地点在山东省临朐县。该县地处山东省中部，辖14个镇（街园区），

① 参见《习近平：从政杂谈》，载人民网，http：//theory. people. com. cn/n/2014/1016/c389908-25846520. html，最后访问时间：2025年1月6日。

368个行政村（居委会），人口92万余人。该县工农业产业特色鲜明，经济活力充沛，富有较强的发展空间。该县是中国铝型材产业基地、磁电装备特色产业基地，全国生猪生产基地，中国优质果品基地重点县等。临朐县生态条件多样，自然资源、历史文化资源丰富，是中国北方具有代表性的县域地区。

调研对象为临朐县人民法院。该院有10个庭室机构和7处人民法庭，现有法官和其他工作人员280余人，年审（执）各类案件15000余件。多年来，在县委领导和上级法院的监督指导下，围绕"努力让人民群众在每一个司法案件中都感受到公平正义"目标，积极为"富强临朐、生态临朐、幸福临朐"提供司法服务和法律保障，审判执行工作质效主要指标连续多年居潍坊市基层法院前列。近年来，该院先后获"山东省法院先进集体""司法为民示范法院""全省法院党建先进集体"等荣誉。

（七）调研过程

2024年11月20日至21日，生态法治研究专委会会长、原最高人民法院办公厅主任王少南，与潍坊市委政法委原常务副书记杜士忠，潍坊市纪委驻市中级人民法院原纪检组长王建平，生态法治研究专委会理事、潍坊市中级人民法院一级调研员宋执船等一行，专程到临朐县开展了调研工作。

——重点调研临朐县法院立足审判职能，为县域发展基层治理提供司法服务和法律保障的工作成效。

——认真考察该县人民法庭参与基层法治治理工作。体验临朐县东城街道综治中心"5分钟政法与社会治理服务圈""东城e平安'一屏总览'智慧平台"及临朐县蒋峪镇"综治+矛调+非诉"三合一多元解纷中心工作。与东城街道党工委副书记许致林、蒋峪镇党委书记马晓文等进行交流。

——实地了解生态司法工作实践。到临朐县法院蒋峪环境资源巡回审判庭、冶源环境资源巡回审判庭、沂山旅游法庭，与县法院负责人、审判法官等座谈办案体会，分析典型案例。

——走访县域相关单位和企业。

参访国内铝型材龙头企业——山东某建铝业集团某分厂的智能制造中心，国际会展中心的临朐县历史文化展厅、精品门窗家俱展览馆和企业文化厅等，与山东省人大代表、某建集团董事长等，就加强营商法治环境征求意见。

在冶源水库现场，与县水利局局长王兴起、冶源街道党工委书记常敬伟、冶源水库运行维护中心主任张强等，就水利生态治理作了探讨。

在沂山国家森林公园，与沂山风景区发展服务中心党委书记、主任杨维刚等，就防范风险问题交换看法。

调研期间，潍坊市中级人民法院副院长杨培锋，临朐县政协主席王秀刚，县人大常委会党组副书记、副主任黄芳，临朐县人民法院院长马瑛杰等，全程或部分参加了调研活动。

本次调研通过实地考察、人员访谈、查阅资料、案例研究、数据分析，座谈研讨，实现了调研的预期目的。

二、实证调研成果——对临朐县人民法院发挥审判职能作用，为县域发展基层治理提供司法服务法律保障经验的系统梳理和提炼①

通过调研考察，调研组认为，临朐县法院吃透“上情”、把握“县情”、结合“院情”，因势利导，立足于审判职能，积极为县域发展基层治理提供优质的“司法产品”，实现了政治效果、法律效果、社会效果的有机统一。

（一）坚持因“势”制宜，优化县域经济发展的法治环境，是临朐县法院工作经验的亮点之一

经济是县域发展的基础，法治则是县域发展的重要保障。

——围绕县委县政府“一一三三五”中心工作，临朐县法院通过形式多样的政治活动、党课教育，引导广大法官端正“为大局服务、为人民司法”指导思想，做实“从政治上看，从法治上办”的工作要求，纳入检验审判工作政绩的标准，增强了法官的中心意识和服务意识。

——围绕县委县政府“工业强县、产业兴县”战略，临朐县法院从提高审判质效入手，营造公正高效的执法环境。制定《关于为优化营商环境推动高质量发展提供司法服务和保障的实施意见》，在审判各个节点落实优化营商环境 18 条措施。完善便民化、信息化、集成化诉讼服务体系，打造新型诉讼服务中心，实现线上线下“一站式”服务。案件实行繁简分流，发挥速裁程序“快简便省”优势。完善信用修复机制，对履行义务的被执行人及时屏蔽、撤销失信信息，清理符合条件的企业信息。坚持文明执行、善意执行，灵活采取“活查封”“反担保”等举措。对涉及企业的案件，常态化开展“执信朐安”专项集中执行行动。2023 年 1—10 月，该院审判质量管理指标均优于或位于合理区间，其中 5 项重要指标（上诉率、执行完毕率、执行到位率、首执案件终本率、超 12 个月未结案件比）居潍坊市县区法院第一名。

——围绕全县发展“高端铝加工产业、新材料产业、高端食品产业、装备制造产业、绿色建材产业”布局，加大为企业司法服务的力度。该院健全服务企业工作机

① 本文所涉相关数据由被调研单位提供。

制，开展法官进企业活动。针对铝业企业某建集团被屡屡侵权的实际，通过诉讼处理涉该企业的合同纠纷、侵权等案件178件，依法挽回经济损失6.5亿元。某建集团坚持技术创新，做大做强规模，带动构建起了国内最大的铝业产业集群，全县规模以上铝生产企业发展到146家，从业人员12万余人，年产值450亿余元。临朐县被命名为中国铝业之都、中国门窗之都。针对城区片区搬迁制约重大工程、重点项目推进的实际，该院探索出对搬迁补偿协议依法进行司法确认的做法，保护了搬迁户合法权益，为集体土地搬迁提供了法治化解决路径。从促进县域经济发展出发，依法妥善处理了临朐县现代健康产业公司破产清算等7起案件，维护了各方当事人的合法利益，盘活了存量资产。临朐县委主要领导作出批示，号召全县学习法院服务经济发展的经验。

临朐县法院通过审判职能营造法治环境，促进了县域经济发展。目前临朐县各类市场主体达9.3万家，规模企业发展达423家，国家和省“专精特新”企业、高新技术企业180余户。2023年，该县地区生产总值完成430.3亿元，同比增长6.5%；2024年上半年，全县生产总值实现226.6亿元，同比增长6.6%。

（二）坚持因“案”制宜，化解影响县域社会稳定的热点、堵点问题，是临朐县法院的又一经验做法

——坚持问题导向，严厉打击影响社会稳定、人民群众反映强烈的黑恶势力犯罪。自2023年以来，该院审理涉黑涉恶刑事犯罪案件10件33人，做到什么犯罪突出，就打击什么犯罪；什么领域犯罪集中，就在什么领域开展依法治理。例如，山东省首起张某豪等4人恶势力，组织跨境网络“裸聊”敲诈勒索犯罪一案，引起社会高度关注，法院经过公开审理和宣判，震慑了犯罪。针对该案利用网络实施“裸聊”犯罪行为具有诱惑性、隐蔽性、危害性的实际，该院及时向有关部门提出“净化网络环境”司法建议4份，落实行业依法治理。该案的审判，得到潍坊市委政法委充分肯定。

——锚定薄弱环节，多管齐下综合施治。该院将信访化解纳入法治化轨道，开展涉法涉诉信访案件化解“百日攻坚”专项行动，12起信访案件全部化解。例如，临朐县某卓水泥公司，因产权交易与受让方发生矛盾，租赁方某商贸公司受到牵连，进而几方矛盾激化，诱发民事诉讼13件、刑事报案2件，问题涉及法院、公安、自然资源、生态环保、市场监管、税务、属地镇街等多个部门单位职责范围。该院牵头多管齐下，依法处置，成功化解了这一老大难系列信访案件。潍坊市中级人民法院、临朐县委对此予以通报表扬。

——紧盯风险隐患，依法化解县域不安定因素。设立金融法庭，受理涉金融纠纷案件1128件，审结1126件，化解和防范了金融风险。妥善处理17829件涉及群众

“堵心事”的家事、住房、社保等民事案件，防止矛盾激化，做到案结事了。针对道路交通纠纷处理难度大的特点，创设“临朐县道路交通事故纠纷一体化处理中心”，法庭与交警、司法、调解、保险等，环环相扣做好诉前调解、保险理赔、司法确认、财产保全、评估鉴定、案件速裁等工作。2024年以来，“道交法庭”审结道路交通案件635件，平均办案天数7.5天。面对“解封解押”难点，以高度负责的精神全部解决了房屋产权确权办证的历史遗留问题。对涉诉困难群众进行司法救助，落实救助资金108万元。临朐县法院被县委评为“平安临朐建设先进单位”。

（三）坚持因“地”制宜，重心下移，主动参与县域基层法治治理，是临朐县法院“法正朐和”的特色经验

县域基层是实施法律法规“最后一公里”的地方，也是纠纷易发多发的区域，这些纠纷具有面广量大的特点。临朐县法院吸纳“枫桥经验”精髓，遵循“系统思维、统筹兼顾、整体施策、多措并举”思路，探索建立“四三二”多元解纷工作机制，蹚出人民法院参与县域基层法治治理的新路子。

——构建“四联动”工作格局。

一是建立与县镇一体联动机制。争取党委领导、政府支持，依托县镇两级“三合一”多元解纷中心，一体联合受理调处纠纷，实现矛盾纠纷“一站式”解决。

二是建立与相关部门、调解组织联动机制。对接人社、交通、民政、工会、妇联等15个部门调解力量和中小企业、金融、物业、旅游等8个行业协会调解组织，在金融法庭设立“临朐县金融纠纷调解中心”，建立以法院为主导的“临朐县道路交通事故纠纷一体化处理中心”等专业调解中心，与人民调解、行政调解、司法调解等互动互助，实现了纠纷调处前置。2023年以来，上述调解组织调处各类纠纷7533件。

三是建立与综治网格和党建网格联动机制。依托县委政法委综治网格及1000余名综治网格员，县委组织部党建网格及4000余名党建网格员，建立诉讼网格，发挥网格员熟悉社情民意的优势，在协助法院诉前解纷、查人找物等方面发挥了不可替代的作用。

四是建立与基层解纷力量联动机制。引入“两代表一委员”、社会贤达人士、县委政法委授牌的33处个人品牌调解室等联动调解，把纠纷化解在基层。例如，临朐县东城街道办事处辖区有15万人口，社情复杂，由于基层治理到位，矛盾纠纷被消灭在萌芽状态。

——建立“三合一”多元解纷中心。

一是配合县委政法委和14处镇（街、园、区），在县镇综治中心、“一站式”矛

盾纠纷调解中心，成立县镇非诉讼服务中心和分中心，建成县镇两级“综治+矛调+非诉”三合一多元解纷中心。

二是法院诉讼服务中心与县“三合一”多元解纷中心对接，明确职责，有场所、有人员、有制度。法院诉讼服务中心派驻法官专职或轮流指导调解。

三是7处基层人民法庭与辖区各镇级“三合一”多元解纷中心对接，基层人民法庭指派法官、法官助理入驻或巡回指导调解。

——实现“两闭环”有效运行。

一是坚持将非诉讼方式作为化解纠纷的首选，按照最方便、最快捷和保障当事人合法权益的原则，对群众到县镇（街、园、区）“三合一”多元解纷中心走访反映的纠纷，根据纠纷主体、性质，分门别类为当事人提供法律解释，引导当事人自愿选择适宜的非诉讼纠纷解决方式。对调解成功、需要出具法律文书的，当场以“诉前调解书”“诉前调解确认书”予以确认；对非诉讼手段难以化解的，引导群众通过诉讼途径解决，需要诉讼的就地立案。实现纠纷化解第一个“闭环”。

二是对到法院诉讼服务中心、基层法庭诉讼的群众，先由工作人员为当事人细算亲情、信誉、时间、经济、风险“五笔账”，引导其进入非诉讼多元解纷程序，分流到“三合一”多元解纷中心或相关行业调解组织、专业性调解中心等调解，争取诉前化解。调解不成的，及时导入诉讼繁简分流。解决了纠纷化解第二个“闭环”问题。

2023年，临朐县法院和法院指导矛盾纠纷解决中心、基层调解组织，调处各类纠纷2181件。同比法院诉讼案件下降8.5%，万人诉讼率占比260.6‱。调处纠纷和诉讼案件，没有因矛盾激化，发生“民转刑”案件。临朐县信访案件逐年减少，连续两年被评为“全国信访工作示范县”。

（四）坚持因“需”制宜，创新生态司法模式，促进县域生态建设，是临朐县法院审判经验的新举措

临朐县是国家重点生态功能区，为适应生态文明建设对司法的新需求，该院加强环境资源审判机构建设。自2022年以来，先后在蒋峪镇、小关社区、冶源水库、沂山国家森林公园、嵩山管委会、城关街道红叶小镇等地，设立了10处环资巡回审判庭、生态法庭、旅游法庭和生态环境司法修复基地。审结环境资源刑事案件、行政案件、行政非诉执行案件、民事案件139件。1起案件入选最高人民检察院“环资公益诉讼典型案例”。

临朐县境内有大小河流230余条，大中小型水库150余座。冶源水库是该县重要水源地，与县域发展和群众生活息息相关。临朐县法院在冶源水库运行维护中心设立

了环境资源审判巡回法庭，经过依法治理和其他措施，水库水质达到二类水标准。在此基础上，该院与县水利局及所属部门开展水利生态法治治理工作，县域水利设施和境内河流纳入了依法管理轨道。

临朐县境内总面积1831平方公里，其中山地丘陵占87.3%，植树造林水土保持任务繁重。该院在沂山国家森林公园、嵩山管委会设立生态法庭和生态保护基地，守住“红线”，依法处理好保护与开发利用的关系，促进人与自然和谐发展。目前，临朐县全县林木覆盖率达到45.8%。

与此同时，临朐县法院还与县委政法委等6部门联合下发《关于加强生态法治建设的实施意见》，府院联动，形成生态法治建设合力。该院被评为“全省生态环境行政执法与刑事司法衔接工作表现突出集体”，生态司法经验被《人民日报》《新华社山东要情动态》等媒体刊载。临朐县“五位一体”生态法治经验，被国务院和中央政法委肯定。

三、注重转化机制——将临朐法院成功做法提升深化，成为人民法院为县域发展基层治理可供借鉴的经验，是本次调研的终极任务

调研组认为，临朐县法院的经验，为人民法院服务于县域发展提供了有益的“司法样本”，作出了积极的司法贡献，具有很强的现实意义。学习借鉴临朐县法院经验，关键要把握好其经验内涵实质：

一是切实解决好政治站位问题。像临朐县法院那样，牢牢坚持为中心工作服务的政治方向，以服务县域发展为最大政绩，做到县域中心工作发展到哪里，人民法院审判工作就延伸服务到哪里，为县域发展保驾护航。

二是切实解决好审判质效问题。像临朐县法院那样，认真践行习近平总书记提出的“努力让人民群众在每一个司法案件中都感受到公平正义”工作目标，以公正司法、文明司法、高效司法、廉洁司法提高司法公信力，来营造促进县域发展法治环境，增强县域发展“软实力”和竞争力。

三是切实解决基层人民群众遇到的“急难愁盼”涉法问题。像临朐县法院那样，以人民为中心，工作重心下移，注重审判机制创新、审判管理创新，坚持人民法庭驻庭办案与巡回审判相结合，主动参与基层依法治理，整合资源，注重实效，全心全意为群众排忧解难，把大量纠纷化解在基层，增强人民群众的安全感、幸福感，实现县域基层平安稳定。

为持续深化和提升临朐县法院为县域发展服务的经验，调研组结合实际，提出以下工作建议：

第一，建议临朐县法院，坚持守正创新，正确处理好服务县域治理工作经验的总结继承与深化提升的关系。县域治理是一项系统工程，要结合法院前期的实践经验，认真学习领会习近平总书记关于县域治理重要论述，以党的二十届三中全会《中共中央关于进一步全面深化改革　推进中国式现代化的决定》为指导，按照“目标导向、问题导向、结果导向”思路，不断地更新深化服务县域发展长远工作规划，研究阶段性工作创新实施意见，在抓落实、见效能上下功夫。同时开展县域法治治理实证理论研究，以理论成果反哺支撑实践创新，进而推动县域法治治理理论创新，为构建中国式现代化治理体系提供有价值的经验范本。

第二，建议临朐县法院，面对“案多人少”的现状，正确处理好案件审判与参与县域基层依法治理的关系。加强审判管理、完善审判机制，统筹安排、科学调遣人力资源。眼睛向内，提高审判队伍综合素质，调动干警积极性和创造性；提高基层法庭工作水平，充分发挥稳定一方的第一道防线作用；提高法院整体“审判效能”，成为让党委放心、人民满意的新时代好法院。

第三，建议临朐县法院，着眼于县域文化建设，正确处理好依法保护自然资源与保护文化资源的关系。临朐县历史文化底蕴深厚，境内现有文化遗址 221 处，齐长城、东镇碑林等各类文物保护单位 130 余处，文化资源保护任务十分繁重。法院要积极配合县域文化主管部门，针对文化资源特点，因需施策，促进县域文化事业和文化资源的依法治理工作。

第四，建议临朐县法院，坚持标本兼治，正确处理好审判工作与参与依法治县的关系。注重审判工作新情况、新问题定性与定量综合分析，加强预测研判，及时向县委县政府提出法治工作建议，为党委当好法律参谋。加强府院联动，促进依法行政。配合有关部门，完善机制，形成县域依法治理大格局，推动县域发展和治理工作走实向深发展。

生态法治调研报告．第二辑

第41期

厚植人民法庭根基　赋能基层发展稳定

——关于广东省佛山市南海区人民法院坚持重心下沉，优化审判资源布局，充分发挥人民法庭职能作用，为基层治理提供司法服务工作经验的调研报告

中国行为法学会生态环境法治研究专业委员会调研组

一、本次调研的初衷——进一步深化对做好新时代人民法庭工作重要性的认识

（一）调研遵循的依据

基层通常指国家组织体系中最接近人民群众的层级，基层基础即基层的根基、底盘，是对国家发展起决定性作用的根本或基点。中国基层基础在乡镇（街道）和村（社区），是社会治理最基本的单元，与人民群众生产生活等切身利益关系最直接、最紧密，是基层治理的重心所在。

党的十八大以来，以习近平同志为核心的党中央高度重视基层基础工作。习近平总书记强调："基层强则国家强，基层安则天下安。基础不牢，地动山摇。基层基础是执政之基、力量之源，是一切工作的落脚点。"[①] 习近平总书记要求："要树立大抓基层的鲜明导向。""夯实基层基础是推进国家治理体系和治理能力现代化的固本之举。基层既是产生利益冲突和社会矛盾的'源头'，也是协调利益关系和疏导社会矛盾的'茬口'。基层治理的效果好不好，直接关系着社区、农村的和谐、团结与稳

① 参见《基层强则国家强，基层安则天下安》，载求是网：http：//www.qstheory.cn/dukan/qs/2024-05/16/c_1130145185.htm，最后访问时间：2025年1月6日。

定。”“要把实现基层治理现代化作为一项基础性工程持续推进，不断提升基层治理效能。”习近平总书记的重要论述，为做好新时代基层基础工作提供了根本遵循和行动指南。

（二）调研聚焦的重点

进入新发展阶段，人民法院面临人民群众日益增长的司法需求和司法资源供给不足的矛盾。人民法院大量干警在基层，大量案件办结、化解在基层。

近年来，最高人民法院认真贯彻习近平总书记关于加强基层基础工作重要论述和坚持发展“枫桥经验”重要指示，高度重视基层法院和人民法庭建设。专门召开“枫桥式人民法庭”创建示范项目动员部署会议，最高人民法院院长张军在讲话中要求：“结合‘枫桥式人民法庭’创建，做深新时代‘枫桥经验’，做实指导调解的法定职能，切实提升矛盾纠纷预防化解法治化水平，努力以审判工作现代化服务保障中国式现代化。”①

最高人民法院部署创建“枫桥式人民法庭”工作，既对基层法院特别是人民法庭提出了新目标、新任务、新要求，也给基层法院和人民法庭工作带来了新的发展机遇。以实证的方法，通过“政产学研用”形式，研究具有新时代特征和区域基层特色“枫桥式人民法庭”建设推进模式，并形成可复制、可推广的创新经验，是本次调研活动的出发点和落脚点。

（三）实证调研的过程②

2024 年 12 月 5 日至 6 日，中国行为法学会生态环境法治研究专业委员会（以下简称生态法治研究专委会）会长、原最高人民法院办公厅主任王少南，生态法治研究专委会副会长、原最高人民法院办公厅副主任王飞鸿，生态法治研究专委会副会长张晓光，生态法治研究专委会理事王峰等调研组一行，专程到佛山市南海区人民法院及丹灶人民法庭和相关企事业单位开展了调研活动。

调研地点：佛山市南海区地处粤港澳大湾区腹地，辖 6 个镇、1 个街道、292 个村（社区）。南海历史悠久，名人荟萃，秦朝设郡，隋朝置县，涌现出康有为、詹天佑等一批杰出人物。作为改革开放先行区，南海曾以“六个轮子一起转”创造县域经济发展的“南海模式”，四度获评中国最具幸福感城市。

重点调研单位：佛山市南海区人民法院（以下简称南海区法院）及丹灶人民法

① 参见《“枫桥式人民法庭”怎么创建？怎么抓实？》，载中国法院网，https：//www.chinacourt.org/article/detail/2023/11/id/7641275.shtml，最后访问时间：2025 年 2 月 8 日。

② 本文所涉相关数据由被调研单位提供。

庭。南海区法院有 14 个内设机构和 8 处派出人民法庭。共有工作人员 696 名，其中，员额法官 173 名，法官助理 78 名，司法警察 57 名。自 2022 年以来，年均办结案件 7.3 万余件，指导前端化解各类纠纷超 10 万件，依托诉前和解中心调成各类纠纷 2.8 万件。

丹灶人民法庭地处康有为故里丹灶镇。丹灶镇管辖人口近 30 万，村居 28 个。丹灶人民法庭现有审判综合楼在 2009 年建成使用，面积 6000 余平方米，有法官及工作人员 20 名，既办理诉讼案件，又负责执行案件，年均办案数量 3000 余件。

2005 年 4 月，全国人民法庭工作会议在佛山市举行，与会领导和代表专门到南海区法院观摩人民法庭工作经验。会后，南海区法院继续推进人民法庭设施建设，不断强化人民法庭职能作用，在服务经济社会发展和基层社会治理等方面取得了新成效。南海区法院曾获全国“五一劳动奖章”、全国法院“集体一等功”、“全国优秀法院”、“全国模范法院”、“全国人民满意好法院”、“全国青少年维权岗”、广东省“集体一等功”等荣誉。近几年来，该院继续奋发图强，以“三个一流”，即一流的执法办案水平、一流的司法延伸服务、一流的法院队伍形象为抓手，在人民法庭建设、矛盾纠纷多元化解、综合治理拒执行为和信访工作、智慧法院建设以及“数助决策”等方面取得新进步。立案庭（诉讼服务中心+诉前和解中心）获评全国法院“先进集体”、全国法院“一站式”多元解纷和诉讼服务体系建设先进单位、首批二星级全国青年文明号。丹灶人民法庭获评广东省法院“推动诉源治理工作成绩突出人民法庭”。“数助决策”工作获第七届司法大数据专题研究“专题示范应用”一等奖、第八届司法大数据专题研究“整体示范应用”一等奖。

——调研组一行，重点考察南海区法院精心打造的“诉讼服务中心”“执行事务中心”“诉前和解中心”“电子卷宗数据集成中心”“数字机器人管理中心”等的运作情况、成功做法和工作成效。

——调研组深入位于康有为故里的丹灶人民法庭召开座谈会，听取一线干警分享所感所悟和工作成就，同时举行中国行为法学会生态环境法治研究专业委员会设立“法学实践研究基地”授牌仪式。

——调研组专门参观康有为纪念馆、南海博物馆，探讨人民法庭践行习近平总书记关于“第二个结合”（把马克思主义基本原理同中华优秀传统文化相结合）重要指示的落实途径。

——调研组考察了代表新质生产力发展典型的“南海氢能展示中心”、某蓝绿电固废处理（佛山）有限公司，以及佛山某花面粉有限公司，与企业负责人就优化营商法治环境交换看法，提出建议。

考察调研期间，调研组与佛山市中级人民法院院长胡志超，广东省高级人民法院民一庭副庭长张扬云，佛山市南海区人民法院院长万选才、副院长吴建兴等，就加强人民法庭建设交流了意见。

在实证调研的基础上，调研组通过阅读材料、研判数据、分析典型案例、座谈交流，集思广益并形成了《厚植人民法庭根基赋能基层发展稳定——关于对广东省佛山市南海区人民法院坚持重心下沉，优化审判资源布局，充分发挥人民法庭职能作用，为基层治理提供司法服务工作经验的调研报告》。

二、本次调研的成果——对南海区法院创新人民法庭工作机制、管理机制实践经验的初步把握和梳理总结

调研组认为：南海区法院以“枫桥式人民法庭”创建示范活动为抓手，把握“上情”、吃透“区情”、结合“院情”，坚持目标导向、突出问题导向、注重结果导向，扎扎实实推进人民法庭建设，呈现“政治站位高、创新做法实、‘三个效果’好”的特色，具有较强的推介价值和可借鉴性。

南海区法院经验的特色之一是系统化布局司法资源配置，科学运用审判管理手段，挖掘释放化解纠纷潜力，进一步增强基层人民法院和人民法庭在促经济发展、保辖区稳定、护民生权益方面的职能作用。

近年来，南海区通过经济转型、优化结构，从过去传统的以房地产为主业，逐步形成了先进制造业、生物医药产业、高技术制造业、高品质服务业、新能源产业、新材料产业和新一代电子信息产业等“两高四新”产业。2023 年，全区地区生产总值 3930. 5 亿元，同比增长 4. 3%，连续 10 年荣获全国综合实力百强区第二名。同时，该区乡镇经济发展突出，所辖 6 个镇全部入围全国百强镇前 50 名。

——针对南海区经济社会发展的鲜明特点，南海区法院按照类案集中办理的工作思路，优化法院机关和人民法庭的司法资源配置，通过科学分工、优势互补，有效提升了整体审判效能。根据案件实际情况，针对发案数量较多的金融、房地产、破产、劳动争议、交通事故、婚姻家庭等类型案件，在法院机关设置专业化审判庭进行集中审理，在统一裁判标准、提高审判效率方面取得了扎实成效。2005 年全国人民法庭工作会议召开后，南海区法院新建了丹灶人民法庭等 3 个派出法庭，在此基础上，综合交通便利程度、地缘历史关系、人案相对均衡等因素，调整各人民法庭管辖的案件类型，形成“2 个专职办理审判案件法庭+3 个专职办理执行案件法庭+3 个综合审判执行案件法庭”的人民法庭工作格局，并进一步配强人民法庭办案力量。加强法院机关对人民法庭的工作指导和帮助，民事审判一庭定位为综合审判庭，负责管辖法院机关所在桂城街道的诉讼案件，并负责指导人民法庭的审判工作；建立“专巡结合”工作机制，针对疑难复杂的家事纠纷、劳动争议等类型案件，由机关专业化审判庭派员，联动辖区妇联、劳动仲裁委等相关机构，下沉至镇街、村居开展巡回调解，推动相关纠纷就地、就近化解。

——在“案多人少”矛盾客观存在的情况下，南海区法院推动司法辅助工作从办案团队剥离，对类型司法辅助工作进行集约化管理，让办案团队更加专注于行使审判权和裁决权。南海区法院先后建立了“七大中心”，即诉讼服务中心、诉前和解中心、执行指挥中心、执行事务中心、执前督促中心、电子数据集成中心以及数字机器人管理中心。诉讼服务中心、执行指挥中心又下设若干个子中心。“七大中心”承担了大部分的辅助性事务工作和部分实质解纷工作，不但有效解决了立审执条块分割造成的司法资源重复配置，而且通过合理利用规模效应，实现了司法辅助工作的规范管理和提质增效。以执行工作为例，南海区法院在机关设立执行指挥中心、执行事务中心和执前督促中心，负责集中办理案件“四查”、繁简分流、财产保全、质效监管等辅助工作，以及咨询答疑、执源疏导等前端事务。负责办理执行案件的人民法庭则通过组建普通执行团队、小额执行团队，集中精力负责案件落地执行工作，形成分段集约、规范高效、监督有力的执行办案模式。2022年以来，办结各类执行案件9.3万件，执行到位金额119.4亿元，针对“三中心四团队”工作经验，广东省高级人民法院召开现场会予以推广。

——以诉前和解中心作为前端治理枢纽，积极推动纠纷多发行业自治，更为重要的是，依托人民法庭织密基层治理网格，把前端解纷力量直接下沉至村居“最后一公里”。2023年在南海区委、区政府全力支持下，建筑面积超5000平方米的诉前和解中心大楼交由法院代管，作为法院落实指导调解法定职责的主要阵地。以此为枢纽，南海区法院构建起覆盖全区的多元解纷网络。横向依托“法院+”模式，建立道交、金融、消费、医疗、劳动争议、涉税争议、社保征缴、不动产等8个一体化解纷平台和38个调解点；在人民法庭设立5个“诉前和解中心”工作室和10个调解速裁团队，对接全区292个村居，依托“一庭两所”机制（指人民法庭主动与辖区派出所、司法所开展联动联调），设立13个多元解纷工作室，为群众提供“家门口”的解纷服务。通过优化指导调解、司法确认、诉调对接、小额诉讼、简案速裁、繁案精审等一系列机制，形成了“前端指导解纷、诉前分流解纷、诉中实质解纷”的多元化全链条解纷模式。诉前和解中心被评为佛山市“优秀调解组织”、广东省“工人先锋号”，吸引了时任澳门特别行政区终审法院院长岑浩辉等省内外同行前来调研交流300余次，成为佛山市社会治理的“网红打卡点”。

调研组认为，审判资源是有限的，但通过创新审判机制，整合审判资源，就会“走出一步天地宽”，收到正向的外溢效应，提升审判效能。

南海区法院经验的特色之二是“差异化”找准人民法庭定位，紧紧围绕党委中心工作，因地制宜、因事制宜，明确提出打造一流司法延伸服务目标，服务保障地方党委政府实施高水平社会治理。

——营商法治环境改善，企业是最大受益者。统计数字表明，南海区市场主体总量，继2021年4月突破40万户、2022年5月突破50万户后，2023年市场主体总量跨越60万户大关，平均每天新设立468户，占佛山全市市场主体的42.48%。南海区法院和派出人民法庭，以优化营商法治环境为重点，加大司法服务力度，取得扎实成效，南海区委多次表彰法院以司法服务大局的做法。桂城人民法庭主动服务辖区省级金融高新区，通过实施金融执行“直通车”，信用激励、约束和修复等机制措施，致力打造金融执行“金品牌”，以“金服务”赢取“金口碑”，一个人民法庭年均执行到位金额超过20亿元，多件精品案件被人民法院报等媒体报道。西樵人民法庭支持辖区党委政府依法处理“扣分红难”问题，通过《预处罚通知书》推动各经济社协助法院提取被执行人股份分红等收益，有效防止“出嫁女”及其子女相关股权问题反弹回潮。里水人民法庭建立“执行开庭”机制，参照诉讼案件开庭的模式，传唤双方当事人到庭协商，规范执行案件落地实施流程，有效消除因执行信息不对称引起的投诉。九江人民法庭聚焦群众关注的民生案件，适时开展“海啸”集中执行行动，提升群众的司法获得感。

——以高水平保护促高质量发展为落脚点，丹灶人民法庭坚持“司法+生态修复”并重，做实环资案件集中审理，助力辖区生态文明建设。南海区法院管辖佛山全市涉环资民事案件和南海区涉环资刑事案件，根据丹灶镇氢能产业发达的特点，把相关民事案件归口丹灶人民法庭管辖，2022年以来，受理涉环资刑事案件30件、民事案件19件、行政非诉审查案件140件，审结“西江一号”刑事附带民事公益诉讼案，依法判处两被告赔偿生态环境损害费用近1.8亿元。丹灶人民法庭持续推进环境资源审判体系专业化建设，打造环资审判“四专”工作体系，即以专业化司法保护理念引领、专门化类案集中审理、专家型法官队伍配置、专职化人民调解员赋能。积极探索“司法+”司法延伸，成立河湖法官工作室、森林法官工作室、氢能产业链前端治理工作室，配合做好生态环境纠纷预警预防和综合治理。与区生态环境分局、广东环保学院共建佛山首个生态环境纠纷综合治理研究中心，推动涉环资纠纷在前端协商化解。与贵州雷山法院开展司法碳汇协作，引导当事人通过购买森林碳汇进行替代性生态修复，推动全国首张跨省司法碳票实现交易。

——紧紧围绕服务“百千万工程”这个中心，充分发挥人民法庭前沿阵地作用，主动融入基层社会治理大局，做深做实指导调解法定职责，其中丹灶人民法庭“创枫”工作形成鲜明特色，归纳总结出“五步法”指导调解工作经验。南海区法院稳步推进“枫桥式人民法庭”创建示范活动，选定丹灶人民法庭作为“创枫”的重点培育对象。丹灶人民法庭属于传统意义上的综合型法庭，既办理审判案件，又办理执行案件，人案体量相对偏小。选择丹灶人民法庭进行重点培育主要有两个方面的考量，一方面辖区党委政府对前端治理工作高度重视，对人民法庭工作大力支持；另一方面丹灶镇是佛山市主要的制造业基地之一，正在推进氢能和氨氢融合装备制造千亿产业集群建设，新形势下对人民法庭职能作用提出的新要求具有普遍参考意义。在“创枫”过程中，南海区法院重点在两个方面下功夫。一是深入挖掘丹灶镇厚重的历史文化底蕴。结合法庭职能定位，归纳总结出积极弘扬敢为人先、奋发向上的有为精神，追求卓越、精益求精的澹浦工匠精神，团结协作、争先创优的龙舟精神，清廉正直、刚正不阿的维柏忠廉精神等4种精神为我所用。二是坚持在指导调解上下功夫，归纳总结出“讲练带助促”指导调解“5步法”：“讲”——设立“有为和解学堂”，纵向对接区“诉前和解中心”的“和风大讲堂”，横向连接镇委党校，组建法官在内的指导调解讲师队伍，通过个案指导、类案指导、培育指导，巩固了全镇党员干部、超300名调解员、特邀调解员对调解知识的掌握；“练”——在镇党委支持下，建立“1+4+N”调解实践网络，搭建7个指导调解实践平台，通过跟学模拟、跟学实战、跟学交流，提升调解员的调解能力；“带”——将全镇28个村居划分为4个片区，依托社区多元解纷工作室，建立法官等组成的指导组，“结对”指导调解；“助”——以调解员视角，开发“随手调”工具箱、“随时问”AI调解助手、“随处连”调解平台等工具，解决调解员能力不足的问题，2024年前端调解各类纠纷2088件；“促”——健全“专家咨询”“专巡结合”“数助决策”等机制，发出司法大数据报告9份、司法建议2份，防范化解了社会治理风险。丹灶人民法庭被广东省高级人民法院评为“全省推动诉源治理工作成绩突出人民法庭”，法庭党支部获广东省高级人民法院“四强五好”党支部荣誉。

调研组认为，当前，在纷繁复杂的司法需求面前，南海区法院的决策者们遵循审判规律，把握趋势，积极应对，下好“先手棋”，实现人民法庭工作由被动变主动服务的转变，难能可贵。特别是打造一流司法延伸服务的创新实践，完全契合当前精准社会治理的新要求，相关的经验做法值得借鉴。

南海区法院经验的特色之三是“智能化”提升人民法庭工作实效，引入数据化工具和建立相关机制，打破传统意义的时空束缚，更优质、更高效、更全面释放审判现代化的动能。

南海区法院领导班子深刻认识到，数字法院建设不单是技术变革，其本质上是以数字技术赋能审判执行工作的变革，通过有意识地把大数据、人工智能等“高端”技术直接应用于人民法庭建设，进一步提升了人民法庭履职的“含金量”，让人民法庭呈现出现代化的新业态。

——南海区法院依托“电子数据集成中心”和“数字机器人管理中心”，形成了“数据+工具+场景”数字法院建设模式，较好地释放数字化在数助办案、数助管理、数助便民、数助治理上的价值，在探索推动审判体系和审判能力现代化道路上迈出了坚定步伐。电子卷宗数据集成中心，统筹负责电子卷宗随案同步生成工作，通过图文识别技术对当事人的身份信息等数据进行提取，把一张张电子图片转换为独立的电子数据，形成流动的电子卷宗数据链，办案人员可以真正占有并利用海量的司法数据。数字机器人管理中心，引入智能自动化技术（RPA+AI，全称RoboticProcessAutomation+Artificial Intelligence，是一种机器人流程自动化与人工智能相结合的技术），让电子卷宗数据按照一定的业务流程高效运转，通过司法数据与智能自动化深度融合，形成数字化工具。目前已在司法办案、诉讼服务、风险防控、决策分析等多个场景开发出数字化工具200多个。比如，“数据巡检”工具，RPA机器人自动将业务系统数据与干警近亲属从事律师职业等动态数据进行对碰，精准锁定违规代理案件、违规参与司法网络拍卖等问题线索，保障司法公正。又如，失联修复工具，RPA机器人在立案后统一向三大通信运营商发起被告实名手机号码查询，并将查询结果汇总形成本地数据库，供立审执各环节使用，解决了被告“失联”衍生的程序阻碍问题。

——依托司法大数据及时反馈社会治理风险信号，为人民法庭深度参与社会治理提供了可靠的支撑。围绕党委中心工作，定期对审判执行案件大数据进行汇总分析，对经济社会运行过程中出现的涉法新情况、新问题进行“司法数据体检”，及时向党委报送信息，分析原因，提示风险，应对建议“对症下药”。2022年以来，该院先后向党委报送涉及经济发展的房地产市场、金融服务等，社会稳定的两违（违法用地、违法建设）查治、拆迁补偿、民间借贷等以及民生领域的电信诈编、虚假诉讼、养老服务等司法信息 83 份，被区委领导誉为最有价值的“司法社情表”。围绕人民群众关注的“涉法热点”问题，向社会发布司法白皮书。2022 年以来，该院公开发布《交通事故赔偿案件审判白皮书》《南海区诉前和解工作白皮书》，通过图文并茂的形式，以案讲法、以案释法，深受群众欢迎。围绕审判趋势走向，及时调整审判重点，加强对各项审判工作和人民法庭精准指导。2022 年以来，该院形成有情况、有分析、有对策的司法大数据调研报告 19 份，其中 10 份被最高人民法院主要领导批示。该院被评为“全省法院调研工作先进集体”。

——依托司法大数据和人工智能工具，为人民法庭前端解纷注入科技动能。围绕基层和人民法庭化解矛盾纠纷需求，研发“南海区诉源态势感知平台”，实时对纠纷前端治理、诉前和解、调解质效情况进行研判，基于司法大数据分析发出司法建议 8 份，开辟了司法大数据服务基层依法治理的新途径。联合中国司法大数据研究院共同打造“随时问”AI 调解助手，该工具依托中国法研首个通过中国法考的法律大模型产品开发设计，专门为调解员打造，旨在以司法大数据赋能社会治理、做实指导调解法定职责的大数据应用工具，支持民间借贷纠纷、离婚纠纷、劳动争议等十五类常见纠纷的分析预测，可帮助调解员在调解过程中有效梳理纠纷诉求、分析证据材料、预测诉讼风险、制定解纷策略，并引导当事人合理管理诉讼预期，尽可能选择非诉方式快速化解纠纷。该工具得到了南海区委政法委的充分肯定。

调研组认为，南海区法院的实践创新让我们深深地感悟到了“办法总比困难多”的真谛，要转变作风，尊重基层的首创精神，真正形成“问题解决在基层，有益经验总结在基层，工作成效创造在基层”的良好氛围

三、本次调研的任务——继续深化“南海区法院经验”的提升和转化利用

调研组认为，南海区法院的经验做法具有时代特征和很强的示范效应，值得相关方面重视、进一步总结完善和宣传推介。为此，提出以下建议：

第一，要以习近平法治思想为指导，以党的二十届三中全会《中共中央关于进一步全面深化改革　推进中国式现代化的决定》为依据，以党中央关于加强基层基础工作的总体要求、最高人民法院加强人民法庭工作部署为主线，进行对照研究，成熟的经验继续提升，探索的做法在实践中完善，不足的地方加以改进，使南海区法院的经验做法更加成熟、更加符合法院基层工作规律，进而推动新时代人民法庭建设行稳致远，向实向深发展。

第二，要牢牢把握“为大局服务、为人民司法”的工作主旨，认真学习领会中央经济工作会议精神，围绕习近平总书记重要讲话提出的新要求、新论述，加大司法调

研力度，分析把握辖区经济社会发展的新趋势、新需求，适时调整司法服务和法律保障的重点，找准法院司法延伸服务的定位，增强法院工作的前瞻性、针对性和有效性。

第三，要更加重视审判实务理论研究工作，既要立足于自身，发挥干警的聪明才智，也要借助于“外脑”，加强横向合作交流，多出成果、快出成果、出好成果，提升全院、全员适用法律研究水平，增强南海区法院的影响力。

“深化新时代山西生态司法模式”研讨会

（2024）

中国行为法学会生态环境法治研究专业委员会

中国行为法学会
生态环境法治研究专业委员会

中行法生〔2024〕29 号

关于举办“深化新时代山西生态司法模式”研讨会报告

中国行为法学会并董治良会长：

为深入践行习近平生态文明思想、习近平法治思想，贯彻落实党的二十届三中全会精神和习近平总书记关于黄河流域生态保护和高质量发展的系列重要讲话，认真实施《黄河保护法》，总结山西法院运用环境资源审判职能，为辖区生态保护和高质量发展提供司法保障的实践创新经验，经中国行为法学会、中华环保联合会领导同意，我会与中华环保联合会环境与法制专业委员会，拟于 2024 年 10 月 22 日上午（半天时间），在山西省太原市举办“深化新时代山西生态司法模式”研讨会。

2024 年以来，我会通过多次实地对山西法院生态司法工作调查研究认为：近几年来，山西法院生态司法工作，在党委领导和最高人民法院指导下，全面充分有效地发挥了环资审判职能作用，其做法呈现“政治站位高、经验做法实、案件质效好”的态势，其经验具有“全方位、多层次、成系统”的鲜明特色，得到最高人民法院肯定。山西地处我国中部地区，黄河流域中游，且系国家重要能源基地，自然资源、人文资源和文化资源门类齐全，生态司法对实现高水平保护、高质量发展承担着重要使命责任。因此，深入总结山西生态司法经验，并不断地提升为可推介的成型模式十分必要。

根据中央克服形式主义的新要求，本次研讨会将注重实效，一是邀请最高人民法院副院长杨临萍、中国行为法学会会长董治良、中华环保联合会主席王秀峰莅临会议指导，并做讲话；二是由山西法院系统介绍开展生态司法的经验做法；三是选择不同生态主体依法治理典型事例，如忻州法院参与依法治理“赤泥库环保改造”项目、吕梁法院参与依法治理“循环经济生态产业链”项目、临汾法院参与依法治理“汾河文化生态园”项目、晋城法院设立“太行古堡司法保护基地”、运城法院参与依法建设“中国零碳村镇示范村”项目等，展现生态司法工作成效；四是邀请江必新、胡云腾、张恒山等法律理论专家，进行评价演讲；五是为推广转化山西生态司法经验模式，邀请国内主流媒体进行宣传报道。

特此报告。

中国行为法学会生态环境法治研究专业委员会

2024 年 9 月 16 日

中国行为法学会

中行法办〔2024〕6号

关于同意举办“深化新时代山西生态司法模式”研讨会的批复

生态环境法治研究专业委员会：

你会《关于举办“深化新时代山西生态司法模式”研讨会报告》（中行法生〔2024〕29号）收悉。经研究，现批复如下：

一、同意于2024年10月22日上午在山西省太原市举办“深化新时代山西生态司法模式”研讨会。研讨会由中国行为法学会、中华环保联合会主办，中国行为法学会生态环境法治研究专业委员会和中华环保联合会环境与法制专业委员会承办。

二、请认真做好会议的各项组织筹备工作，包括与会嘉宾邀请、会议有关文字材料审核、会议宣传报道、制定相关应急预案等，确保研讨会顺利进行。

此复。

中国行为法学会

2024年9月29日

中国行为法学会会长董治良
在“深化新时代山西生态司法模式”研讨会上的讲话

（2024年10月22日）

各位领导、同志们：

大家上午好！

今天的会议是一次具有重要现实意义的会议。

第一，会议的主旨鲜明。

这次研讨会的主要任务是，深入学习习近平生态文明思想、习近平法治思想，深刻领会党的二十届三中全会精神，认真贯彻习近平总书记关于黄河流域生态保护和高质量发展的一系列重要讲话。

——通过学习，进一步坚定中国行为法学会拥护“两个确立”、做到“两个维护”、坚持“四个自信”的政治自觉性。

——通过本次会议，进一步坚持中国行为法学会落实党中央关于法学研究的工作要求，围绕中心、服务大局，坚持积极开展实证法学、实践法学、应用法学研究的政治方向，为全面依法治国的伟大实践提供智力支持。

——通过会议研讨，进一步探索在新的形势下，中国行为法学会加强与司法机关的密切协作，共同携手，更好地落实《黄河保护法》，积极发挥和探索“智囊团”“思想库”“人才库”作用的新路径，进而开拓中国行为法学研究工作的新领域、新局面。

第二，会议的议题集中。

本次会议是一次现场会，会议将聚焦深化新时代山西生态司法模式的议题展开深入的交流和研讨。

近几年来，山西省法院在最高人民法院的有力指导下，在山西省委的坚强领导下，吃透“上情”、把握“省情”、结合“院情”，全面有效地开展了环境资源审判工作，为辖区的生态保护和高质量发展提供了积极的司法保障，取得了令人瞩目的成绩，得到了业务上级的充分肯定。

我会与中华环保联合会调研组经过多次实地考察调研认为，山西省法院的生态司法工作经验呈现“政治站位高、经验做法实、案件质效好”的态势，其经验具有“全方位、多层次、成系统”的鲜明特色。针对调研组形成的实证调研报告，最高人民法院张军院长、杨临萍副院长均作出了批示，予以肯定。

山西地处我国中部地区，黄河流域中游，且系国家重要能源基地，境内自然资源、人文资源和文化资源门类齐全，生态司法工作对实现高水平保护、高质量发展承担着重要的使命责任。因此，深入总结山西生态司法经验，并不断地提升为可推介的成型经验模式十分必要。正是基于这一思路，我们在山西举办了这次研讨会。

研讨会期间，我们将认真听取山西法院生态司法经验的系统介绍，学习山西相关法院参与生态建设依法治理的实践案例。邀请最高人民法院、最高人民检察院资深法官、检察官和国内权威生态法律专家，进行主旨演讲。最高人民法院原党组副书记、副院长江必新专程到会指导，并将发表重要讲话。我们要认真学习，切实贯彻落实。

第三，会议的重心突出。

大家知道，党的十八大以来，以习近平同志为核心的党中央把生态文明建设作为关系中华民族永续发展的根本大计，领导全党全国各级各部门开展了一系列开创性工作，决心之大、力度之大、成效之大前所未有，山西法院就是其中的典型代表。

习近平总书记强调：要注重调研成果转化运用，在调查的基础上深化研究，提高调研成果质量，切实把调研成果转化为解决问题、改进工作的实际举措。

山西法院的生态司法经验是丰富的，具有很强的示范效应。中国行为法学会将根据习近平总书记的要求，在调研山西法院生态司法经验的基础上，进一步举全会之力，学习、总结、推广好山西法院的经验，使其产生更大的影响力，以推动中国生态司法工作的理论创新和实践创新。

党的二十届三中全会发布的《中共中央关于进一步全面深化改革　推进中国式现代化的决定》从“完善生态文明基础体制”“健全生态环境治理体系”“健全绿色低碳发展机制”三个方面提出了深化生态文明体制改革的方向和重点任务。2024 年 9 月 12 日，习近平总书记在甘肃兰州主持召开全面推动黄河流域生态保护和高质量发展座谈会并发表了重要讲话，提出“齐心协力唱好新时代《黄河大合唱》”的要求，我们要以习近平总书记重要讲话为根本遵循，砥砺奋进、久久为功，为国家生态文明建设和法治中国建设，作出更多更好的努力和贡献。

中华环保联合会主席王秀峰
在“深化新时代山西生态司法模式”研讨会上的讲话

（2024 年 10 月 22 日）

尊敬的各位领导、各位嘉宾：

大家上午好！

在金秋送爽、景色宜人的美好季节，很荣幸与大家相聚在历史悠久与现代繁华交相辉映的美丽城市——太原，深入学习贯彻习近平生态文明思想和习近平法治思想，研讨“深化新时代山西生态司法模式”。请允许我代表中华环保联合会向各位领导、各位嘉宾、各位朋友致以崇高的敬意和美好的祝愿！

党的十八大以来，以习近平同志为核心的党中央在推进新时代中国特色社会主义伟大事业的历史征程中，创立了习近平生态文明思想和习近平法治思想，以前所未有的力度抓生态文明建设和全面推进依法治国。习近平总书记多次强调，建设生态文明，重在建章立制，用最严格的制度、最严密的法治保护生态环境。习近平总书记强调，要着眼于把生态文明建设纳入法治化、制度化轨道，以法治理念、法治方式推动生态文明建设。习近平总书记亲自部署加快推进生态文明顶层设计和制度体系建设。2018 年 3 月通过的宪法修正案将生态文明写入宪法，实现了党的主张、国家意志、人民意愿的高度统一。制定和修改了《环境保护法》《环境保护税法》《大气污染防治法》《水污染防治法》等法律，构建以及制订了数十项有关生态文明建设的改革方案，从制度保障等方面对生态文明建设进行了全面系统部署安排，为建设美丽中国提供有力的制度保障。

山西是我国生态安全的重要区域。黄河是中华民族的母亲河，山西地处黄河腹地，黄河流经山西 965 公里，黄河流域生态保护和高质量发展，山西责任重大、使命光荣。山西位于黄土高原东翼，地貌类型多样，是我国生态修复工程的重要区域。山西地处华北，是我国“三北”防护林体系重大生态工程的组成部分，是祖国北疆绿色生态屏障不可缺失的部分。山西是重要的能源矿产基地，能源矿产的开发为我国社会经济发展作出了很大贡献，但生态环境保护欠债很大，生态修复治理任务十分艰巨。对于山西的生态文明建设，以习近平同志为核心的党中央十分重视。习近平总书记多次到山西考察，并强调，山西要牢固树立“绿水青山就是金山银山”的理念，发扬右玉精神，统筹推进“山水林田湖草”系统治理。指出山西要抓好“七河一流域”生态修复治理，扎实推进黄河流域生态保护和高质量发展战略，加快制度创新，强化制度执行，引导形成绿色生产生活方式，坚决打赢污染防治攻坚战，推动山西沿黄河地区在保护中开发，在开发中保护。把加强流域生态环境保护与推进能源革命、推进绿色生活方式、推动经济转型发展统筹起来，坚持治山、治水、治气、治城一体化推进，持续用力，再现“锦绣太原城”的盛景，不断增强太原的吸引力、影响力。山西省司法系统深入学习贯彻习近平生态文明思想和习近平法治思想，用法治思维、法治方式为推动生态环境保护做了有益的探索和实践，先行先试，为全国作出了示范。今天举办“深化新时代山西生态司法模式”研讨会，总结山西生态司法坚持和加强党的全面领导，把党的领导贯穿生态司法和生态环境法治建设的经验，对于深入学习贯彻习近平生态文明思想和习近平法治思想，助力美丽中国建设有重要意义。

中华环保联合会是从事生态环境领域事务的全国性、行业性社会团体，是非营利性社会组织，秉持“大中华 大环境 大联合”理念，围绕实施可持续发展战略，实现国家生态环境保护目标，维护社会与大众环境权益，坚持“公益性、专业性、国际性、开拓性”原则，团结凝聚社会团体以及各方面的力量，为政府提供生态环境决策建议，为企业提供技术政策咨询服务，为社会和公众提供环境法律维权服务和开展生态环境宣传教育活动。联合会自2005年成立以来，一直把为社会和公众提供环境法律权益维护作为重要职能。近20年来，中华环保联合会共提起92件环境公益诉讼案件。其中，《环境保护法》（2014年修订）实施以来，提起环境公益诉讼70余件，有6件案例入选最高人民法院发布的各类环境资源审判典型案例。其中，中华环保联合会诉山东德州某华公司大气污染民事公益诉讼案，是《环境保护法》修订实施后的首例大气公益诉讼案件，2015年、2017年两次入选最高人民法院发布的典型案例汇总。中华环保联合会诉某碳能投公司等被告一批共12件生态环境保护民事公益诉讼案系列案件，是我会近年来提起的较为有代表性的诉讼案例。中华环保联合会作为社会组织针对碳排放数据造假提起公益诉讼，尚属国内首次。我国的碳排放权交易市场探索至今，运行监督的主体较为复杂，相关法律法规体系尚未完善，存在数据造假、检查履职不到位、企业未履行处罚效果不明显等诸多问题。中华联合会通过社会组织监督，净化碳交易环境，助力党和国家建立规范全国碳市场，实现“双碳”目标，推进绿色转型，贡献了环保联合会的力量。

各位领导、各位嘉宾，以法治思维和法治方式“推动绿色发展，促进人与自然和谐共生”是这次研讨会的核心内容之一。我国生态文明“四梁八柱”性质的制度体系基本形成，制度的生命力在于执行，关键在于真抓，靠的是严管实干。要以习近平生态文明思想和习近平法治思想为指导，牢牢牵住法治这个“牛鼻子”，久久为功，以司法力量保障生态环境制度落地生根。要坚持党的领导、坚持依法行政，不断提升司法水平，保障生态环境法律公正高效实施。要深化生态文明体制改革，协同推进立法、执法、司法、守法各环节改革，健全“法律面前人人平等”的保障机制，弘扬社会主义法治精神，维护社会公平正义。要多渠道多形式广泛深入宣传生态环境国情，普及生态文明法律法规，增强全民环保意识、生态意识，培育生态道德和行为准则。要加强生态环境法律普及教育培训，提升全民知法守法素养，形成人人懂法、人人遵法、人人守法的社会风尚。要完善制度、建立机制，加大对社会组织参与生态环境保护和生态环境公益诉讼的支持力度，广泛凝聚全社会力量，形成合力，依法保护生态环境，推进美丽中国建设。

各位领导，各位嘉宾，中华环保联合会一直致力于生态环境领域的公益事业和环境维权，司法战线的各级领导和组织对环保联合会的工作给予了热情关心和大力支持。在此，我代表联合会向大家表示衷心感谢！环保联合会愿与大家一如既往携手共进，推进生态环境治理体系和治理能力现代化，助力绿色转型高质量发展，为美丽中国建设、为实现中华民族伟大复兴的美丽中国梦贡献力量。

山西省高级人民法院院长冯军
在“深化新时代山西生态司法模式”研讨会上的致辞

（2024 年 10 月 22 日）

尊敬的江院长、董会长、王主席，各位领导、各位嘉宾、女士们、先生们、朋友们：

上午好！很高兴在金秋时节与各位新老朋友相聚龙城太原，共同出席“深化新时代‘山西生态司法模式’研讨会”。首先，我谨代表山西高院党组、全省法院干警，对研讨会的召开表示热烈的祝贺！对各位领导、嘉宾和媒体朋友的到来表示诚挚的欢迎！

生态文明建设是关系中华民族永续发展的根本大计。生态环境司法保护工作是生态文明建设的重要组成部分，也是人民法院的重要职责使命。党的十八大以来，习近平总书记四次莅晋考察调研，对山西黄河流域生态保护和高质量发展、汾河生态环境保护、环境污染综合治理、文物保护利用和文化遗产保护传承等工作作出重要指示，为全面推进美丽山西建设指明了方向、提供了根本遵循。山西法院牢记总书记嘱托，始终站在坚定拥护“两个确立”、坚决做到“两个维护”的政治高度，深入学习贯彻习近平生态文明思想和习近平法治思想，坚决落实习近平总书记在全面推动黄河流域生态保护和高质量发展座谈会上的重要讲话、习近平总书记对山西工作的重要讲话重要指示精神，在最高人民法院的正确指导下，牢固树立和践行“绿水青山就是金山银山”的理念，深入推进环境资源刑事、民事、行政案件“三合一”审判模式改革，率先实现三级法院环境资源专门审判机构、组织全覆盖，探索建立“保护基地+专业法庭”服务保障模式，先后在汾河入黄口、汾河源头、河曲黄河湿地以及恒山、芦芽山、五台山等重点生态功能区、敏感区和脆弱区设立生态环境与生物多样性司法保护基地，持续跟进山西首例环境民事公益诉讼，推动攻克赤泥库污染治理世界性难题，积极构建汾河全流域司法保护新格局，助力实现“一泓清水入黄河”；持续加大文物和文化遗产司法保护力度，设立大同云冈、平遥古城、右玉长城文化保护法庭等，建立太行古堡司法保护基地，严厉打击文物犯罪，切实以法治力量筑牢文物安全底线、守护千年文化瑰宝。山西法院护佑绿水青山、黄河安澜、千年瑰宝的司法实践为服务保障建设人与自然和谐共生的美丽中国提供了“山西样板”。2023 年，最高人民法院贯彻实施黄河保护法暨沿黄九省区法院黄河流域司法保护工作推进会在我省吕梁成功召开，签署并发布《司法服务黄河流域生态保护和高质量发展山西倡议》；2024 年，山西高院又在最高人民法院司法服务黄河流域生态保护和高质量发展工作推进会上介绍经验。

长期以来，山西法院的各项工作，特别是环境资源审判工作得到了最高人民法院、中国行为法学会、中华环保联合会以及国内法学学者、新闻媒体和社会各界的大力支持。借此机会，向大家表示最真诚的感谢。今天，我们在这里召开专题研讨会，总结交流生态司法工作经验，积极探索深化新时代“山西生态司法模式”，真诚欢迎大家对山西法院工作多提宝贵意见建议，帮助我们更好地以山西司法的一域之光为加快建设美丽中国全局添彩！

最后，预祝本次研讨会取得圆满成功！祝各位嘉宾工作顺利、生活愉快！谢谢大家！

晋心晋力“最”有印记

——山西法院久久为功的司法实践

（宣传片解说词①）

“万物各得其和以生，各得其养以成”，习近平总书记指出，当人类合理利用、友好保护自然时，自然的回报常常是慷慨的。巍巍太行，远山如黛，草木葳蕤，绿水逶迤，山西法院用司法守护青山绿水，以饱蘸绿意盎然的“笔墨”填充生态底色，让人与自然和谐共生的“只此青绿”画卷永葆生机，法治是不可或缺的永恒底色。

最先锋　黄河流域首个零碳村生态环境司法保护基地

清晨，阳光柔柔地铺满村庄，屋顶上一片片深蓝色的光伏板被依次唤醒，源源不断的电能也随之而来。

【采访】张保民：“自从家里接入光伏直流电，原来的燃油农具就‘下岗’了，干净、方便又省钱。”

2023年，芮城县庄上村荣获第28届联合国气候变化大会“能源转型变革者”奖项。“零碳”理念在基层农村的先行先试，为黄河流域生态司法保护带来了全新的视角。同年3月，运城、渭南、郑州铁路、三门峡市4个中院院长齐聚这里，举行了《晋陕豫黄河金三角区域环境资源审判协作框架协议》会签仪式，构建晋陕豫黄河金三角区域环境资源审判协作机制，成为保护黄河流域生态环境的又一重大举措。

【采访】芮城县法院：“我们平时在工作当中主要是多宣传，做好零碳宣传，做好此类案件的防范，这几年老百姓的意识都有了明显的提高。”

随着涉碳纠纷案件类型、数量进一步增加，运城市中级人民法院借助零碳村生态环境司法保护基地开展巡回审判、生态修复、法治宣传等各项活动，服务实现“双碳”目标。法院干警们进行常态化法治入户宣传时，村民张平定老两口正忙着准备午饭，厨房墙壁上醒目地张贴着“直流插座”的字样，新建的灶台上，电磁灶、电炒锅、电饭锅一应俱全。曾经的土坡土路、垃圾场一去不复返，取暖不烧煤、农机不冒

① 由山西省高级人民法院提供。

烟、屋顶能发电，成为庄上村的新生活方式。

【采访】张平定："原来烧炕全用柴火，家里又脏又乱，现在都用电，空气也好了。现在不管是取暖还是做饭烧水，都用电，可方便了。"

庄上村是山西法院积极作为，创新"保护基地+专业法庭"服务保障的一个生动缩影。此外，山西高院先后在黄河晋陕蒙金三角区、汾河景区、芦芽山、五台山和北武当山等地设立 10 个三级法院环境资源司法保护基地，加强对特定生态功能区的司法保护和系统治理，让每一件案件的办理都能实现"治理一批、影响一片"的良好社会效应。

最执着　"生态包袱"变为"绿色财富"

这是山西省首例环境公益诉讼案件，也是最高人民法院发布的服务黄河流域生态保护和高质量发展典型案例。

【案情介绍】

山西铝业上封赤泥库于 2006 年建成投用，库区占地面积约 120 万平方米，相当于 17 个标准足球场。因为没有按要求封场闭库，严重的粉尘污染对大气、土壤及周围人群的健康造成很大影响。特别是对距离赤泥库仅 1 公里左右的国家级文物保护单位——慧济寺影响很深，强腐蚀性赤泥极有可能会加速这座始建于唐朝的中国传统木结构建筑的老化。

【采访】

人民法院积极引导公益诉讼当事人达成并全面履行赤泥尾矿库封场调解协议，在五年中总投资 1.3 亿余元，助推企业将"生态包袱"转化成高科技、高效能、高质量的新质生产力。昔日沙尘滚滚的尾矿库变成集生态修复、土地再利用、新能源开发为一体的千亩草场，做好了生态环境修复治理的"后半篇文章"。

以最执着的态度助力"生态包袱"变"绿色财富"，2020 年以来，全省法院依法审理非法采矿、非法占用农用地、滥伐林木等环资刑事案件 3094 件；妥善审理用能权、用水权、排污权交易等环资民事案件 13944 件；审理国土空间规划、矿产资源开发利用等环资行政案件 589 件；审理环境公益诉讼和生态环境损害赔偿等相关案件 325 件。环境资源类案件受理、办结数量稳步提升，成为继刑事、民事、行政、知识产权之后的第五大案件类型。

最创新　探索生态环境保护新路径

这是一次法检"两长"同庭履职、共护绿水青山的公开审理，也是一堂离百姓最近的“法治公开课”。这一切，都要从“带血的麝香”讲起……

【案情介绍：通过电网捕杀林麝，导致林麝死亡，盗取麝香 0.6 克。景某东、尚某杰的非法狩猎行为导致野生林麝种群下降，破坏了生态环境的多样性。2023 年 10 月，垣曲法院公开开庭审理了这起案件。而巡回法庭就设置在当地黄河湿地保护公园中】

经依法审理，法院以危害珍贵、濒危野生动物罪分别判处三名被告人一年至九个月不等的有期徒刑，并处罚金。根据《野生动物及其制品价值评估方法》的规定，国家一级保护野生动物，按照所列野生动物基准价值的十倍核算，捕杀两只麝的价值为 6 万元。考虑到被告人对林麝的猎杀造成对生态平衡和物种多样性的损失已无法修复，法院依法判令三名被告人以购买 6 万元同等价值的野生动物保护、救治设备的方式进行替代性修复赔偿。什么是替代性修复赔偿很快成为当地老百姓热议的话题。

【采访群众：无论是工作人员还是老百姓，对这种判决方式都很赞同，从心底里对环境资源和生物多样性的保护开始重视】

垣曲法院大胆创新，突破“一罚了之”的老路，变赔偿款为购买相应的野生动物救治设备、器材，用于对辖区内野生动物的救治，这批设备使用的第二天就救护了一只翅膀受伤的二级保护动物白鹭，让赔偿责任真正发挥了生态作用，取得最佳生态效果。

同样是为了保护，吕梁方山县人民法院把国家重点保护野生动植物的基本信息制作成册，对照标识常见动植物的俗名、学名，入村入户进行法治宣传，教育引导群众辨识身边的珍贵物种。

【采访法官：国家保护动植物名录里的内容，有的和老百姓口头的称呼不一样，老百姓就不知道什么是保护动物和保护植物。我们就把名录里的内容和俗称一一对应，做成册子。让他们形成一种自觉的行为】

“防之于未萌，治之于未发”，北武当生态环境司法保护基地成立了“古树名木司法保护工作点”，认养了 150 岁树龄的桃叶卫矛三级古树，形成行政与司法双层保护。为了变被动为主动，当地法院靠前谋划，邀请林场技术人员组成勘探队，定期在重要生态功能区域进行巡查，对境内“五山一湿地”的物种分布、生长习性以及受破坏程度进行“生态体检”，根据巡查情况向自然资源、水利、林业等部门及各林场和林区周边村委制发 7 份绿色司法建议，并落实到位，生态环境得到及时保护。

【采访法官：我们针对辖区内的古树名木设立了专门的户籍档案，每月对他们进行一次巡视，我们就是想通过实际行动，为古树保护提供有力的司法保障】

最厚重 以法治方式护佑历史文脉

“历史文化遗产承载着中华民族的基因和血脉，不仅属于我们这一代人，也属于子孙万代。”五千年文明看山西，山西现有全国重点文物保护单位总数排全国第一，全省 28027 处古建筑，在数量、质量和年代跨度上都居于全国领先的位置。近年来，山西法院先后设立云冈、应县木塔、平遥古城和五台山文化保护法庭，建立太行古堡司法保护基地，以法治方式护佑历史文脉。

2023 年，阳城县郭峪村将某城集团诉至当地人民法院，法官经过多轮调解未果，法院判决后双方都没有上诉。然而案结不是终点，事了才是目的，北留法庭了解到，郭峪村起诉的真正目的是多分红用于村庄建设和村民生活改善，于是积极联合当地党委政府，组织各方从法理情多方进行调解，最终促成双方达成了一致意见。原告不再申请执行判决内容，被告某城集团则负责出资对郭峪村尚未开发的古城“拆新露旧”，郭峪村这个千年古村落既得到了有效保护，村里的拆迁补偿、村民福利等问题也在萌芽阶段迎刃而解。该案为旅游业蓬勃发展时期的其他拆迁案件起到了良好的引领示范作用，也为郭峪古堡旅游的顺利有序开发打下了良好的基础。

【采访某城集团董事长：太行古堡司法保护基地的设立，帮助我们更好地传承与保护祖先留给我们的文物和文化遗产，进一步弘扬中华优秀传统文化，为我们打造具有地域特色的古堡建筑群提供了保障】

守护黄河安澜，不仅要水清岸绿，更要滋养文化。在《黄河保护法》正式施行一周年之际，山西省两法院发布黄河流域生态环境司法保护典型案例，芮城县人民法院审结的“陈某某、董某某等盗掘古墓葬案”入选最高人民法院环资审判典型案例。

被告人陈某某、董某某等盗挖出青铜鼎、青铜盨、青铜盘及青铜器配件 20 余件。经鉴定，被盗墓葬均系两周时期的墓葬，墓葬被盗造成原墓葬结构的毁坏和遗存物的缺失，对两周历史文化的研究造成不可弥补的损失。涉案青铜器已被追缴，其中青铜盘经鉴定为一级文物。

芮城县人民法院一审判决被告人陈某某、董某某犯盗掘古墓葬罪，分别判处有期徒刑十三年和十二年九个月，并处罚金人民币 20 万元，对二被告人违法所得 14 万元予以追缴。被告人冯某等 4 人的行为均构成窝藏罪，分别判处有期徒刑六个月及拘役缓刑。运城市中级人民法院二审维持原判。

该案的审判彰显了基层人民法院严厉打击破坏古文化遗址和古墓葬行为的决心，以及推进黄河文化遗产系统保护、传承的司法导向。

2019 年 12 月，山西高院环境资源审判庭成立，2020 年年底，全省 11 个中级人民法院已全部成立环境资源审判庭，117 个基层法院均设置了专门审判团队，设立 43 个环资法庭，配备环境资源审判人员 700 余人，在全国率先实现了环境资源审判机构全覆盖，"三合一"审判模式持续深化。

【尾篇】

晋心晋力"最"有印记：

一项项预防性、惩罚性、恢复性司法措施，把法治理念落实在各环节；

一处处法庭、基地，就像忠实的大河守护者，传唱着黄河的故事；

一场场润物无声的宣传教育，让法治信仰的种子扎根于我们每个三晋儿女心里……

"青山常绿，汾水入黄。"

这，是民生之要，更是百姓之盼。

我们始终将人民群众对美好生活的向往作为环境资源审判工作的出发点和落脚点，通过一个个鲜活的司法判例积极回应民生关切，以司法护佑绿水青山，守护山西"表里山河"。

创新“惩治+修复”机制
探索多元生态保护模式

——运城法院守牢汾河入黄最后一道生态司法防线

山西省运城市中级人民法院党组成员、副院长　杜峰彦

近年来，运城两级法院坚持学习贯彻习近平法治思想和习近平生态文明思想，认真贯彻习近平总书记考察运城重要指示精神，在全省率先实行环境资源刑事、民事、行政案件“三合一”审理，率先设立专门环资审判法庭，率先设立司法保护基地，坚持发展与保护并重、防治与修复并举，探索形成“全要素、全方位、全维度”生态环境司法保护模式，提升生态修复的多样化、系统化、法治化和专业化水平，努力以环资审判工作现代化服务助力黄河流域生态保护和高质量发展。

一、全要素拓宽生态环境保护领域

“全要素”就是坚持山水林田湖草沙的系统保护观，立足运城区域“两山三河三湖”，兼顾运城区域历史文物和传统文化遗产的司法保护，在重点区域设立环资法庭、巡回法庭和司法保护基地，实现了黄河流域生态环境全要素的系统保护。

汾河是黄河的第二大支流，其经运城流入黄河，环资审判专业化运行以来，我们首先在汾河入黄口万荣设立荣河环境资源审判庭和“黄河·汾河生态环境司法保护基地”。同时在黄河流经运城的沿线，我们还设立了河津清涧环境资源审判庭、永济蒲津渡文化遗址保护基地、平陆国家黄河湿地司法保护基地、垣曲古城国家湿地公园巡回审判法庭；在汾河流经运城的沿线，我们设立了新绛古堆泉司法保护基地、稷山汾河国家湿地公园司法保护基地。在黄河汾河保护的基础上，我们又进一步拓宽要素，对运城的重要水系、历史文化、低碳发展等进行全系统保护，先后设立盐湖生态和文物巡回法庭和司法保护基地、永济伍姓湖生态保护修复基地、稷山板枣国家公园生态保护基地、闻喜文物法庭、新绛文化保护法庭、芮城庄上村零碳司法保护基地，形成了覆盖河流、流域、湿地、湖泊、森林、文物和黄河文化的一体化司法保护矩阵。

二、全方位丰富生态环境修复模式

“全方位”就是坚持发展和完善刑事、民事、行政“三合一”审判机制，发挥

“1+1+1>3”的生态环境司法保护整体效能。对环境资源刑事、民事、行政案件进行归口管理，在全市 13 个基层法院均设置了环资审判专门团队，实现了全市环资审判机构全覆盖。

运城两级法院充分发挥刑事审判惩治教育功能，在依法追究被告人刑事责任的同时，督促其积极履行生态修复义务；充分发挥民事审判救济和修复功能，将恢复性司法理念贯穿于案件审理全过程，以司法推动受损生态环境得到及时有效修复；充分发挥行政审判监督预防功能，以司法手段督促行政机关依法全面履行监督管理职责，做到保护与监督并重。

通过具体案件的办理，我们将修复范围从传统的林地延伸至矿山、河湖等领域，将修复种类扩展至珍稀动物，实现多层修复、立体保护。在“补种复绿”“增殖放流”等传统模式的基础上，大量适用“砂土回填”“土地复垦”等生态修复模式，探索适用“司法禁止令”“动物救助”保护方式，同时推动修复性司法与社区矫正相衔接。目前形成了以下七种生态修复模式：“补种复绿”林木修复模式、“增殖放流”河湖修复模式、“复垦还耕”农用地修复模式、“司法禁止令”资源保护模式、“技改抵扣”污染防治模式、“砂土回填”矿山修复模式、“动物救助”珍稀动物保护模式。

我们经过系统梳理，和大家分享三个典型案例。

第一个案例：临猗法院审理的非法占用农用地一案，责令被告对涉案三个砂厂矿区损毁土地进行矿区修复，共复垦农用地 103 亩，均为水浇地，目前种植冬小麦。损害地修复方式首先是挖高填低进行场地平整，其次是进行土地翻耕和土壤培肥。对不能本地修复的砂厂，按照占补平衡原则，对废弃的宅基地进行复垦，复垦面积 27. 75 亩，补足了矿区范围内复垦减少的耕地。

第二个案例：垣曲法院审理的危害濒危野生动物案件，探索生态修复赔偿金的使用，用赔偿金购买动物救助设备，用于野生动物观测和救助，建成当天就救助了一只国家二级保护动物白鹭。

第三个案例：新绛法院审理的非法占用农用地案件，及时发出全省首份司法环保禁止令，有效防止了农用地损失扩大。

三、全维度聚合生态环境保护力量

“全维度”就是畅通市域法院、跨地区、跨部门沟通渠道，加强对生态环境的全维度保护，把预防、惩治、治理、修复、保护等各项工作落地落实。

（一）加强市域法院协作交流。2022 年 5 月，运城辖区沿黄八县市法院联合会签《黄河流域生态环境保护司法协作机制框架协议》，建立健全黄河流域（运城段）环境资源审判工作协调机制，形成区域内共同保护黄河的司法合力。2023 年 8 月召开了全市法院环境资源审判现场推进会，发布全市法院环资审判白皮书，2024 年 5 月，在万荣发布全市法院环资审判十大典型案例，促进市域法院环资审判理念交流、业务沟通，有力提升全市法院环境审判工作质量。

（二）加强跨区域司法协作。运城中院发起晋陕豫三省四市中院签署《晋陕豫黄河金三角区域环境资源审判协作框架协议》，构建“环境资源共享、突出问题共治、治理举措共商、协作机制共建”的协作机制，建立审判信息共享，推动跨区域重大问题联席研究，实现黄河流域生态环境跨区域司法保护。与晋城、临汾中院分别签署历山、古堆泉司法协作协议，加强司法协作，定期发布典型案例，提升跨区域生态要素的综合保护效果。

（三）加强跨部门协同共治。秉持“生态优先、绿色发展、统筹谋划、因地制宜、预防优先、注重修复”的原则，与公安局、检察院、黄河河务局、规划和自然资源局、水务局、生态环境局、文化和旅游局、盐湖生态保护与开发中心等成员单位，推动建立协作配合、多元共治的环境治理体系。在案件审理过程中，我们积极介入环境修复工作，加强在生态环境损害调查、鉴定评估、修复治理等工作中的协同配合，共同促进人民法院环境资源案件高效审理和生效裁判执行到位，以法治保障“一泓清水入黄河”，以高质量司法护航黄河流域生态保护和高质量发展。

“绿水青山就是金山银山。”下一步，运城两级法院将坚持以习近平新时代中国特色社会主义思想为指导，全面贯彻落实党的二十届三中全会精神和上级法院的决策部署，以更加积极的态度、创新的精神、务实的作风，不断加强和创新环境资源审判工作，努力为全省、全市生态保护和高质量发展贡献司法力量。

聚法治力量，筑牢文化遗产安全底线

——晋城法院古堡历史文化保护与传承实践

山西省晋城市中级人民法院党组书记、院长　徐尚勇

尊敬的各位领导、同志们：

大家好！

黄河奔流不息，文明绵延不绝。黄河两岸，留存着灿若繁星的文化遗产。“五千年历史看山西”，山西省历史文物遗存丰富，而晋城——这座被誉为“古建博物馆”的城市，共有 72 处国保单位，现存古堡 117 处，被誉为“中华民居之瑰宝”“东方古堡的典范”。太行古堡作为我国三大古堡群之一，在经历了几百年的风雨沧桑后，依然巍然屹立。2019 年，首届东西方古堡对话连通欧洲与晋城。2024 年 9 月 12 日，习近平总书记在主持召开全面推动黄河流域生态保护和高质量发展座谈会上强调，黄河流域是中华民族和中华文明的重要发祥地，要保护弘扬黄河文化，加强对文化遗产和自然遗产的整体性、系统性保护。新时代新征程中，加强生态环境司法保护，提升文物保护管理与利用法治化水平，是人民法院共同的责任和使命。

近年来，晋城法院认真践行习近平生态文明思想，深化环境司法改革创新，充分发挥司法力量，保护黄河文化，延续城市文脉，守护古城记忆，为打造具有文化特征、地域特色的古堡古村建筑群提供有力的司法服务和保障。

一是创新工作机制，构建古堡司法保护体系。晋城法院坚持传承、保护、服务并重，积极探索古堡多元司法保护方式。树牢保护预防优先的理念，明代的“申明亭”如今焕发生机，阳城法院在古堡集聚的皇城村、郭峪村设立法官工作室，新“亭长”们及时跟进调处古堡保护中产生的矛盾纠纷。设立省级“山西 · 太行古堡司法保护基地”，2023 年 12 月，山西高院、晋城中院、阳城法院在古堡聚集地阳城县皇城村共同设立集环资审判、文物文化保护、法治教育和志愿服务于一体的“山西 · 太行古堡司法保护基地”，为文旅康养产业发展、文物保护利用提供稳定的法治环境。建立文化遗产保护联络员制度，依托“一乡镇一法官”，由员额法官担任辖区内古堡文化保护司法联络员，集中调处涉文化遗产保护相关纠纷。提升文化遗产保护宣传效果，加强

对涉古堡保护与利用典型案例的收集、整理、发布工作，建设集成果展示、文化推广、保护体验、法治宣传于一体的司法教育基地。

二是彰显司法职能，打造特色司法保护品牌。晋城中院切实筑牢文化遗产保护法治屏障，构建“一点一审一解一书”古堡司法保护品牌。确定涉古堡案件集中审判点，阳城法院出台《古堡案件“三合一”集中审判的实施意见》，将古堡群所在地北留法庭确定为“古堡司法保护集中审判点”，由北留法庭统一审理涉古堡类刑事、民事、行政案件，积极打造“传统+特色”专业审判法庭，擦亮“阳城古堡守护神”法治文化品牌。依法严惩侵害文物犯罪活动，充分发挥刑事司法审判职能，保持对涉文物犯罪活动的高压态势。陵川法院审理的焦某卫等 14 人盗窃文物、掩饰、隐瞒犯罪所得案入选最高法院依法保护文物和文化遗产典型案例，被录入人民法院案例库。坚持涉古堡矛盾纠纷实质化解，通过立审执协作、诉调合力、依托党委、府院联动等工作措施，全面提升古堡司法保护水平。郭峪古城、皇城相府相距 300 米，本应连片发展。2023 年，郭峪村委起诉皇城相府要求行使股东知情权。为实质性化解纠纷，阳城法院主动启动执前调处机制，成功促成当事人达成一致协议，由“皇城相府”帮扶“郭峪古城”实现发展，从相府“一枝独秀”到如今“古堡连片”，司法助力古堡资源优势成效明显。主动延伸司法触角，妥善化解涉古堡保护与开发民商事纠纷，促进文化遗产与经济社会有机融合，持续创优法治化营商环境。阳城法院针对审理天官王府景区开发案件过程中发现的问题，首次提出古堡保护司法建议，为其他古堡管理人提供参考和指引，也为其他古堡旅游开发的顺利有序进行打下良好基础。

三是深化联动协作，凝聚生态环境保护合力。晋城积极推进环境司法裁判规则体系和审判专业化的建设发展，努力用最严格的制度、最严密的法治筑牢环境资源司法保护屏障。全力践行“绿水青山就是金山银山”理念，深入推进环资案件“三合一”工作，选任法院精干力量组成环境资源法庭，聘任 20 名环境资源专家担任专业人民陪审员，建立跨区域、跨部门生态环资保护执法司法联动协作、信息共享机制和联席会议制度，构筑生态环境资源司法保障屏障。充分发挥景区法庭的前哨作用，在各县区设立环境资源法庭和法官工作站，建设 4 个生态环境司法保护基地，沁水法院与垣曲、翼城法院签订《历山环境资源审判协作框架协议》，陵川法院与县检察院、县公安局、县水务局共同签署《磨河水源地环境（水）资源司法与行政执法联动协同合作框架协议》，揭牌成立“磨河水源地司法联动保护站”，一体守护自然瑰宝。坚持惩防与恢复并举，陵川法院在被破坏的白土沟林地宣判盗窃油松案件，并设立集普法、警示、修复于一体的“白土沟林地生态修复司法保护（教育）基地”，该案例被全国 46 家媒体刊载；沁水法院在审结六人盗窃林木案后，在补植补种地设置“沁法教化林”；市中院审理的某环保协会诉山西某煤化公司生态环境保护民事公益诉讼案入选 2024 年山西高院环境资源审判典型案例。

习近平总书记强调，要扎实实施黄河流域生态保护和高质量发展国家战略。晋城两级法院将坚持以习近平新时代中国特色社会主义思想为指导，积极履行环境资源审判职能，不断加强和创新环境资源审判工作，把加强文物和文化遗产保护作为晋城法院忠诚担当、履职尽责的重要方面，以实际行动不断织密历史文化遗产司法“保护网”，努力打造古堡文物和文化遗产保护的“晋城样板”，为擦亮“东方古堡、人间晋城，云锦太行、诗画晋城”的城市品牌作出新的、更大的贡献。

从“治已病”到“治未病”

——建立预防性生态司法保障机制

山西省吕梁市中级人民法院党组书记、院长　刘勇飞

近年来，吕梁法院认真贯彻落实习近平生态文明思想，秉持“生态优先、绿色发展、保护优先、预防为主、共建共享、协同共治”原则，积极探索“抓前端、治未病”新路径，建立预防性司法保障机制，促进黄河流域生态环境一体保护和修复。2024年5月，在最高人民法院黄河工作推进会上，吕梁中院作为四家中院代表之一作经验交流，受到与会领导的充分肯定。近日，吕梁中院环资审判经验作为吕梁市平安建设经验被中央政法委《长安》杂志刊发推广。现将相关工作汇报如下。

一、布局环资矩阵，用司法智慧筑牢生态安全

一是立足审判主业，筑牢环境污染“防护堤”。贯彻“早干预、早介入”的预防性法治理念，推进环资审判“三审合一”模式。因地制宜在碛口、刘胡兰、蔚汾、峪口、孝义开发区设立五个环资法庭，不断提升环资审判专业化水平，构建“司法调解+诉源治理”机制，推动法律干预的时间节点从末端审判环节转移到前端治理环节，从源头遏制环境污染和生态破坏，现已分流化解涉环境矛盾纠纷112件。

二是设立保护基地，守好生态治理“前哨岗”。积极践行《司法服务黄河流域生态保护和高质量发展山西倡议》，以黄河干流和入黄支流生态文化保护为重点，先后设立吕梁·北武当生态环境司法保护、黄河司法保护、红色文化资源保护三大基地，打造集法治宣传、环保教育、生态修复、环资审判于一体的司法保护平台。通过定期开展巡回审判和普法宣传，充分发挥基地在前瞻治理、前期防控上的积极功能，预防性司法干预体系进一步完善。

三是延伸司法职能，架起司法为民“连心桥”。针对群众对野生动植物保护认识模糊等情形，将司法关口前移，对辖区“五山一湿地”进行“生态体检”，对发现的过度放牧、水污染等问题，向相关部门发出司法建议，深度参与社会治理，堵塞制度漏洞，提高群众法治意识，实现以最小成本、最快实效防患于未然，从源头解决环境损害问题。这一做法被人民网、《人民法院报》专题报道。

四是突出党建引领，把好环资工作“方向盘”。推行“党建+环资”模式，开展“凝聚党建红、共建法官林、厚植生态绿”“护河有我　志愿先行”等主题党日公益活动，构建“组织引领、党员示范、群众参与”的强大合力，将人与自然和谐共生的现代化理念内化于心、外化于环资审判工作全过程，以实际行动擦亮美丽幸福吕梁生态底色。

二、强化跨域协作，以为民之责深化协同综治

践行“双赢多赢共赢”理念，以系统协作交流为抓手、跨部门合作为基石、府院联动为动能，力求环境资源保护“满盘皆活”，将生态环境司法保护提前至事中事前。

一是建立跨区域协作机制。分别与陕西佳县法院、山西忻州中院建立跨区域环境资源审判协作机制，形成生态环境资源审判双城保护协作机制，实现重大信息互通共享，共同提升执法办案水平。

二是建立跨部门联动机制。与检察机关联合发出《司法保护令》、出台《古树名木司法保护协调联动机制》、设立“古树木司法保护工作点”，促进古树保护源头治理、依法治理。聘请环保、林业、水利等领域的专业技术人员为技术调查官，为环资审判提供技术支持。联合环保部门召开护航黄河中游生态保护和高质量发展联席会议，形成多元共治大格局。

三是建立公益诉讼预防机制。发挥预防性公益诉讼作用，作出“禁止令”“保护令”“协助执行通知书”，将环境损害降到最低。综合运用劳务代偿、补植复绿等方式，将严惩犯罪与生态治理、刑事与民事责任、惩罚与预防有机结合，全方位立体式修复生态环境。成功调解三起生态环境公益诉讼案件，履行环境损害赔偿金3500余万元，实现“三个效果”有机统一。向财政局发送工作联系函，解决环境公益诉讼赔偿金履行堵点问题。

三、创新宣传形式，为生态保护营造浓厚氛围

一是以巡回审判“小案件”诠释环境保护“大道理”。将某污水处理公司不服吕梁市生态环境保护局罚款行政案件的庭审地点设在生态环境保护局，并邀请污水排放企业旁听，取得了“审理一案、教育一片”的效果。

二是借群众身边“小案例”发挥法治教育“大作用”。白某盗掘古脊椎动物化石罪一案，是山西首例盗掘古脊椎动物化石刑事案件，该案与另一起非法采矿案，同时入选中央电视台《法治深壹度》栏目推出的《依法治水　共护黄河》系列节目，切实提高群众保护生态意识，起到了保护黄河流域文化、防范水土流失的重要作用。

三是让保护环境“小举动”融入生态治理“大作为”。通过制作《共护文水之水共享文水之美》《一位年轻法官的黄河情》等短视频，打造环保法治教育新阵地，引导群众树牢生态文明理念。将国家重点保护野生动物信息制作成册，入村、入企、入户进行宣传。划定专门区域对重点保护植物进行幼苗培育，并辅以司法标识提示，确保群众准确识别，推动涉森林资源犯罪“防之于未萌，治之于未发”。

下一步，吕梁法院将坚持以习近平生态文明思想为统领，坚持以服务大局为根本，在强化协调联动上下功夫，推进环境预防性司法理念与环境修复性司法理念共建、共治、共享，将环境资源审判职能与当地自然资源及人文景观相结合，坚持产业发展与生态环境保护并重、案件审理与诉源治理并举，促进汾酒文化保护法庭等的全面建设，持续推动环资审判工作取得新成绩、再上新台阶。

践行恢复性司法理念 防范化解区域重大风险

山西省忻州市中级人民法院党组书记、院长　栗向东

习近平总书记深刻指出："防范化解重大风险，是各级党委、政府和领导干部的政治职责，大家要坚持守土有责、守土尽责，把防范化解重大风险工作做实做细做好。"① 在2023年召开的全国生态环境保护大会上，习近平总书记强调："要始终坚持用最严格制度最严密法治保护生态环境。"防范化解重大风险既是人民法院的重大政治责任，也是人民法院履行职能的必然要求。

近年来，忻州中院坚持以习近平新时代中国特色社会主义思想为指导，深入学习贯彻习近平法治思想和习近平生态文明思想，依法妥善审理了全省首例环境民事公益诉讼案——北京市朝阳区某环境研究所诉某铝业有限公司大气污染公益诉讼案，有效化解了一起区域重大生态安全风险。2024年5月，该案入选人民法院司法服务黄河流域生态保护和高质量发展十大典型案例。最高人民法院认为，本案是人民法院积极能动履职，做实生态环境修复治理"后半篇文章"，服务黄河流域生态环境保护和支撑高质量发展的典型案例，具有良好示范效应。

一、案例简介

某铝业有限公司是国家电投集团旗下氧化铝生产经营骨干企业，设计年产量290万吨。该公司自2006年起陆续将氧化铝生产过程中产生的废弃物赤泥堆积于原平市上封村的赤泥库。该赤泥库总占地面积1840亩，总库容1664.3万立方米，2013年进入停用状态。赤泥库采取露天堆放，赤泥表面干燥后在风季易形成扬尘，造成严重大气污染。2016年8月，北京市朝阳区某环境研究所将该公司诉至忻州中院，请求判令消除危险等。

在审理过程中，我们综合考量案涉赤泥库规模、防尘措施、危险程度等因素，主动引入技术专家对赤泥库封场进行充分论证，引导双方于2018年11月达成以消除生

① 参见《习近平在省部级主要领导干部坚持底线思维着力防范化解重大风险专题研讨班开班式上发表重要讲话》，载中国政府网，https：//www.gov.cn/xinwen/2019-01/21/content_ 5359898.htm，最后访问时间：2025年1月8日。

态环境风险为目的的调解协议。该调解协议确定，某铝业公司按照国家安全生产监督要求，五年内完成赤泥库封场。调解协议同时明确了封场期间采取的环境污染防范措施、不能封场时的替代方案及执行恢复效果评估等。中院经审查认为，该调解协议符合法律规定和保护社会公共利益要求，依法公告并出具调解书予以确认。结案后中院定期进行现场回访，督促公司制订封场方案并按期推进，持续跟踪修复进度。公司经多次实验、地勘、设计、论证，最终确定了修复方案并及时开工建设。封场项目总投资 1.3 亿余元，主要包括赤泥处理及灰渣找坡 197 万立方米、新建排水系统 4 套、覆土 38 万立方米、铺设防渗膜及绿化面积 85.5 万平方米。经过不懈努力，2023 年 11 月，项目历时五年竣工并通过相关部门的安全及环评验收，达到了危险消除、功能恢复的效果，法律文书确定的内容全部履行完毕。

昔日沙尘滚滚的尾矿库变成了集生态修复、土地再利用、新能源开发于一体的千亩草场，公司的生态包袱转化成了具有高科技、高效能、高质量特征的新质生产力，成为全国铝行业赤泥库污染治理和生态恢复的标杆。2024 年 5 月 29 日，张军院长在最高人民法院贯彻实施《黄河保护法》暨司法服务黄河流域生态保护和高质量发展工作推进会上对该案给予充分肯定，要求各地法院在审判工作中学习借鉴。2024 年 6 月 5 日，在第 53 个世界环境日之际，省高院党组书记、院长冯军实地调研了赤泥库生态修复示范基地和山西铝业公司，指出该案是山西法院深化理念变革，积极主动作为，持续做实生态环境保护与修复，引导企业调整优化产业布局，统筹推进环境高水平保护、助力经济高质量发展的一次生动实践。

二、主要做法

本案审理过程中，忻州中院紧紧依靠党委的坚强领导和上级法院的监督指导，积极践行人民法院的使命与担当，扎实做好生态修复治理“后半篇文章”，实现了双赢多赢共赢的办案效果。

（一）依法履职尽责，推进生态环境保护法治化。牢记“国之大者”，将服务黄河流域生态保护和高质量发展作为践行“两个维护”的政治责任、促推良法善治的法治责任、严格公正司法的审判责任。在原、被告初次达成“付钱但不封场”和解协议后，未局限于就案办案，而是经综合考量，对双方的和解协议不予确认，并结合专家意见，依法引导双方重新达成了以封场为前提的调解协议，有效化解大气污染风险，保障了区域生态安全。

（二）注重协作联动，推进生态环境保护规范化。审理过程中，中院多次就审理中的难点问题和专业问题，向最高院、省高院进行汇报。主动邀请环境资源专家深入赤泥库进行现场勘察，提出专家论证意见，为案件审理提供专业化、科学化依据。针对周边居民提出的“污染水源”问题，合议庭法官从相关部门调取数据，证明并未涉及地下水污染，摆事实、讲道理，打消群众疑虑。同时做好与有关部门治理规划的衔接，明确库区生态恢复治理标准和技术规范，严格落实治理措施，高标准、高质量完成赤泥库生态恢复治理工作。

（三）强化监督指导，推进生态环境保护常态化。为确保环境公益诉讼裁判结果落地生根，中院把“时时放心不下”的责任感转化为“事事心中有底”的行动力，五年来坚持不懈，多次实地查看厂区、赤泥库，听取公司负责人封场进展情况介绍，就修复治理与有关部门人员进行座谈交流，持续跟踪问效，督促当事人履行调解协议，确保案结事了、成效巩固，真正将新时代生态文明建设的要求落到实处。

（四）融入社会治理，推进生态环境保护多元化。中院坚持把法治思维和法治方式作为防范化解重大风险的根本方式，努力践行“恢复性司法实践+社会化综合治理”机制，设立了“赤泥库生态修复示范基地”，该基地将成为集生态修复、执法办案、理论调研、法治宣传等功能于一体的环资司法实践新高地。目前，铝业公司已完成技术革新，改进提升了尾矿工艺，同时在赤泥库上开展经济作物种植以及光伏发电等新能源建设项目，努力实现生态环境保护和经济高质量发展的双赢。

近年来，忻州法院坚持以人民为中心，充分发挥环境资源审判职能，努力为美丽山西建设提供有力的司法服务和保障。2022 年以来，省市县三级法院共同设立了汾河源、河曲黄河湿地、芦芽山生物多样性、五台山生态环境等 4 个司法保护基地。2022 年 6 月，由五台县人民法院一审、忻州中院二审审理的安某某等 54 人诉五台县某村民委员会及第三人确认林地承包合同效力纠纷案入选人民法院审理森林资源民事纠纷十大典型案例。中院环境资源审判庭被评为“全国法院先进集体”。

下一步，忻州法院将牢牢把握高质量发展首要任务，紧扣以审判工作现代化支撑和服务中国式现代化履职尽责，努力在更高水平、更广领域、更深层次上谋划和推进环境资源审判工作，为奋力谱写中国式现代化山西篇章作出新的、更大的贡献！

加强文物司法保护　赓续历史文化血脉

山西省临汾市中级人民法院党组成员、副院长　贺洁

临汾市地处黄河中游，是中华民族和中华文明的重要发祥地之一，历史悠久，文化灿烂，拥有丰富的历史遗迹和文化遗产，被称为“最初中国”。临汾中院党组坚持以习近平生态文明思想和习近平法治思想为指引，认真落实最高法院、省高院环资审判工作部署，自觉扛起历史文化遗产保护传承的政治责任，统筹推进文物司法保护，以高质量司法服务保障全市生态保护和绿色发展。

2022 年 8 月，最高人民法院副院长杨临萍莅临临汾，就黄河流域生态司法保护调研指导，并召开四级法院座谈会。2024 年 4 月，中国行为法学会来临汾调研，对我们抓好环资审判工作提出了很好的意见建议。2024 年 8 月，临汾中院环资庭被评为“山西法院环资审判工作先进集体”。围绕这次研讨会的主题，现将临汾法院文物保护工作主要情况汇报如下：

一、严惩文物犯罪，筑牢文物保护屏障

近年来，涉文物犯罪活动多发，对国家文物安全保护造成严重影响。临汾两级法院提高政治站位，突出工作重点，依法严厉惩处涉文物犯罪。张某建等 11 人在 2013 年至 2016 年，多次在全国重点文物保护单位——襄汾县陶寺北古墓葬群盗掘古墓葬 14 座，出土文物多为东周时期的青铜器，倒卖后获利达 834 万余元。临汾中院认定该案犯罪行为造成国家珍贵文物流失严重、社会危害性极大，依法从严判处被告人张某建等 11 人有期徒刑十五年至一年六个月不等，并处罚金。该案被最高人民法院评为中国环境资源审判年度典型案例，并于 2024 年入选《人民法院案例库》。自 2022 年 6 月环资审判“三合一”实质化运行至今，临汾两级法院共受理涉文物保护类案件 80 件，有效打击了文物犯罪，保护了国家文化遗产。

面对涉文物保护类刑事案件在多发的情况，临汾中院高度重视，精心安排，统筹部署，做实对基层法院涉文物保护类案件条线指导工作。2023 年至今，临汾中院指导基层法院审理该类型案件 28 件，涉及被告人 80 人，并对其中 12 案 44 名定性不准、量刑不当的案件提出了指导建议。

二、完善工作机制，守护历史文化遗产

习近平总书记指出：“保护好、传承好历史文化遗产是对历史负责、对人民负责。”党的二十大报告提出：“加大文物和文化遗产保护力度，加强城乡建设中历史文化保护传承。”临汾中院坚持“敬畏历史、敬畏文化、敬畏生态”的理念，2022年以来，在省高院的大力支持下，围绕市委工作部署，聚焦“三大板块”“两山七河一流域”生态司法保护，相继成立了一批文物保护、环境资源审判等特色人民法庭和生态司法保护站。

“曲村——天马遗址”被国务院确定为第四批全国重点文物保护单位，入选全国“百年百大考古发现”，我们在曲沃法院成立了晋国文物保护法庭，已审理了一批破坏文物类案件，如刘某、李某等人多次在“曲村——天马遗址”盗掘古墓葬，被判处有期徒刑十四年至七年不等，并处罚金。通过案件的公开审理、公开宣判在当地产生了强大震慑。在襄汾县法院成立丁陶遗址保护法庭，有效发挥了人民法庭在文物保护工作中的前沿阵地作用。同时，临汾中院在洪洞县法院成立霍泉水资源司法保护站，助推霍泉灌溉工程成功入选2023年“世界灌溉工程遗产”名录。

临汾是沿黄沿汾重叠区，临汾法院加大对黄河、汾河流域的生态保护力度。2023年8月，临汾中院设立了“临汾 · 汾河生态司法保护基地”，临汾市沿汾河的6家基层法院联合签署了《临汾市汾河流域生态司法保护和司法服务高质量发展框架协议》。2024年8月，在永和县乾坤湾设立了“临汾 · 黄河生态司法保护基地”。同时，助推尧都区法院成立龙子祠泉水资源司法保护站、乡宁县法院成立沿黄生态资源司法保护站、翼城县法院成立历山生态环境司法保护站。临汾中院还组织召开法院、检察、公安、生态环境等十部门座谈会，联合出台了《关于建立环资行政执法与司法保护有效衔接机制的实施意见》，促成了市财政局生态修复补偿资金账户的设立。

三、保护文物古建，助推文旅融合发展

临汾文物古建星罗棋布。2024年8月，国产单机游戏《黑神话 · 悟空》游戏中的取景地也成为旅游热点。其取景地位于隰县西凤凰山巅的千佛庵，又名小西天，其大雄宝殿内的1900多尊彩塑作品，经历近四百年仍完整如新，被誉为“中国悬塑艺术博物馆”。国庆假期，小西天景区游客数量持续攀高，不断刷新纪录。在“悟空热”带来的“泼天流量”中，隰县法院和驻小西天景区法官工作站找准旅游和法治的结合点，向广大游客讲解旅途中可能涉及的纠纷以及化解方法，同时宣讲依法保护文物的重要意义，让游客不但“游”法可依，而且在珍视敬畏中坚定文化自信。

洪洞广胜寺飞虹琉璃塔是电视剧《西游记》唐僧扫塔、游戏《黑神话 · 悟空》的

取景地，其精美绝伦引得八方游客慕名而来。临汾大云寺因金顶宝塔内供奉一尊唐代铁铸释迦牟尼佛佛头而被称为“铁佛寺”，铁佛寺也因“悟空热”开启对外参观。尧都区法院河西法庭和洪洞法院广胜寺景区文物司法保护站主动作为，为游客提供高质量司法服务，发布了景区司法保护令，明确指出参观中的注意事项和禁止事项，为国家文物保护提供了法治“护身符”。同时与历史文物保护相关单位积极联动，开展巡回审判、生态法治宣传等系列活动，助力文化遗产代代相传，以实际行动留住文化根脉、守住民族之魂。

很荣幸能够在“深化新时代山西生态司法模式”研讨会上汇报临汾法院的工作实践和体会。风好正是扬帆时，奋楫逐浪天地宽。下一步，临汾法院要认真贯彻落实这次研讨会精神，积极学习兄弟法院的好经验、好做法，按照最高法院、省高院的安排部署，以更宽视野、更大力度、更实举措谋划和推进环境资源审判工作，努力提高生态司法保护工作水平，以高质量司法唱响新时代“山西好风光”！

江必新同志
在“深化新时代山西生态司法模式”研讨会上的演讲

各位领导和专家，大家上午好：

这是一次有意义的研讨会。感谢研讨会主办方的邀请，让我发表主旨演讲。

这次到山西，会前我实地考察了山西大同、朔州 2 个地市生态环境保护单位，听取了开展生态司法工作的情况。刚才听取了山西高院以及有关中院的经验介绍，这些经验内容丰富、成效突出，值得学习借鉴。

根据会议的议题，我主要讲两个方面的问题。

第一，关于对山西省法院环资审判工作经验的总体评价

我认为，山西法院生态司法经验具有九个特点：

一是全域性。山西法院环境司法在各个领域都开展了深入的实践研究和理论探讨。山西省具有区域特殊性和资源禀赋的条件，其境内既有黄河、汾河流域治理，也有沙漠治理，还有文物保护，全省从南到北各种类型都有，各个方面都有覆盖，所以是全域性的，这在全国也不多见。

二是专业性。山西法院环资审判在全省做到了全覆盖，并且实现了专业化审判。

三是协同性。山西各个法院、各项审判、各个庭审之间的合作，协同一致，形成了整体合力。

四是创新性。山西法院坚持理念、机制创新、管理创新，创造了富有特色的做法，难能可贵。

五是融合性。山西法院的环境资源审判与刑事审判、民事审判、行政审判以及公益诉讼都进行了很好的融合。

六是预防性。山西法院认真贯彻习近平总书记关于“治未病”的要求，在开展环境资源审判工作过程中，坚持既治标，又治本，开拓了审判服务的新领域。

七是恢复性。山西法院牢固树立恢复性司法理念，采取了一系列恢复性的措施，收到了良好的效果。

八是全周期性。山西法院环境资源审判工作从立案、审理到裁判的执行，环环相扣，呈现全周期性。

九是效能性。山西法院环资审判突出了效能性，为经济高质量发展和经济转型提供了良好的司法服务。

第二，关于做好生态司法工作的几点期望

在新的形势下，要正确处理好“十个关系”。

一是处理好保护生态环境与促进经济发展的关系。客观地说，“金山银山”和“绿水青山”之间，从唯物主义的角度讲是要有条件的，要处理好这个问题，在保护生态环境时一定要考虑到经济发展，要尽可能地减少对生态环境所产生的“负面”影响。要与经济发展相向而行，协调好两者之间的关系。

二是处理好严格执法与规范文明执法的关系。习近平总书记强调要用严格的制度、严密的法治，来保障生态环境。这是必须坚持的，不能有“暗门”。在环境资源审判中，要处理好两者的关系。对于主观恶意的、故意的、采取欺诈的手段违法犯罪的行为，要严格执法。但是对于那些过失的违法行为，如个人种的树，未经批准，自己砍伐，如果硬性判刑，恐怕社会影响不好。因此执法过程中，要讲究政策，不一定非要判刑。要从恢复性工作着手，确定赔偿损失，并且计算到长远，加大赔偿责任。另外，让违法犯罪分子真诚地悔改，现身说法，服劳役等，宽严相济，采取多种方法，达到最好的法律效果。

三是处理好制裁处罚与修复补偿的关系。对于环境资源的破坏和损害行为，惩罚不是目的，最终的目的是进行恢复，以还生态环境的本来面目。所以许多的法律制裁，要通过恢复性的方式来保护环境，赔偿的方式是可以多种多样的，应当积极探索，山西法院在这方面进行了积极的实践，并且取得了明显的效果。

四是处理好合法性与科学性的关系。环境资源审判是一项专业性很强的审判工作，涉及许多门类的科学知识，我们认识大自然是多样性的，大自然的规律我们没有完全掌握。因此，在环境资源审判工作中，要尊重自然规律，善于学习，探索实践，作出的裁判意见不仅要合法，也要科学，在科学的基础上实现合法。延伸司法责任，恪守司法权限的关系。适当地延伸司法职能是可以的，但是一定要恪守自己的司法权限。

五是处理好延伸司法职能与恪守司法职责的关系。总的来说，两者是相辅相成的关系，审判权的本质是一种司法判断权，判断对象是争讼事项，判断行为采用诉讼方式，判断基础以证据为依据，判断标准以法律为准绳，判断结果为裁判终局，具有中立的属性。但是司法裁判不仅要解决个案问题，还承担着引领社会、推动法治进步的重要职责。环境资源审判在这方面显得尤为突出，要把握好延伸审判范围与边界的界限，有所为、有所不为。要学习借鉴山西法院环境资源审判的成功经验。

六是处理好提升审判质效与促进公共法律服务水平的关系。当前，由于种种原因，在公共法律市场服务中存在一些问题，如司法鉴定、涉案评估等，成为影响审判质效的不可忽视的因素。鉴定、评估等涉及很多的专业知识，对其监管不仅是司法行政部门的事情，要建立统一的立法和统一的规则来解决，同时司法机关也要通过自身的机制来提高办案效率，提升办案质量。

七是处理好前端治理“治未病”与防范风险、降低治理成本的关系。既要重视综合治理、系统治理，“对症下药”，更要注重因地制宜，对重大风险、涉及人民生命财产的和国家财产纠纷案件的处理，在审判中，一定要体现精准化、类型化，注意效力，把握分寸，降低治理成本，避免负面效应。

八是处理好审判质量与执行工作的关系。在环资审判中，赔偿资金的执行和使用，是应当重视和解决的问题。例如，赔偿资金放在什么地方？使用过程中怎样执行？谁来监督？山西法院在这方面进行了积极探索。但是从根本上来说，这个问题应该由全国人大或者是专门的组织来专门研究。

九是处理好生态司法一般规律与特殊规律的关系。开展环境资源审判已经历时十年多，环资审判从无到有，从小到大，成为人民法院的一项重要审判工作。下一步，要探索研究环境资源审判工作的规律，既要抓共性问题，也要抓特性问题，突出问题导向，注重解决环境资源审判的“短板”。

十是处理好做好环资审判工作与练好内功、提高执法素质的关系。生态环境发展日新月异，新技术层出不穷，给环资审判提出了新的要求，环资审判法官不仅要懂法律，而且要适应新变化，加强生态环境专业知识的教育培训，提高执法能力和执法水平。

孙佑海同志
在“深化新时代山西生态司法模式”研讨会上的演讲

同志们，大家好：

山西历史悠久，文化灿烂，名人辈出，是华夏文明的重要发祥地之一，被誉为华夏文明的摇篮。

近年来，在生态文明建设和环境资源审判方面，山西法院创建了独特的山西生态司法模式，开创了我国环境资源审判的新篇章，我们要认真学习，努力从中汲取新的司法智慧和生态环境审判的理论。我非常佩服生态环境法治研究专业委员会王少南会长的典型抓得好，经验总结得好。

根据会议的要求，我着重向大家介绍一下生态环境法典的编纂的情况。

第一个问题，编纂生态环境法典的背景

党的二十大报告在“坚持全面依法治国，推进法治中国建设”部分，明确提出了“统筹立改废释纂，增强立法系统性、整体性、协同性、时效性”的重要要求。2020年，习近平总书记在中央全面依法治国工作会议上指出：“民法典为其他领域立法法典化提供了很好的范例，要总结编纂民法典的经验，适时推动条件成熟的立法领域法典编纂工作。”2021年、2022年，全国人大常委会在立法工作计划和常委会工作报告中对启动环境法典编纂研究工作和推进法典编纂工作进行了部署。这充分表明，编纂环境法典已经从设想变为现实。当代中国，有习近平生态文明思想和习近平法治思想奠定坚实政治基础，有“建设人与自然和谐共生的现代化”的时代呼唤，有优化完善现行生态环保法律体系的内在动力，有长期环境法学理论研究成果的积累与支撑，环境法典的编纂条件已经成熟。

第二个问题，关于生态环境法典编纂的必要性

近年来，我国生态环境领域立法进程加快，相关法律达到30多部，行政法规100余部、地方性法规1000余部。现阶段已经形成了以环境保护法为引领，由污染防治法、生态保护法和自然资源法构成的环境法律规范体系。随着我国生态环境立法进程的加快，也暴露出一些问题。一是立法重复。《环境保护法》与各单项环境污染防治法存在条文重复。同时，环境保护单行法之间以及环境保护中央立法与地方立法之间也存在大量"竞合"。二是立法分散。由于采用分散式立法模式，不同的生态环境要素分属不同的部门管理，现行的生态环境保护法律被分割成许多规范、制度，互相之间缺乏有机联系。污染防治法、生态保护法与自然资源法构成生态环境保护法律的主体类型。按照生态环境要素（如水、大气、土地、森林和物种等）进行划分并单独立法。分散式立法使得立法调整的生态环境要素与生态系统之间的耦合性被人为割裂。三是立法冲突。我国生态环境立法在立法概念、立法价值以及条文规定上存在不一致甚至抵触的情形。例如，《水污染防治法》与《水法》在入河排污口的监督管理上，都确立了污染物总量控制制度，但它们在污染物的种类、适用范围等方面的规定不尽相同。再如，《环境保护法》第四十二条第三款规定了"重点排污单位"的监测义务，在《水污染防治法》中也统称为"重点排污单位"，但是《土壤污染防治法》中使用的是"重点监管单位"。四是环境立法空白。我国环境立法在光污染、新污染物等问题的防治上尚存在立法空白。在光污染方面，城市超高层建筑存在玻璃反光的问题，但现行立法中很难找到对光污染的规制依据；在新污染物治理方面，新污染物是指"排放到环境中的具有生物毒性、环境持久性、生物累积性等特征，对生态环境或者人体健康存在较大风险，但尚未纳入管理或现有管理措施不足的有毒有害化学物质"，新污染物是我国环境治理面临的重要问题。党的二十届三中全会通过的《中共中央关于进一步全面深化改革　推进中国式现代化的决定》也明确提出："建立新污染物协同治理和环境风险管控体系。"但当前我国立法鲜有以新污染物为规制对象的立法、新污染物环境风险管控法律，这决定了生态环境法典编纂的必要性。

上述生态环境法律体系中的各单行法在立法目的上不尽相同，具体内容上也存在相互抵触之处。编纂生态环境法典能够系统整合我国生态环境保护法律制度体系，消除其内部矛盾冲突，理顺不同层级立法之间的分工和位阶关系，实现生态环境保护法律体系内各规范、各制度之间的逻辑一致，从而更好地运用法治思维和法治方式保障生态文明建设稳步推进。

第三个问题，关于生态环境法典编纂的过程与现状

2021 年 4 月 24 日，全国人大常委会公布立法计划，提出"研究启动环境法典、教育法典、行政基本法典等条件成熟的行政立法领域的法典编纂工作"。2023 年 9 月 8 日，十四届全国人大常委会立法规划提出，积极研究推进环境（生态环境）法典和其他条件成熟领域的法典编纂工作。2024 年 5 月 8 日，全国人大常委会公布 2024 年度立法工作计划。根据该工作计划，将扎实推进生态环境法典编纂工作，深入贯彻习近平生态文明思想和习近平法治思想，加强组织领导，密切协作配合，广泛吸纳民意、汇集民智，对现行生态环境法律制度规范进行系统整合、编订纂修，形成高质量的生态环境法典草案，力争年内提请审议。

目前，全国人大已经成立环境法典编纂专班，有关工作涉及多个相关部门，如生态环境部负责污染防治、法律责任相关的编纂工作，并组织了专班；自然资源部、国家林草局等部门均组织专门团队来负责环境法典编纂工作，所以多个部门都在相互配合。

2020 年 5 月 28 日，十三届全国人大三次会议表决通过了《民法典》，这是中华人民共和国成立以来第一部以“法典”命名的法律，是新时代我国社会主义法治建设的重大成果。党的二十大报告提出，统筹立改废释纂，增强立法系统性、整体性、协同性、时效性。2023 年 3 月修改的《立法法》第五十五条将“编纂法典”规定为一种形式。全国人大常委会将法典编纂作为一个重大课题，专门研究论证。改革开放 40 多年，特别是党的十八大以来生态文明建设的创新发展，为编纂生态环境法典奠定了良好的实践、制度和社会基础，是我国生态文明建设领域开展的丰富实践。党的十八大以来，我国始终坚持“绿水青山就是金山银山”的理念，全方位、全地域、全过程加强生态环境保护，健全国土空间开发，推动生态系统保护修复，建立以国家公园为主体的自然保护地体系，一脉相承又层层递进的生态文明建设实践为编纂生态环境法典提供了丰富的实践基础。编纂生态环境法典是一项艰巨的立法任务和系统工程。法典编纂不是简单的法律汇编，也不是制定全新的法律，而是以法典化立法方式对现行的法律制度规范进行系统整合、编订纂修、集成升华，形成具有鲜明中国特色、实践特色、时代特色的高质量法典。

第四个问题，关于生态环境法典的结构

1. 总则编

总则编负责规定法的目的和适用范围、确立法的基本原则、申明国家生态环境治理体系及其参与主体权利义务关系、统领各分编内容并指导生态环境单行法律的立法和适用。具体包括：提取公因式方法归纳整合并重新规定现行环境资源保护单行法律中的共通性法律规范；规定生态环境保护的基本原则，如保护优先、预防为主、综合治理、公众参与、损害担责。

2. 分则编

分则编分别规定不同领域的生态环境法律内容，具体包括：污染控制编，针对污染控制的行为进行规范；自然生态保护编，针对自然资源的保护和合理利用行为进行规范；绿色低碳发展编，针对推动经济绿色低碳发展行为进行规范；生态环境责任编，针对生态环境损害责任和责任追究进行规范；等等。

第五个问题，关于生态环境法典编纂对于环境司法审判的影响

编纂生态环境法典是环境法立法上的一场深刻变革，影响极为重大深远。

一要把握生态环境法典编纂契机，认真梳理总结环境司法实践规律，积极推进将成熟的司法经验固化为法律规定，为更好地发挥环境司法功能奠定法律基础。认真梳理《民法典》“绿色条款”适用的司法实践经验，在建立体系性解释框架、明确“原则+规则”适用规则的基础上，提炼生态环境法典与民法典相互衔接的法律制度安排。

二要认真总结环境民事司法、环境行政司法、环境刑事司法、环境公益诉讼实践经验，归纳体现环境司法特色的实体与程序规则，为建立系统化的生态环境法律责任制度及其责任追究程序提供基础。

三要在环境法典公布后认真学习，抓紧研究，适应规则的变化，进一步做好各项环境资源案件审判工作，为生态文明和美丽中国建设作出新的、更大的贡献！

刘竹梅同志
在“深化新时代山西生态司法模式”研讨会上的演讲

同志们，大家好：

非常感谢会议主办方的邀请，能够有机会再回到山西，我感到很亲切。

一、要充分认识环资审判取得的成就

党十八大以来，在习近平生态文明思想的指引下，实施了一系列开创性的工作，生态环境保护发生了历史性、转折性、全局性的变化，美丽中国建设迈出了重大的步伐。在这个过程中，中国的环境司法持续深化改革创新，积累了有益的经验，为生态文明建设发挥了重要作用，得到了习近平总书记和党中央的充分肯定。一是积极服务党和国家的发展大局，包括服务污染防治攻坚战、服务发展方式的绿色低碳转型、服务生态系统的多样性、服务综合碳治理等。二是深化司法改革，持续推进环境资源审判的专业化建设。三是着力健全环境资源案件法律适用的规范体系。四是延伸审判职能，推进环境资源治理综合治理。五是深化国际交流合作，产生了非常大的影响，联合国环境规划署评价中国环境法治建设取得了令人瞩目的成就，在全球环境治理中处于引领地位。

二、要正视环资审判面临的问题

环境资源司法发展到今天，主要存在以下几个方面的问题：

一是自身的专业化建设问题。这些年虽然我们不遗余力地推进专门机构建设和专业化人才的培养，具有中国特色的环境资源审判体系已经建成，但是专业化建设还有较大的发展的空间，如最基础性的问题是案件范围还不明确，边界在哪里？属于环资审判庭的案件有哪些？另外，专门审判机构的实质化运行还有差距。“三合一”融合机制建设发挥作用还不够，仅仅实现了“物理的三合一”，没有达到“化学的三合一”。

二是从审判机制来说，刑事司法和行政执法衔接不足。司法机关和行政主管部门在是否涉嫌犯罪的证据标准、检验鉴定规范适用等方面的认识和做法有差异，导致以罚代刑、有案不移等问题不同程度的存在。

三是司法辅助机制建设有差距。第一，鉴定难、鉴定贵。鉴定问题一直是一个短板，环境案件有其特殊性，鉴定的周期长、鉴定的效率低、鉴定的费用贵，有些案件鉴定费用比赔偿的费用还要高，由于它的专业性，法官不得不依赖鉴定，由此带来另一个问题，法官有些时候过于依赖鉴定。第二，修复资金的配套使用问题。有的被纳入财政资金，有的在法人账户上，做法不一，由于使用和监督不统一，直接影响到对环境的修复治理，希望各地都进行探讨尝试。第三，法官的能力素质问题。环境资源案件有专业性的要求，现在缺少既懂法律，又熟悉环境的复合型审判人才。第四，法律制度构建的问题。可喜的是生态环境法典正在制定当中。现在一个关键的问题是，健全公益诉讼制度，需要对于社会组织的公益诉讼进行规范。

三、关于下一步工作建议

一是加强专业化机构建设。希望能够真正实现环资审判“三合一”专业机构的实质化运行。

二是加强环资审判的专业化建设。着重做好确定案件范围等基础性工作。

三是加强民法典绿色原则的适用。

四是高度关注生态环境法典的制定和实施。

刚才听取了山西高院和相关中院的经验介绍，对山西环资审判工作了解了很多，山西法院的环资审判多年来一直在全国处于第一梯队，用一句时髦的话来说，居于头部位置，希望山西法院再接再厉，再创辉煌。

建议山西法院在下一步的工作中，一要持续深化改革创新，包括刚才讲到的一些领域，可以进行探索和创新；二要关注典型案例的发现和推荐。现在看来这件事是非常有意义的。

冯小光同志
在“深化新时代山西生态司法模式”研讨会上的演讲

各位领导，大家上午好：

非常感谢中国行为法学会的邀请，有幸跟随江院长来参加会议。

从我的个人情况来说，虽然现在在检察院工作，但过去很长时间内一直在最高法院民一庭工作，曾经审理过山西高院的上百起上诉案件。

今天通过听取工作经验介绍，阅读山西高院环资审判白皮书，第一个深刻的感受是：山西法院审判机构全覆盖，实现了规模化。根据审判模式的实际规划，创建保护基地加专业的服务保障模式，打造人民法院与司法行政、自然资源、生态环境、农业水利等多部门的配合联动，形成了生态环境多元共治的新格局。这个问题特别重要。我觉得生态环境的治理体系化对司法工作来说是最核心的，山西法院的经验在这些方面是很突出的。

比方说原来有初任法官资格考试、初任检察官资格考试，还有律师资格考试，从20世纪90年代开始改为统一司法考试的格局。形成统一的条件，要形成共同的执法理念，形成一个法律的约定工作。特别是《民法典》颁布以后，给我们带来一个依法治理的方式，所以对于生态环境来说，体系化的思维是最核心的。不论是法院还是检察院，近几年来，对于环境治理来讲，特别强调了这个体系的观念。

一个司法体制机制的协作不同于项目合作，这种协调解决重大生态环境问题的机构，在大江大河大湖的项目中效果明显。但是现实中在严格执法司法方面还不够一致，存在按区域进行溯源研究缺失等问题。山西贯通黄河上下游，其经验做法，对于整个江河治理来说，起到了模板设计的作用，这方面我认为很有价值，这种体系化的合作本身从法理上、从司法实验来讲，会创新并且带来一个新的学科，一个新的环境司法的模式。

比方说像检察院，未成年人检察，现在已经分不清楚其中到底是民事、行政还是刑事，它是一个独特的业务工作，叫未成年人检察工作。现在环境资源保护的发展，在程序法方面，检察机关提出制定检察公益诉讼法，这是实践中产生的。总的来讲，它是不是与法典发展相协调，这些内容需要研究一下，这是一种综合的关系。管理问题的理念要有一个新的框架设计。

第二个感受是，从山西法院环资审判发展情况来看，2020 年到 2024 年，全省审理各类环境资源类案件 1.4 万件，其中采矿权转让合同纠纷 6000 余件。在环资庭成立之前，矿山资源案件是由民庭来审理的。我在最高法民一庭工作时，办理了涉及山西的这方面案件有 70 件至 80 件。尤其是在煤矿案件处理过程中，各种势力交织，处理难度相当大。经过近几年的依法治理，特别是人民法院的积极参与，治理的目的已经达到了，取得了很大的成效。这个综合治理本身也是司法财富。

中国行为法学会总监事李文燕关于“深化新时代山西生态司法模式”研讨会总结讲话

各位领导、同志们：

刚才，董治良会长、王秀峰主席、冯军院长作了致辞讲话，我们聆听了江必新院长、冯小光厅长、刘竹梅庭长、孙佑海院长的主旨演讲，认真学习了山西省高级人民法院和运城市中级人民法院、忻州市中级人民法院、晋城市中级人民法院、吕梁市中级人民法院和临汾市中级人民法院开展生态司法的丰富经验，深受教育与鼓舞，受益匪浅。

山西法院生态司法的经验，既体现了他们为大局服务、为人民司法的责任担当，又展现了他们积极开拓、善于创新的进取精神。山西法院生态司法的实践经验，完全符合习近平生态文明思想、习近平法治思想，完全符合党的二十届三中全会精神，完全符合习近平总书记关于黄河流域生态保护和高质量发展的系列重要讲话和要求。总之，山西法院的经验模式具有时代性、引领性和重要的示范作用。

本次会议在大家的共同努力下，圆满地完成了各项议题，实现了会议的预期目的。

第一，会议的议题政治站位高

会议以习近平生态文明思想、习近平法治思想为指导，以贯彻党的二十届三中全会精神和习近平总书记关于黄河流域生态保护和高质量发展的系列重要讲话为指引，以落实《黄河保护法》为主线，由中国行为法学会、中华环保联合会与山西省法院携手，通过“政产学研用”的方式，集思广益，研讨深化新时代山西生态司法的经验模式，具有重要的现实意义。

这次会议，是作为国家法律和生态智库组织的行为法学会、环保联合会与司法审判机关共同打造研究载体的一次新的探索实践，更是落实党中央关于加强法学研究工作意见，转变作风，深入生态执法一线，开展实证调查研究的具体行动，从而进一步坚定了我们围绕中心工作、服务法治中国大局的政治意识和工作自觉性。

第二，会议的内容典型经验实

通过学习交流山西法院生态司法的经验，尤其是江必新院长和冯小光厅长、刘竹梅庭长、孙佑海院长等法律资深专家对山西法院经验的理性总结，使我们对山西法院生态司法经验模式有了更加清晰的认知和把握。

会议通过研讨得出，山西法院生态司法的基本经验是："生态司法重保护、标本兼治促发展、机制创新求实效。"

其内涵为："始终坚持人民法院环资审判为大局服务、为人民司法的工作政治方向；始终坚持全面履职，依法保障和促进辖区生态文明建设和高质量发展；始终坚持将环资审判作为'一把手'工程来抓；始终坚持把理念创新、机制创新和管理创新作为环资审判的重要抓手。"

其模式为：全方位构建覆盖全省环境资源审判体系，全闭环打造适应环资审判工作运行机制，全链条建立大协作、大保护、大治理、大发展齐抓共管新格局。

山西法院生态司法的经验模式，做法成型、内容充实、成效显著，值得我们很好地学习借鉴，并大力进行宣传推介。

第三，会议的效果贵在转化落实

这次研讨会的最终目的，就是要充分运用"实证研究—调研成果—深化研讨—转化利用"的形式，来加快和深化山西生态司法模式的推介，使其在司法实务界、法学界和生态环境领域产生积极的效果，以推动习近平总书记关于黄河流域生态保护和高质量发展重要战略决策和《黄河保护法》的贯彻落实。

我们要按照习近平总书记关于注重调研成果转化利用的要求，以山西生态司法典型经验为抓手，健全调研成果转化运用工作机制，搭建信息资源共享平台，充分发挥各方面资源优势，来宣传好、推广好山西法院的典型经验，以实现该成果价值的最大化。

同时，新的形势、新的任务对山西生态司法经验模式提出了新要求，建议山西法院认真吸纳本次会议的有益成果，从目标导向、结果导向出发，进一步把握环资审判的规律性，着眼于总体生态司法工作的前瞻性，实现生态司法工作不断创新发展的有效性。

让我们各方共同努力，为中国生态法治现代化建设、为黄河流域的生态保护和高质量发展，奉献更多的智慧，作出更大的贡献！

中国行为法学会
生态环境法治研究专业委员会

中行法生〔2024〕32 号

关于举办“深化新时代山西生态司法模式”研讨会情况报告

中国行为法学会：

现将举办“深化新时代山西生态司法模式”研讨会情况报告如下：

一、会议基本概况

经中国行为法学会批准，2024 年 10 月 22 日上午（8：30 至 12：30），由中国行为法学会、中华环保联合会主办，中国行为法学会生态环境法治研究专业委员会、中华环保联合会环境与法制专业委员会、国家法官学院山西分院承办的“深化新时代山西生态司法模式”研讨会在山西省太原市国家法官学院山西分院举行。

十三届全国人大宪法和法律委员会副主任委员，最高人民法院原党组副书记、副院长江必新，中国行为法学会会长、海南省高级人民法院原党组书记、院长董治良，中华环保联合会主席、原中央直属机关工委副书记、十三届全国人大环境与资源保护委员会委员王秀峰，山西省高级人民法院党组书记、院长冯军，中国行为法学会总监事、中国人民公安大学原副校长李文燕，原最高人民检察院第六检察厅厅长冯小光，中国行为法学会副会长、天津大学法学院院长、最高人民法院中国应用法学研究所原所长孙佑海，中国法学会环境资源法研究会副会长、最高人民法院环境资源审判庭原庭长刘竹梅等领导和嘉宾出席会议。

山西省生态环境厅党组书记、厅长王帅红，省自然资源厅党组成员、副厅长武耀文，省水利厅党组成员、副厅长杜咏梅，省文化和旅游厅党组成员、副厅长任永福，省文物局党组成员、副局长白雪冰，山西黄河河务局党组书记、局长陈晓磊及业务部门负责人应邀参加会议。

山西省法院环境资源审判庭负责人、审判法官和各中级人民法院院领导、法官，以及新闻媒体记者等80余人参加会议。

会议以习近平生态文明思想、习近平法治思想为指导，以党的二十届三中全会《中共中央关于进一步全面深化改革　推进中国式现代化的决定》关于生态文明建设、法治建设的新精神为依据，以落实习近平总书记关于黄河流域生态保护和高质量发展系列重要讲话为指引，以实施《黄河保护法》为抓手，采取现场会议的形式，紧紧围绕"新时代深化山西生态司法模式"，从行为法学研究、实证法学研究、实践法学研究出发，由法学智库部门、生态环境社团组织、资深法律专家、环境资源审判法官等共同参与，会聚一堂，集思广益，对"山西生态司法模式"的经验内涵、工作模式、发展趋势、深化提升、转化利用等进行了深入交流和理性探讨，实现了会议的预期目的。

二、会议主要收获

会议由中国行为法学会生态环境法治研究专业委员会会长王少南主持。会议分为四个阶段：一是领导致辞；二是山西法院经验模式介绍；三是国内著名法律专家主旨演讲；四是会议总结。

（一）通过中国行为法学会会长董治良、中华环保联合会主席王秀峰、山西省高级人民法院院长冯军的致辞讲话，与会人员进一步搞清楚、弄明白为什么要举办"深化新时代山西生态司法模式"研讨会。

董治良会长在讲话中指出，生态环境治理、发展的保护模式，是法学研究的重大课题。中国行为法学会、中华环保联合会经过实地调研认为，山西省法院生态司法工作呈现"政治站位高、经验做法实、案件质效好"的态势，其经验模式具有"全方位、多层次、成系统"的鲜明特色。对于联合调研组形成的实证调研报告，最高人民法院院长张军、副院长杨临萍均作出批示，予以肯定。运用"政产学研用"的方式研讨"深化新时代山西生态司法模式"，具有重要的现实意义。这次研讨会学习汲取山西法院生态建设的审判实践和司法经验，得到法律专家的深入指导，必将取得圆满成功。

王秀峰主席在讲话中指出，深入推进黄河流域生态保护和高质量发展，山西责任重大、使命光荣。山西法院坚持将党的领导贯穿于生态司法的全过程，用法治思维、法治方式推动生态环境保护，这些有益的探索实践，为全国作出了示范。这次研讨会总结山西生态司法模式，对于全面推进美丽中国建设具有重要意义。中华环保联合会将与大家携手并肩，为推进生态环境治理体系和治理能力现代化建设，积极助力绿色转型和高质量发展贡献力量。

冯军院长在讲话中指出，党的十八大以来，习近平总书记四次莅临山西考察调研，对黄河流域生态保护和高质量发展、汾河生态环境保护、环境污染治理、文物保护利用和文化遗产保护传承等工作作出重要指示。山西法院牢记总书记嘱托，持续深化环境司法改革创新，积累了有益经验，打造了“山西样板”。2023 年最高人民法院在吕梁召开工作推进会，签署并发布《司法服务黄河流域生态保护和高质量发展山西倡议》，今年山西高院在最高法院工作推进会上介绍了经验。欢迎大家多提宝贵意见建议，助力山西法院更好地以司法一域之光为加快建设美丽中国全局添彩！

（二）与会人员收看了山西省高级人民法院《晋心晋力“最”有印记——山西法院久久为功的司法实践》视频片。

听取了运城市中级人民法院《创新“惩治+修复”机制，探索多元生态保护机制》、晋城市中级人民法院《聚焦法治力量，筑牢文化遗产安全底线》、忻州市中级人民法院《从“治已病”到“治未病”，建立预防性生态司法保障机制》、吕梁市中级人民法院《践行恢复性司法理念，防范化解区域重大风险》、临汾市中级人民法院《加强文物保护，赓续历史文化血脉》等开展环境资源审判工作的经验。

与会人员对山西生态司法模式内涵有了更多认知和把握。近年来，山西省法院在最高人民法院监督指导下，在中共山西省委领导下，吃透“上情”、把握“省情”、结合“院情”，全面有效地开展了环境资源审判工作，为辖区的生态保护和高质量发展做出了积极司法贡献，得到了上级机关充分肯定。

山西法院生态司法基本经验：“生态司法重保护、标本兼治促发展、机制创新求实效。”

实质内涵：“始终坚持人民法院环资审判为大局服务、为人民司法的工作政治方向；始终坚持全面履职，依法保障和促进辖区生态文明建设和高质量发展；始终坚持将环资审判作为‘一把手’工程来抓；始终坚持把理念创新、机制创新和管理创新作为环资审判的重要抓手。”

特色模式：全方位构建覆盖全省环境资源审判体系，全闭环打造适应环资审判工作运行机制，全链条建立大协作、大保护、大治理、大发展齐抓共管新格局。

（三）与会著名法律专家发表了主旨演讲，一致认为，山西法院深入践行习近平生态文明思想、习近平法治思想，生态司法工作经验既体现了为大局服务、为人民服务的责任担当，又展现了积极开拓、勇于创新的进取精神，具有时代性、引领性和重要的示范作用。建议山西法院认真吸纳会议成果，从目标导向、结果导向出发，进一步把握环资审判的规律性，着眼于总体生态司法工作的前瞻性，注重新时代生态司法工作创新的实效性。

十三届全国人大宪法和法律委员会副主任委员、最高人民法院原副院长江必新指出，“山西生态司法模式”带有全域性、专业性、协同性、创新性、融合性、预防性、恢复性、全周期性、效能性的特点，具有普适性，是可复制、可借鉴的经验成果。要正确处理“十个关系”，即保护生态环境与发展经济的关系；严格执法与文明执法、规范执法的关系；制裁处罚与修复补偿的关系；合法性与科学性的关系；延伸司法职能与恪守司法职责权限的关系；提升审判质效与促进公共法律服务水平的关系；治“未病”、防范风险与降低治理成本的关系；审判质量与执行工作的关系；生态司法一般规律和特殊规律的关系；做好环资审判工作与练好内功提高执法素质的关系。进一步做好新时代环境资源审判工作，为推进美丽中国建设作出积极贡献。

中国法学会环境资源法学研究会副会长刘竹梅指出，多年来，山西法院环资审判工作始终在全国处于第一梯队。在新的形势下，希望山西法院再接再厉：一是加强环资审判专业化机构建设，并且实现实质化更好地运行；二是完善“三合一”的审判运行模式，发挥更大的职能作用；三是注重环资审判特别是民法典绿色原则的法律适用，总结典型案例，提高审判质量和效率；四是关注生态环境法典的制定和实施。

原最高人民检察院第六检察厅厅长冯小光指出，保护生态环境，体系化思维非常重要，可以起到“1+1>2”的作用，从法理和司法实践来讲，体系化会创造一个新学科、一个新环境的司法模式。山西法院环资审判机构全覆盖，创建司法保护基地，构建专业运营服务保障模式，推动法院、检察院、司法行政、自然资源、生态环境、农业水利等多部门联动，打造生态环境多元共治新格局。山西生态司法模式是成熟的经验，值得在更大范围推介。

中国行为法学会副会长、天津大学法学院院长孙佑海指出：近年来，在生态文明建设和环境资源审判方面，山西法院创造了独特的生态司法模式，开创了我国环境资源审判工作的新篇章。要认真研究山西法院生态司法的实践创新和理论创新成果，加快经验成果的转化。要高度关注生态环境法典的立法进程。法典颁布后，对环境资源审判工作影响重大。必须认真学习，抓紧研究，适应法典规则的变化，进一步做好环境资源案件审判工作，为生态文明和美丽中国建设作出新的、更大的贡献。

（四）中国行为法学会总监事李文燕进行会议总结，部署做好会议成果转化利用工作。会议强调，山西生态司法模式经验丰富、做法成型、内容充实、成效显著，值得很好地学习借鉴，并大力进行宣传推介。要充分运用“实证研究—调研成果—深化研讨—转化利用”形式，按照习近平总书记关于注重调研成果转化利用的要求，以山西生态司法模式为抓手，健全调研成果转化运用工作机制，搭建信息资源共享平台，充分发挥各方面资源优势，来宣传好、推广好山西法院典型经验，使其在司法实务界、法学界和生态环境领域产生积极效果，实现该成果价值的最大化，以此来推动习近平总书记关于黄河流域生态保护和高质量发展重要战略决策与《黄河保护法》的深入贯彻落实。

三、会议成果启示

这次会议既是作为国家法律和生态智库组织的行为法学会与司法审判机关共同打造研究载体的一次新的探索实践，更是落实党中央关于加强法学研究工作意见、转变作风、深入生态执法一线、开展实证调查研究的具体行动，进一步坚定了中国生态行为法学围绕中心工作、服务法治中国大局的政治意识和工作自觉性。我们将在中国行为法学会的领导下，认真总结借鉴这次会议的有益形式和成功做法，扎扎实实做好生态行为法学实证研究和实践调研工作，多出成果、出好成果，不断地拓宽工作的新领域，切实发挥好生态法学智库的应有作用。

国内媒体《法治日报》《人民法院报》《中国审判》《人民法治》《中国法院网》和山西相关报刊等 20 余家媒体和网站，对会议进行了报道。

图书在版编目（CIP）数据

生态法治调研报告. 第二辑 / 中国行为法学会生态环境法治研究专业委员会编著. -- 北京 : 中国法治出版社, 2025. 5. -- ISBN 978-7-5216-5104-1

Ⅰ. D922. 680. 4

中国国家版本馆 CIP 数据核字第 2025LV1003 号

责任编辑：马春芳　　　　封面设计：杨泽江

生态法治调研报告. 第二辑

SHENGTAI FAZHI DIAOYAN BAOGAO. DI-ER JI

编著/中国行为法学会生态环境法治研究专业委员会

经销/新华书店

印刷/北京虎彩文化传播有限公司

开本/787 毫米×1092 毫米　16 开　　　　印张/ 19. 75　字数/ 272 千

版次/2025 年 5 月第 1 版　　　　2025 年 5 月第 1 次印刷

中国法治出版社出版

书号 ISBN 978-7-5216-5104-1　　　　定价：79. 80 元

北京市西城区西便门西里甲 16 号西便门办公区

邮政编码：100053　　　　传真：010-63141600

网址：http：//www. zgfzs. com　　　　**编辑部电话：010-63141822**

市场营销部电话：010-63141612　　　　**印务部电话：010-63141606**

（如有印装质量问题，请与本社印务部联系。）